假如给我三天光明
——海伦·凯勒自传

假如给我三天光明

——海伦·凯勒自传

〔美〕海伦·凯勒 —— 著

夏志强 —— 编译

中国华侨出版社

北京

图书在版编目（CIP）数据

假如给我三天光明：海伦·凯勒自传／（美）海伦·
凯勒著；夏志强编译 . — 北京：中国华侨出版社，
2018.3（2019.7 重印）

ISBN 978-7-5113-7383-0

Ⅰ . ①假… Ⅱ . ①海… ②夏… Ⅲ . ①凯勒（Keller，
Helen 1880–1968）— 自传 Ⅳ . ① K837.127=533

中国版本图书馆 CIP 数据核字（2018）第 019301 号

假如给我三天光明——海伦·凯勒自传

著　　者 /［美］海伦·凯勒
编　　译 / 夏志强
责任编辑 / 王　委
封面设计 / 阳春白雪
文字编辑 / 朱立春
美术编辑 / 宇　枫
经　　销 / 新华书店
开　　本 / 880mm×1230mm　1/32　印张：10　字数：180 千字
印　　刷 / 北京德富泰印务有限公司
版　　次 / 2018 年 5 月第 1 版　　2019 年 7 月第 2 次印刷
书　　号 / ISBN 978-7-5113-7383-0
定　　价 / 45.00 元

中国华侨出版社　北京市朝阳区静安里 26 号通成达大厦 3 层　邮编：100028
法律顾问：陈鹰律师事务所
发行部：（010）88866079　　传　真：（010）88877396
网　址：www.oveaschin.com　　E-mail：oveaschin@sina.com

如果发现印装质量问题，影响阅读，请与印刷厂联系调换。

在海伦·凯勒的一生中，阅读和写作占去了很大部分。此外，她充分利用所有可能的感官，去了解世界、感受生活，让自己的生命变得丰富多彩。

海伦·凯勒故居。位于美国南部亚拉巴马州的塔斯喀姆比亚镇，海伦于一八八〇年六月二十七日诞生于此。

这是以海伦·凯勒真实经历为模本的百老汇戏剧《奇迹创造者》中，表现莎莉文老师（右二）与海伦（右三）进行早餐会战的场景。

一八八七年三月三日，安妮·莎莉文老师来到了海伦·凯勒的生命中，教会了她识字和说话，从此改变了海伦的一生。图中莎莉文老师（右）正在为海伦读书。

海伦·凯勒依靠手指触摸莎莉文老师（右）的嘴唇，慢慢学会了与人"交谈"。

海伦·凯勒一生共创作了十四部文学作品，被视为二十世纪最富感召力的作家之一。图中的海伦正在书房运用盲文打字机写作。

一九〇〇年，海伦·凯勒顺利通过了美国哈佛大学拉德克利夫学院的入学考试，并于四年后以优异的成绩毕业，成为世界上第一个完成大学教育的盲聋人。

除了看书和编织外，海伦·凯勒在闲暇时还喜欢下棋。图中海伦·凯勒正与安妮·莎莉文老师（右）下棋，这种棋盘是专为盲人特制的。

波士顿街景。一八八八年五月二十六日，海伦·凯勒在莎莉文老师的陪同下，前往莎莉文的母校——波士顿柏金斯盲人学校，进行正规的学习。

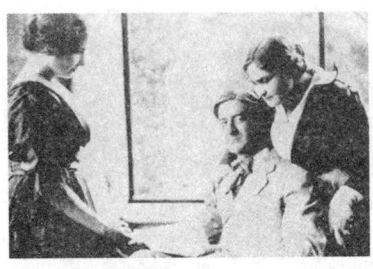

一九〇五年五月二日，莎莉文老师与梅西先生结婚。图为海伦·凯勒与莎莉文老师(右)、梅西先生(中)在一起。

美国著名作家马克·吐温(右)对海伦·凯勒的影响很深，他一直很关心海伦，并常常给予她鼓励，使她体会到了人情的温暖和生命的可贵。

"电话之父"亚历山大·格雷厄姆·贝尔(右一)是海伦·凯勒一生中最珍贵的友人，他常在学习和生活上给予海伦无微不至的关怀和照顾。

动物一直是海伦·凯勒最亲密的朋友，到了晚年，她仍与她的动物朋友相伴
不离。

海伦·凯勒一生中最重要的老师安妮·莎莉文。

海伦·凯勒与安妮·莎莉文老师（右）。从海伦七岁起，莎莉文老师就一直默默陪伴在她身边近五十年，直至一九三六年十月十九日老师离世。

命运给予海伦·凯勒不幸，但她却从未因此而放弃寻找光明。

前言

　　美国著名作家马克·吐温曾经说过："19世纪出了两个杰出人物，一个是拿破仑，另一个是海伦·凯勒。"如果说拿破仑是战场上的胜利者，是叱咤于法国大革命时期的乱世枭雄，那么，海伦·凯勒则是生活中的勇士，是拒向命运低头、立志驱除人生黑暗的光明使者。

　　88年的人生岁月中，海伦·凯勒仅在生命的头19个月拥有光明和声音：一场突发的疾病夺去了孩提时的她的视力和听力，不久后她又丧失了说话的能力，从此海伦·凯勒跌入了黑暗和孤寂之中。然而，这样一位在视力、听力和说话能力方面都有严重障碍的重度残障者，却在老师安妮·莎莉文的教育和帮助下，凭借坚强的意志和顽强不屈的毅力，克服了与外界沟通的障碍，学会了读书、写字和说话，通晓了英语、法语、德语、拉丁语和希腊语5种语言，并在24岁时以优异的成绩完成了在美国哈佛大学拉德克利夫学院4年的学业，成为世界上第一个完成大学教育的盲聋人。她终生致力于盲聋人的公共救助事业，为改善盲聋人的工作和生活条件，在莎莉文老师和助手的陪伴下奔赴世界各地，创立慈善机构，积极为残疾人造福。1959年，联合国在全球发起以她的名字命名的"海伦·凯勒"运动，以资助世界各地的盲聋儿童；1960年，描写她成长经历的剧本《奇迹创造者》获普利策奖，并被拍成电影搬上银幕。

除此之外，海伦·凯勒一生还勤于写作，共创作了14部文学作品，其中最为世人称道的应属《假如给我三天光明》和《我的生活》。《假如给我三天光明》是海伦·凯勒最著名的一篇散文代表作，写成于1933年，最早发表在美国《大西洋月刊》上，后被译成多种文字，被很多国家收录在大、中、小学教材里。而在大学时代写下的自传性作品《我的生活》则是海伦·凯勒的处女作。在文中，海伦·凯勒以真实、自然的笔触描绘了自己生命之初21年的生活，讲述了她如何战胜病残，如何冲破黑暗、获得光明的人生经历。《我的生活》自1902年出版后即在美国引起强烈反响，被译成50多种文字，传遍世界的各个角落。

本书译者将海伦·凯勒所作的《我的生活》《走出黑暗》《莎莉文老师》及《假如给我三天光明》等作品进行了汇编，系统地介绍了海伦·凯勒丰富、生动、真实而又伟大的人生历程，帮助我们更深刻地认识和了解这位不平凡的女性，汲取她的宝贵的思想和精神财富。

目录

第一章

苦难是人生最好的试金石

我身上的所有原子都是振动仪。通过房屋到处能感觉到的振动，我能猜出每天都在发生什么事情。

阳光明媚的日子

　　我的家族先辈起初来自瑞典，后来移民并定居在美国的马里兰州。说来有些不可思议，我的一位祖先竟然还是位聋哑教育专家呢！估计他怎么也不会想到，自己竟然会有一个像我这样又盲又聋又哑的后人。每当我想到这里，心里都禁不住要感慨一番：人生无常，命运真是无法预知啊！

　　我的祖先在亚拉巴马州的塔斯喀姆比亚镇买了土地，算是安顿下来，整个家族开始在这里定居，繁衍生息。那时候由于地处偏远，祖父每年都要特地从塔斯喀姆比亚镇骑马到七百六十英里外的费城，购置家里和农场所需的日常用品、农具、肥料和种子等。每次祖父在去往费城的途中，总会写信回家报平安，信中对西部沿途的景观以及旅途中所遭遇的一些人、事、物都有清楚且生动的描写。直到现在，大家依旧喜欢不停地翻看祖父留下的书信，就好像是在看一本历险小说，总也读不够。

　　在我生病失去视觉、听觉之前，我们住的屋子还很小，总共只有一间正方形的大屋和一间供仆人住的小屋子。依照南方人的习惯，一般会在自己的住址旁再加盖一间屋子，以备急需之时用。南北战争过后，父亲也盖了这么一间房子，他和我母亲结婚后，就住进这个小屋。小屋被葡萄秧、爬藤蔷薇和金银花遮盖着，从远处看去，很像一座用树枝搭成的凉亭。小阳台也就藏在黄蔷薇和南方茯苓花的花丛里，成了蜂鸟和蜜蜂的世界。

祖父和祖母所住的房子离我们这儿不过几步远。由于我们家被茂密的树木、绿藤所包围，所以邻居都称我们家为“绿色家园”。这里，便是我童年时代的天堂。

在我的家庭老师——莎莉文小姐尚未到来之前，我经常独自一人，依着方形的黄杨木树篱，慢慢地走到庭园里，凭着自己的嗅觉，寻找初开的紫罗兰和百合花，深深地吸着那清新的芳香。

在我心情不好时，便会独自到这里来寻求慰藉，我喜欢把滚烫的脸庞躲进凉气沁人的树叶和草丛之中，让烦躁不安的心情略微冷静下来。

每次置身于这个绿色花园里，心情便会格外地舒畅。这里有爬满花园凉亭的卷须藤和低垂的茉莉，还有一种叫作蝴蝶荷的十分罕见的花。因为它那容易掉落的花瓣很像蝴蝶的翅膀，所以名叫蝴蝶荷，这种花发出一阵阵甜丝丝的气味。但最美丽的还要数那些蔷薇花。在北方，即使是在花房里，也很少能够见到我南方家里的这种爬藤蔷薇。它到处攀爬，一长串一长串地倒挂在阳台上，散发着沁人心脾的芳香，丝毫没有尘土之气。每当清晨，它身披朝露，摸上去非常柔软、舒服，令人陶醉不已。我不由得时常想，就是上帝的御花园，也不过如此吧！

我的父亲亚瑟·凯勒在南北战争时是南军的一名上尉，母亲凯特·亚当斯是他第二任妻子，母亲小父亲好几岁。

一八八〇年六月二十七日，我出生在美国南部亚拉巴马州的一个叫塔斯喀姆比亚的城镇。

我生命的最初阶段是简单而普通的，就像每个家庭迎接第一个孩子时一样，父母和家人都满怀喜悦。为了给我命名大家都绞尽脑汁，你争我吵，每个人都认为自己想出来的名字才是最有意义的。父亲希望以他最尊敬的祖先的名字"米德尔·坎培儿"做我的名字，母亲则想用她母亲的名字"海伦·艾弗雷特"来命名。大家再三讨论的结果，是依照母亲的希望，决定用外婆的名字。

为了给我起名字争吵了一顿过后，接着就是带我去教堂受洗，大家又是一阵手忙脚乱，以至于兴奋的父亲在前往教会途中，竟把刚起好的名字给忘了。当牧师问起"这个婴儿叫什么名字"时，紧张兴奋的父亲一急之间说出了"海伦·亚当斯"这个名字。因此，我的名字就不是沿用外祖母的名字"海伦·艾弗雷特"，而变成了"海伦·亚当斯"。

别人告诉我说，我刚出生不久就表现出了不服输的个性，对任何事物都充满了好奇心，个性倔强，常常想模仿大人们的一举一动。六个月时我已经能够发出"茶！茶！茶！"和"你好！"的声音，令每个人都十分好奇。对于"水"这个字，也是我在一岁以前学会的。就是在我生病后，虽然忘掉了以前所学的字，可是对于"水"这个字还依然记得。在完全丧失说话能力以后，我仍然能模糊地发出一点"水"字的音来，直到后来我学会了拼写，才不再用这个音来代表"水"。

家人还告诉我，我刚满周岁时就会走路了。有一次，母亲把我从浴盆中抱出来，放在膝上，突然间，我发现树的影子在光滑的地板上闪动，就从母亲的膝上溜下来，自己一步一步地、摇摇晃晃地去踩踏那些影子。

春光里百鸟争鸣，歌声欢悦，夏天里到处是果子和蔷薇花，待到草黄叶红已是深秋来临。三个美好的季节匆匆而过，在一个活蹦乱跳、牙牙学语的孩子身上留下了一生难忘的美好记忆。

好景不长，第二年阴冷的二月来临时，我病了。这场病让我变得看不见东西听不着声音，生生将我扔进一个漆黑寂静的可怕世界里。我就像刚出生的婴儿般无知。人们说我得了急性脑充血，连医生都说我活不长了。然而一天清晨我突然退了烧。这高烧来得迅速，退得也很奇特。一家人感天谢地，欣喜不已。但是当时谁都没有料到，我从此再也看不见、听不到周围世界的一切，就连医生也未曾想到会是这个样子。

至今，我仍能够依稀记得那场病，尤其是母亲在我高烧不退、昏沉沉痛苦难耐的时候，温柔地抚慰我，让我勇敢地度过了那段恐惧的时光。我还记得在高烧退后，眼睛因为干枯炽热、疼痛怕光，必须避开自己以前所喜爱的阳光，我面向着墙壁，或让自己在墙角蜷伏着。后来，视力一天不如一天，对阳光的感觉也渐渐地模糊不清了。

有一天，当我睁开眼睛，发现自己竟然什么也看不见，眼前一片黑暗。我像被噩梦吓倒一样，全身惊恐，悲伤极了，那种感觉让我今生永远难以忘怀。

失去了视力和听力后，我逐渐忘记了以往的事，只是觉得，我的世界充满了黑暗和冷清。一直到她——莎莉文小姐——我的家庭教师的到来。她减轻了我心中的负担，重新带给我对世界的希望，并且打开我心中的眼睛，点燃了我心中的烛火。

上帝给予我的只有十九个月的光明和声音，但在我内心深处，还保留着儿时的一些记忆。我还清晰地记得——美丽的绿色家园、蔚蓝的天空、青翠的草木、争奇斗艳的鲜花，所有这些组成了一个美好世界，一点一滴都铭刻在我的心坎上，永驻在我的心中。

生病后几个月的事，我几乎都记不起来了，隐约记得我常坐在母亲的膝上，或是紧拉着母亲的裙摆，跟着忙里忙外的母亲到处走动。

渐渐地，我可以用手去摸索各种东西并努力分辨它们的用途。或者揣摩别人的动作、表情，来知道发生什么事，表达自己想说的、想做的，我急切地想和他人交流，于是开始做一些简单的动作，摇摇头表示"否定"，点点头表示"同意"，拉着别人往我这里表示"过来"，推一推表示"过去"。我若是想吃面包，我就用切面包、涂奶油的动作来表示。想告诉别人冷时，我会缩着脖子，做发抖的样子。母亲也竭尽所能做出各种动作，让我了解她的意思，我总是可以清楚地知道母亲的意思。说实在的，在那漫长的黑夜里能得到一点光明，完全是靠着母亲的慈爱和智慧。

感悟：

海伦是不幸的，出生仅十九个月就被病魔夺走了声音和光明。但是幼小的她并没有放弃，依然保持着对生命的热爱，也正是这种从天而降的厄运和永不屈服的抗争精神成就了海伦。

人的生命似洪水在奔流，不遇到岛屿和暗礁，难以激起美丽的浪花。失败、伤病、贫困……这些磨难看起来是生命中一座座陡峭的险峰，但是却没有任何一座不可逾越。最重要的，是要拥有一颗热爱生命、追求光明、永不屈服的心，只要做到了这一点，生命中遇到的任何苦难都只不过是一个过程，是一次磨砺自己的机会。

不一样的童年，一样的快乐

寂静和黑暗并没有令我对这个世界陌生，相反我对自己周围的一切可以说是了如指掌。五岁时，我学会了把洗好的衣裳叠好收起来，把洗衣店送回的衣服分好类，还能辨别出哪几件是自己的。每当母亲和姑母开始梳洗打扮，我知道她们要出去，就求她们带上我。亲戚朋友来家里串门，我总被叫来见客人。他们走时，我挥手告别，我还依稀记得这种手势所表示的意义。有一次，家里即将有重要的客人来访，从门的开启，我知道了他们的到来。于是，我趁着家人不注意时，跑到母亲的房间，学着母亲的样子在镜子前梳妆，往头上抹油，在脸上擦粉，把面纱用发夹固定在头发上，让面纱下垂，轻盖在脸上，而后，我又找了一件宽大的裙子穿上，完成一身可笑的打扮后，也下楼去帮他们接待客人。

已经记不得是从什么时候开始，我发觉到了自己与众不同，但是在教我的老师到来之前，我就已经发现了这个问题。那时我就注意到，母亲和我的小伙伴们都是用嘴巴在交谈，而不像我只能用手比画着。因此，很多时候我都会站在两个谈话者之间，用手触摸他们的嘴巴，可是我仍然无法明白他们的意思。于是我疯狂地摆动四肢，嚅动嘴唇，试图与他们交谈，谁知他们一点儿反应也没有。我生气极了，大发脾气，又踢又叫，一直到筋疲力尽为止。

我经常为了一些小事而无理取闹，虽然我心里也知道这样是不应该的，可是一有事情到来，我又急躁得控制不了自己，就像我常踢伤保姆艾拉，我也知道她很痛，所以当我气消时，心里就觉得很愧疚。但是当事情又不顺我的心意时，我还是会疯狂地胡乱踢打。

在那个没有光明的童年时代，我有两个朝夕相处的伙伴，一个是厨师的女儿——玛莎·华盛顿，另外一个是一只名叫贝利的老猎狗。

玛莎很容易就能了解我手势的意思，所以每次吩咐她做什么事情，她都能很快就完成。她大概认为与其跟我打架，还不如乖乖地听话来得省心，所以她每次都会很快而且利落地完成我交代的事。

我那时精力特别充沛，身体壮实且好动，性情一上来又不顾后果。我非常了解自己的个性，总是怎么高兴怎么来，甚至不惜一战。那个时期，我跟玛莎在厨房度过了不少时光，我喜欢帮玛莎做面食，做冰激凌，或是喂喂火鸡，要不然就是为了几个点心和她争吵不休。那些家禽一点都不怕人，它们在我手上吃食，并乖乖让我抚摸。

有一天，一只大火鸡竟把我手中的番茄给抢走了。也许是受火鸡的启发，不久，我和玛莎把厨娘刚烤好的饼偷走了，躲在柴堆里吃得一干二净。却不料吃坏了肚子，吐得一塌糊涂，不知那只火鸡是否也受到了这样的惩罚。

珍珠鸡喜欢在隐蔽处筑巢，于是我就总到深深的花丛里去找它们的蛋。虽然我不能给玛莎说出"我要去找蛋"这样的话，但我可以把双手合成圆形，放在地上，示意草丛里有某种圆形的东西，玛莎一看就懂了。我们若是有幸找到鸡蛋，我绝不允许玛莎拿着蛋回家，我用手势告诉她，她拿着蛋，一摔跤就会打碎的。

堆放麦子的栅子，养马的马房，还有那一早一晚挤牛奶的牛栏，都给了我和玛莎无穷的快乐。我跟玛莎到乳牛场，那里挤牛奶的工人会允许我把手放在牛身上，甚至有时还会让我把手放在牛的乳部，我也因此而被牛尾打了好多次。

准备圣诞节也是一大快事，虽然我不明白过节的意义，但是只要一想起到时会有诱人的美味，我就非常高兴。家人会让我们磨香料、挑葡萄干、舔舔那些搅拌过食物的调羹。我也模仿别人把长袜子挂起来，然而我并不真感兴趣，也没有那么大的好奇心，不像别的孩子天没亮就爬起来看袜子里装进了什么礼物。

玛莎·华盛顿也是个喜欢恶作剧的家伙。七月一个酷热的午后，我和她坐在阳台的石阶上，像黑炭一样的玛莎把她像绒毛般的头发用鞋带扎起来，一束束的头发看起来就像很多螺丝锥长在头上。而我皮肤白皙，一头长长的金黄色卷发。一个六岁，另一个大约八九岁。小的那个盲童就是我。

我们俩坐在石阶上忙着剪纸娃娃。没过多久我们便厌倦了这种游戏，于是就把鞋带剪碎，又把石阶边的花叶子剪掉。突然，我的注意力转向玛莎那一头"螺丝锥"。刚开始时，玛莎挣扎着不肯让我剪，可是她越不让我剪越要剪，蛮横极了，抓着玛莎的"螺丝锥"不放，拿起剪刀就剪下去。剪完玛莎的头发，我也回报玛莎，让她剪我的头发，若不是母亲发现，及时赶来制止，玛莎很可能会把我的一头秀发统统剪光。

我的另一个小伙伴是贝利，也就是那只老猎狗，它很懒惰，整天一有空闲就喜欢躺在暖炉旁睡觉，一点也不愿意陪我玩。它也不够精明，我尽力教它手语，但是它又懒、又笨，根本不懂我在干什么。贝利总是无精打采地爬起来，伸伸懒腰，嗅一嗅暖炉，然后又在另一端躺下，一点也不理会我的指挥。对于它我一点办法都没有，为免自讨没趣，便又去厨房找玛莎玩。

童年时代的一些往事历历在目，一想起那段没有光、没有声音的黑暗世界，这些影像就会更清晰地在我心头浮现。

有一天，我不小心把水淋到围裙上了，就解开围裙，放在卧室暖炉的余火边，想把它烘干，急性子的我觉得不够快，便把围裙放在热灰上面。突然间，火一下子着了起来，燃着了围裙，把我的衣裳也烧着了。我狂叫起来，老奶妈维尼赶来，用一床毯子把我裹住，差点儿把我闷死，火倒是灭了，除了手和头发之外，其余地方烧得还不算厉害。

在那些日子里我还发现了钥匙的妙处，对它的使用方法表现出浓厚的兴趣。一天早上，我玩性大发，把母亲锁在厨房里。仆人们都在屋外干活，母亲被锁在里边足有三个小时。她在里边拼命敲门，我却坐在走廊前的石阶上，感觉着敲门所引起的震动而咯咯笑个不停。然而经过这次恶作剧，父母决定要尽快请人来管教我，于是我的家庭教师——莎莉文小姐来了。但是本性难改的我，还是找机会把她锁在房间里。当时母亲让我上楼送东西给莎莉文小姐，我回转身来"砰"的一下把门锁上，将钥匙藏在客厅角落的衣柜下。父母不得不搭了一架梯子让莎莉文小姐从窗户爬出来，当时我得意极了，几个月之后，才把钥匙交出来。

差不多在我五岁时，我们搬家了，从那所爬满蔓藤的屋子搬进一所更大的新房子。我们一家六口，父亲、母亲，两个异母哥哥，后来又加上一个小妹妹，叫米珠丽。

寻找光明

　　我多么渴望自己能和大家交流沟通啊！但光凭几种简单的手语，已经不能利索完整地表达我的思想了。一旦别人不能了解我手语的意思时，我就要乱发一通脾气。我感到仿佛有好多看不见的魔爪在紧紧抓扯着我，我疯狂挣扎，想摆脱它们。我极力地挣扎，并非是因为挣扎会带来什么效果，只是因为反抗的烈火在心中燃烧，却又无法表达出来，只好疯狂地踢打、哭闹，甚至在地上打滚、吼叫，直到精疲力竭。母亲若在旁边，我就会一头扑在她怀里，悲痛欲绝，甚至连为何发脾气都给忘了。日子越来越难熬，表达思想的愿望越来越强烈，以致每天都要发脾气，有时甚至每隔一个小时就闹上一次。

　　看到我那个样子，父母无比忧虑，也都急得手足无措。在我们居住的塔斯喀姆比亚镇附近根本没有聋哑学校，而且也似乎不会有人愿意到如此偏远的地方，来教一个又盲又聋又哑的孩子。另外，当时大家都怀疑，像我这样的人还能受教育吗？然而母亲从阅读狄更斯的《游美札记》中看到了一线希望。

　　狄更斯在《游美札记》一书中提到一个又聋又盲又哑的少女——布里曼，经由郝博士的教导，受到了很好的教育。然而，

13

当母亲得知那位发明教育盲聋人方法的郝博士已经逝世多年，他的方法也许已经失传时，苦恼极了。郝博士是否有传人？如果有，他们愿意到亚拉巴马州这个偏远的小镇来教我吗？方法再好又有什么用呢？

六岁时，父亲听说巴尔的摩有一位著名的眼科医生，他已经治好了多名盲人。父母立即决定带我去那里治眼睛。

这是一次非常愉快的旅行，我到现在依然记忆犹新。旅途中吸引我的事情层出不穷，我忙个不停，没发过一次脾气。我交了很多朋友。一位妇女送给我一盒贝壳，父亲把这些贝壳穿孔，让我用线一个一个串起来。很长一段时间，这些贝壳带给我无限的快乐和满足。列车员和蔼可亲，他每次来检票时，我可以拉着他的衣角。他会让我玩他检票的剪子，那时，我就趴在座位的一角，把一些零碎的卡片打些小孔，玩几小时也不厌倦。

姑妈用毛巾给我做了个大娃娃，可是却没有眼睛、耳朵、嘴巴、鼻子。这么个临时拼凑的玩意儿，即使孩子有想象力，也说不出那张脸是个什么样子。而没有眼睛，对我而言是一个莫大打击，我坚持让每个人想办法，可是最终还是没有人能为布娃娃加上眼睛。我灵机一动，溜下座位，找到姑母缀着大珠子的披肩，扯下两颗，指给姑母看，让她缝在洋娃娃的脸上。姑母拉着我的手去摸她的眼睛，核实我的用意。我使劲地点头。她缝上了珠子，让我兴奋不已。但没多久，我便对布娃娃失去了兴趣。

到了巴尔的摩后，奇泽姆医生热情地接待了我们。但他对我的病无能为力，然而他鼓励我们，说我可以接受教育，并建议父亲带我去华盛顿找亚历山大·贝尔博士，说他也许会给我们提供有关聋哑儿童学校以及师资的资料。依照奇泽姆医生的建议，全家人又马不停蹄去华盛顿。一路上，父母愁肠满腹，顾虑重重，我不知道他们为什么会那样，只是感到来来往往，到处旅行真是无比的愉快。

尽管我还是个不懂事的孩子，但我一同贝尔博士接触，就感到了他的爱心和热情。正是这种爱心和热情使无数的人觉得他和蔼可亲，并且赞美他医术高明。他把我抱在膝上，让我玩弄他的表。他让手表响起来，让我可以感觉表的震动。博士懂得我的手势，我立刻喜欢上了他。

当时我并没有意识到，这次会面竟会成为我生命的转折点，成为我开启生命，从黑暗走向光明，由孤独到充满温情，并拥有了开启知识的钥匙。

从此，黑暗过去了，光明进驻我的心田。我不再孤独，不再感到和外面的世界有隔膜，我开始得到人间的友爱并吸取人类的知识，懂得了"知识给人以爱，给人以光明，给人以智慧"。

感悟：

海伦是不幸的，她所经历的苦难常人很难想象；海伦又是幸运的，她身边的人特别是亲人们都和她一样，从来没有被苦难所征服所吓倒，坚持不懈地和命运抗争。更为幸运的是，海伦遇到了发明电话的贝尔博士，从此开启了征服黑暗的光明之窗。

爱的摇篮

现在想想，我对父亲最初且清晰的记忆是什么呢？有一次，我迈过一堆堆的纸，来到父亲的跟前。那时，他独自一个人举着一大张纸，把脸都遮住了。我完全不知道父亲在干什么，于是学着他的模样，也举起一张纸，戴起他的眼镜，以为这样就可以知道了。多年以后，我才了解，那些纸都是报纸，父亲是报社的一名编辑。

父亲是个仁慈宽厚的人，他非常热爱这个家庭。除了打猎的季节外，他总是和我们待在一块儿。别人都说他是个精明的猎人，枪法极准。除了家人，他最爱的就是狗和猎枪。另外他还非常好客，几乎都有些过头了，每次回家都要带回一两个客人。他的得意之作，就数他亲手种植的花园。家人说，父亲栽种的西瓜和草莓是全村最好的。他总是把最先成熟的葡萄和最好的草莓给我品尝。也常常领着我在瓜田和果林中散步，抚摸着我，逗我乐。此情此景，至今依然历历在目，永生难忘。

父亲还是个讲故事的能手，在我学会了说话之后，他就把发生的许多有趣的事情，用我学会的字，写在我的手掌上，引得我快乐地大笑起来。而最令他高兴的事，莫过于听我复述他讲过的那些故事。

一八九六年，我十六岁，在北方度夏的最后几天，突然传来了父亲逝世的消息。他得病时间不长，一阵急性发作之后，人就不行了。这是我第一次尝到死别的悲痛滋味，也是我对死亡的最初认识。

我应当怎样来描述我的母亲呢？她是那样的宠爱我，使得我不知道从何说起她。那就不说也罢。

从出生到现在，我拥有父母之爱，过着无忧无虑的生活，直到妹妹米珠丽加入到这个家庭中来，我的心开始不平静起来，满怀嫉妒。她坐在母亲的膝上，占去了我的位置，母亲的时间和对我的关心似乎也都被她夺走了。后来发生了一件事，使我觉得不仅是母爱受到分割，而且受了极大的侮辱。

那时，我有一个心爱的洋娃娃，我给它取名叫"南茜"。它是我溺爱和脾气发作时的牺牲品，浑身被磨得一塌糊涂。我常把它放在摇篮里，学着母亲的样子安抚它。我爱它胜过任何会眨眼、会说话的洋娃娃。有一天，我发现妹妹正舒舒服服地睡在摇篮里。那时，我正嫉妒她夺走了母爱，又怎么能够容忍她睡在我心爱的"南茜"的摇篮里呢？我不禁勃然大怒，愤然冲过去，用力把摇篮推翻。要不是母亲及时赶来接住，妹妹恐怕会被摔死的。这时我已又盲又聋，处于双重孤独之中，当然不能领略亲热的语言和怜爱的行为以及伙伴之间所产生的感情。后来，我受了教育，享受到了人类的幸福，我和妹妹米珠丽之间变得心心相印，每天我们都手拉着手到处游玩，尽管她看不懂我的手语，我也听不见她牙牙的童音。

新　生

在华盛顿，贝尔博士建议父亲给波士顿柏金斯学校校长安那诺斯先生写信，请她为我寻找一位启蒙老师。柏金斯学校是《游美札记》中郝博士为盲、聋、哑人孜孜不倦工作的地方。

父亲言听计从，立刻发了封信过去。没过几个星期就收到了热情的回信，信里有令人愉快的消息，教师已经找到了。这是一八八六年夏天的事，但等到莎莉文老师来到我们家时，已经是第二年的三月了。

老师安妮·莎莉文来到我家的这一天，是我一生中最重要的一天。回想此前和此后截然不同的生活，我不能不感叹万分。这一天是一八八七年三月三日，那时我才六岁零九个月。

那天下午，我默默地站在阳台上，一声不响地期待着。从母亲的手势以及家人匆匆忙忙进进出出，使我猜想一定有什么不寻常的事要发生。因此，我安静地走到门口，站在台阶上等待着。下午的阳光穿透遮满阳台的金银花叶子，照射到我仰着的脸上。我的手指搓捻着我熟悉的花叶，抚弄着那些为迎接南方春天而绽开的花朵。我不知道未来将有什么奇迹会发生，当时的我，经过数个星期的愤怒、苦恼，已经疲倦不堪了。

朋友啊，你可曾在茫茫大雾中航行过，在雾中神情紧张地驾驶着一条大船，不时用各种仪器探测着方位和距离，小心翼翼地缓慢地向对岸驶去？你的心怦怦直跳，唯恐意外发生。在未受教育之前，我正像大雾中的航船，既没有指南针也没有探测仪，无从知道海港已经非常临近。我在心底无声地呐喊着："光明！光明！快给我光明！"恰恰正在此时，爱的光明照在了我的身上。

我觉得有人向我走来，是母亲吗？我立刻伸出双手。一个人握住了我的手，接着把我紧紧地抱在怀中。我似乎能感觉得到，她就是那个来对我启示世间的真理、给我深切的爱的人——安妮·莎莉文老师。

第二天早晨，她带我到她的房间，送给我一个洋娃娃。后来我才知道，这个洋娃娃是柏金斯盲人学校的学生赠送的。衣服是由年老的布里曼亲手缝制的。我玩了一会儿洋娃娃，莎莉文老师拉起我的手，在手掌上慢慢地拼写"洋娃娃"这个词，这个举动让我对手指游戏产生了兴趣，并且模仿在她手上画。当我最后能正确地拼写这个词时，我自豪极了，高兴得脸都涨红了，立即跑下楼去，找到母亲，拼写给她看。

其实当时我并不知道这就是在写字，甚至也不知道世界上有文字这种东西。我不过是依样画葫芦模仿莎莉文老师的动作而已。从此以后，以这种不求甚解的方式，我学会了拼写"针""杯子"以及"坐""站""行"这些词。世间万物都有自己的名字，是在老师教了我几个星期以后，我才理解到的。

有一天，莎莉文老师给我一个更大的新洋娃娃，同时也把原来那个布娃娃拿来放在我的膝上，然后在我手上拼写"娃娃"这个词，用意在于告诉我这个大的布娃娃和小布娃娃一样都叫作"洋娃娃"。

这天上午，我和莎莉文老师为"杯"和"水"这两个字纠缠了很久。她想让我懂得"杯"是"杯"，"水"是"水"；而我却把两者混为一谈，"杯"也是"水"，"水"也是"杯"。她没有办法，只好暂时丢开这个问题，重新练习布娃娃这个词。

我实在有些不耐烦了，抓起新洋娃娃就往地上摔，把它摔碎了，心中觉得特别痛快。发这种脾气，我既不惭愧，也不悔恨，我对洋娃娃并没有爱。在我的那个寂静而又黑暗的世界里，根本就不会有温柔和同情。莎莉文老师把可怜的洋娃娃的碎布扫到炉子边，然后把我的帽子递给我，我知道又可以到外面暖和的阳光里去了。

我们沿着小路散步，来到井房，房顶上盛开的金银花，芬芳扑鼻。有人正在提水。老师把我的一只手放在水管口上，一股清凉的东西在我手上淌过。她在我的另一只手上拼写"水"字，开始时写得很慢，第二遍就写得快一些。我一动不动地站着，注意她手指的动作。突然间，我恍然大悟，好像记起了一件忘记很久的事情，有股神奇的感觉在我脑中激荡，我一下子理解了语言文字的奥秘了，知道了"水"这个字就是正在我手上流过的这种清凉而奇妙的东西。

这件事唤醒了我的灵魂，并给予我光明、希望、快乐和自由。

井房的经历使我求知的欲望油然而生。啊！原来宇宙万物都各有自己的名称，每个名字都能启发我新的思想。我用刚刚获得的这种新奇的观点看待每一样东西。回到家里，我所碰到的东西似乎都萌发了生命。我想起了那个被我摔碎的洋娃娃，摸索着来到炉子跟前，捡起碎片，想把它们拼凑起来，但怎么也拼不好。想起刚才的所作所为，我悔恨莫及，两眼浸满了泪水，这对我来说可是生平第一次。

那一天，我学会了不少字，现在还能记得的有"父亲""母亲""妹妹""老师"等。这些字使整个世界在我面前变得花团锦簇，美不胜收。晚上，我躺在床上回味这一天的巨大收获，心中充满了喜悦，我平生第一次企盼着新的一天快些到来。啊！世界上还有比我更幸福的孩子吗？

感悟：

　　在海伦的许多文章里，都提到了她初次和"水"打交道的经历，常人再简单不过的事情，可是放在海伦身上，却是如此的困难重重。而恰恰又是这些简单的事情，让海伦内心世界豁然开朗，幸福无比。

觉 醒

心灵的觉醒

在最初近六年的时间里，我没有一点关于自然、思想、死亡和神的概念。我用身体思考，一切记忆都来自于身体感官对外部的感觉。

我像动物一样寻找食物和温暖。我知道哭，却不知道是什么让我流泪，什么是痛苦；生气时我就踢东西，因为我能想起这种躯体动作。我能模仿表示我要吃的东西，我能在妈妈的园子里帮忙找鸡蛋。但在这些动作记忆中没有一丝情感或理智的成分。

我像个土疙瘩一样。除了本能地吃、喝、睡以外，我没有其他的需要。我的生活一片空白，没有过去、现在和将来，没有希望、期待、兴趣和欢乐。

不是黑夜也不是白昼，
只是空虚将时空吞噬。
世界一片死寂，
没有时间、星辰和大地；

　没有挫折、变化；没有好也没有坏。

　突然，不知何时何地，一种力量冲击着我的大脑，使我意识到语言、知识、爱、自然界、善与恶。从而开始了一种人类的生活。

　我的老师安妮·莎莉文已经与我相处近一个月了，她教给我一些东西的名字。她把那些东西放在我手中，用手指在我手上写它们的名字，她还教我怎样写那些字母；但我却对自己在做什么一无所知。我不知道自己在想什么，只记得手指在划动着，从一个位置到另一个位置。

　一天，教师递给我一个杯子，并给我拼这个词。然后她向杯子里倒了些东西，并写了一个词——水。安妮说当时我看上去很困惑，并不停地把"杯子"写成"水"，把"水"写成"杯子"。最后，我生气了，因为莎莉文老师总是在重复这两个词。

　绝望之下她将我带到常春藤下面的井房里，让我将杯子对着水龙头。她一手汲水，另一手在我手心用力地写"水"这个词。我静静地站着，水流过我的手，我专心致志地体会着她手指的运动。突然，一个奇怪的念头滑过我的大脑，那是一种模糊的意识，感觉好像是想起了什么东西。我仿佛从死亡中复苏了一样。

　我明白了老师写的那个词就是冲击着我的手的这种冰凉的东西——水，我知道了用这种手写的符号我就能与别人交流。

　那一天可真棒，我永远也忘不了。思绪在我心中涌动着，各种思想在头脑中产生并涌到全身。我知道，那是我心灵的觉醒。如同是一种启示，使我在很多方面都发生了巨大的变化。我想要知道所有摸到的东西叫什么，到天黑前我已学会了三十个词。

我再也不是一无所知了，我感到快乐、强壮，能够与身体的缺陷抗衡！美好的感觉触动着我，关在我心中美好的事物也开始歌唱。

当意识的太阳有史以来第一次照在我身上时，奇迹产生了！我已经枯萎了的年轻的生命，沐浴着知识的甘露，开始生长，开始打苞，童年的花朵重新吐出芳香。我在内心深处高呼："活着真好！"我向生活伸出颤抖的双手，从此后沉寂将不再困扰我。

这一启示值得我用多年的黑暗与沉寂换取，"水"这一词如同严冬的太阳跳入我的脑海。

尽管我醒来后面对的世界还有许多困惑，但那里有希望，有爱，没有什么比这更重要。

对精神的探求

作为小孩子的我想要知道是谁创造了世间的一切。人们告诉我说是自然（自然母亲）创造了地球、天空、水和一切生物。一段时间内我对这个回答很满意。

我喜欢钻进妈妈花园里的玫瑰丛中，喜欢站在河边或长满雏菊的田野上，在那里，老师给我讲《天方夜谭》里的神话，给我讲种子、花朵、小鸟、昆虫和河中的鱼。像别的孩子一样，我认为所接触的一切事物都有生命，有意识，我相信我们都是自然母亲的孩子。

但在我长大后，我开始思考我所接触的世界。我用一种成熟的思想来理解童年的那些探求的、未成形而易变的印象。我注意到人类的工作与自然界的一些事物的差别。我明白了小狗、花朵、石头、婴儿以及雷雨等，并不是像妈妈做薄饼一样将它们简单地混在一起。田野和树林中的一种规律令我困惑，同时这些事物也让我困惑，使我害怕。对于地震、洪水、飓风造成的巨大破坏，我无法理解。这样一团乱的自然界怎么能够创造生灵，不断地新陈代谢，不断地四季变更，不停地播种收获，白昼黑夜，不停地潮涨潮落，人世变更？

不知为什么，我感到自然对我和我所爱的东西，同它对待一根树枝、一只飞虫没有什么区别。这让我感到一丝不快——也许是灵魂在奋力抗争给我一种暗示，它主宰着事物的运动。放弃了自然，我开始探求精神。我又一次困惑了。朋友们努力这样对我讲，神是创世主，他存在于所有地方，他了解人类一切需要、欢乐和痛苦，一切事情都在他的预料和思考之中。一些豁达的人说，神对任何人都一样仁慈，他像太阳一样地照耀着好人和坏人。我被这一伟大、可爱的神深深地吸引，渴望着认识他。

一天，我问我的老师，为什么我们看不到神，我记得她是这样回答的："我们的身体是一块面纱，它挡住了我们的视线。"她用一块屏幕给我演示了一下，我站在屏幕的这面，她站在那面。她看不到我，我也摸不到她，然而通过一种微妙的感觉我知道她在那儿，我们只是被这层纸做的"面纱"隔着。

不久后，我们一起去了波士顿，因为我不断地问关于神、基督的问题——"人们为什么要害主耶稣？""为什么神让一些人是好人而另外一些人是坏人？""我们为什么都会死？"莎莉文老师带我去见了菲利普·布鲁克斯，一位天才的传统教会的牧师。她觉得如果某个人能用一种简单并且美丽的方式来回答我的问题的话，那这个人就是他。她的直觉完全正确。

这位了不起的牧师了解孩子的心理。他把我抱到他腿上，用最简单的语言告诉我神是如何爱我及爱其他的孩子。他使神听起来活灵活现，以至于我说："哦，对了，我认识他，只是一时忘了他的名字。"布鲁克斯牧师给我讲动听的耶稣基督的故事。他让盲人见到阳光，让聋哑人开口讲话，他治愈病人，他给饥饿的人食物，让痛苦变成欢乐。当布鲁克斯先生抱着我时，我感到神的手臂拥抱着整个世界。

但是，我搞不清楚精神与物质世界间的关系。我常常迷失在阴影和不确信之中，在捉摸不定的光明、混乱、黑暗中前后徘徊，这些实实在在的东西让人无法否认。

一天，我为自己无比高兴。我思想的眼睛看到了一只美丽的蝴蝶，它刚刚从茧中出来，在太阳下晒着翅膀，后来我感到它在一束蔓延的五月花丛中振翅飞舞。有人告诉我古埃及把蝴蝶看成是不朽的象征。我非常高兴，在我看来似乎也应该是这样的，这么美丽的生命应该蕴藏着一种更美的内涵。同样的感觉困扰着我，直到一天瞬间的直觉向我展示了一个伟大的奇迹。

怀念慈母

该说说我的母亲了。

在我的一生当中,要说最哀伤的一刻,莫过于在一次演出前,突然传来母亲逝世的噩耗。那时我和老师正在洛杉矶的某处演出。父亲去世时我才十六岁,还不太了解生离死别的滋味,因此也就没有像这次这般悲痛欲绝。当然,也许是因为我与母亲相处的时日较久,感情较深,有更多的难舍情愫。凯勒上尉曾在克利夫兰总统执政时担任北亚拉巴马州的军事统帅;凯特·亚当斯出身望族,是美国艾弗雷特家族的后裔。

对我来说,在老师来到之前,有关母亲的记忆是一片空白,只知道母亲后来常说:"当你生下来时,我觉得既骄傲又快乐。"母亲的话一定不假,因为她把我患病之前十九个月中的大小事情都记得一清二楚,常常如数家珍般地说给我听:"你学会走路以后,最喜欢到院子里去追逐花丛中的蝴蝶,而且胆子比男孩子还大,一点都不怕鸡啊、狗啊这些动物,还常用肥嘟嘟的小手去抱它们。那时,你的眼睛比谁都尖,连一般人不易看到的针、小纽扣等都可以很快找出来,因此是我缝纽扣时的小帮手。"好多事情母亲百说不厌,她还说起某次她正在编一个有

27

三只脚的竹笼子，笼子四周留了许多小洞，牙牙学语的我既好奇又兴奋，总是爬到母亲膝上，用不流利的话语一遍遍地问道："还要做多久？还要做多久？"

母亲说我小时候很爱幻想，最喜欢壁炉中跳跃的火花，晚上经常不肯上床睡觉，望着燃烧着的木材上的火舌发呆。尤其喜欢看火舌由烟囱里蹿出的样子。

母亲在回忆之后，总会满足地叹口气而下此结论："唉，那时候我们一家人是多么的快乐呀！"

当我患上那场大病变成又盲又聋时，母亲才二十三岁。年轻的她从此生活在悲痛的辛苦岁月中。母亲天生性格内向、谨慎，不太开朗，这样的个性使她很少有知心朋友。遭此不幸，她的心情更落寞了。长大以后，我尽量学习独立，希望不使母亲操心。母亲与我一起出外旅行或来与我同住时，也许会感到欣慰，但是更多时候，她必然为我这个残疾女儿而暗自饮泣。我似乎可以隐隐感觉出母亲在最后几年变得越来越沉默的原因了。

母亲自己就曾经说过，她常常一早醒来，脑海中第一个闪出的念头就是海伦的问题，晚上临睡前，也经常为此担心。母亲的手患有关节炎，写起信来很吃力，可是为了我，还是常常很费劲地用盲文写信给我。

后来，母亲又生下个妹妹，五年后家里又多了弟弟菲利浦，他们两人的出生多少为母亲带来了一些安慰。

父亲去世后，母亲独立担负起养育弟妹的重担，日子过得很艰苦。好不容易妹妹长大了，嫁给了亚拉巴马州的昆西先生，母亲才算松了一口气。她轮流到妹妹家或我这里走动，探望她挚爱的孩子们。

　　老实说，年轻时候母亲对女红和家务事都不太感兴趣，出嫁以后，却不得不挑起家庭中一半的重担。不但要监督工人做工，又要帮着种菜、喂家畜，还要自己做各种食物，如火腿、熏肉等，孩子的衣服也得自己动手剪裁；此外，还得应付父亲每天带回家的一些客人。反正，属于南方家庭那些繁杂的家务，母亲都得一手包办。

　　母亲做的火腿与腌黄瓜远近闻名，吃过的人都赞不绝口，附近的人总是向母亲要一些带回去。当时我年纪小，一点都不懂得母亲的忙碌与辛劳，总是拉着她的裙摆，跟前跟后，母亲从不嫌烦，默默地承担着一切。

　　像母亲这样一位感触敏锐、神经脆弱的弱女子，真难想象她是怎样承受那么多琐碎而繁重的家务的。老师就常常因对此表示不可思议而夸赞母亲。更令人佩服的是，我们从没有听到母亲抱怨过，她总是默默地做着，好像除了做事就没别的了，只要一直做下去就是。

　　母亲还是个爱花的人，她知道如何插苗播种，也知道怎样照顾那些花草树木。虽然浇水除草等工作很是累人，但是她却乐此不疲。对花草的极端迷恋也可以说明她的心思优雅细致。有一年的早春，她移植了一株蔷薇，不料几天后遇上寒流来袭，新栽的蔷薇禁不住霜寒被冻死了，母亲在给我的信上十分悲痛地表示："我就像丧子的大卫王一样，忍不住大声痛哭起来。"

　　母亲非常喜爱鸟类。她每次到我这里来以后，总爱到附近的森林中去散步，随身还携带些食物去喂鸟。当她看到母鸟在教小鸟飞翔的情景时尤其感兴趣，有时一看就是几小时，自己却浑然不觉。

母亲的兴趣很广泛，十分关心时政问题，还经常阅读书报。她憎恨伪善和庸俗的人——当然指的是那些政治舞台上的人，常用讽刺的语言批评那些心怀不轨的议员和政客们。

她最欣赏那些头脑敏锐，能机智地评论政事的评论家，例如汤玛斯夫人就是其中之一，她俩还曾通过信。在作家中，母亲偏爱惠特曼、巴尔扎克等，他们的作品母亲总是一读再读，几乎可以背下来。

有一年夏季，我们到帕蒙特湖畔的小木屋中去避暑，那里有我们深爱的碧绿的湖水、林木及清幽的羊肠小径。一天黄昏，我们坐在湖畔的石椅上，母亲眺望着在湖上划独木舟嬉戏的年轻人，突然间，心有所感，那股莫名的情绪低潮，我当时根本无法体会。

第一次世界大战爆发后，母亲不再提有关战争的事情。后来母亲有一次在外面见到一大群青年在野外搭帐篷露营，禁不住感慨道："唉，真可怜！这些活泼可爱的年轻人眼看就要被送到战场上去了。有什么方法可以不让他们去呢？"说着说着，竟黯然泪下。再就是听到俄国提出和平条件时，母亲说："有勇气说出'战争是人类的罪恶'这句话的国家真是太了不起了！虽然隔着偌大的海洋，可是我真想伸手去拥抱它。"

母亲以前就说过，希望在将来年老的时候，不会去麻烦其他人，宁可自己静静地离开这个世界。母亲去世时住在妹妹那里，她安详平静地告别人世，没有惊动任何人，是死后才被人发现的。

我在临上台表演前两小时听到了母亲去世的噩耗，在此之前，我不曾得到任何有关母亲生病的消息，因此一点心理准备都没有。

听到这个噩耗的一刹那我觉得自己也要死了。这种时候，我还要上台表演吗？我身上的每一寸肌肉几乎都想痛哭出声。可是，我竟然表现得很坚强，当我在台上表演时，没有一个观众知道我刚听到如此不幸的消息，这点令莎莉文老师和我都感到很安慰。

我还记得很清楚，那天有位观众问我："你今年多大年龄了？"

"我到底多大了呢？"我没有正面答复这个问题，只是反问道："依你看，我多大年龄呢？"观众席上爆出一阵笑声。

后来又有人问我："你幸福吗？"

我听了这个问题，眼泪几乎夺眶而出，可我还是强忍住了，尽量平静地回答："是的！我很幸福，因为我相信上帝。"

这一天的问答大致就是如此。

在台上保持平静的我，一回到后台内心的悲恸就再也无法压抑，一下子全爆发了出来。我无法思想，无法动作。虽然，我知道在不久的将来，在"永恒的国度"里，总有一天我还可以见到母亲；可是眼前呢？眼前这个没有母亲的世界是多么的寂寞啊！不论何时何地,每一件事物都会唤起我对母亲的回忆，我在内心里低声呼喊："啊，如果我能再次收到母亲寄来的盲文家书该有多么好啊！"

我一直不能真正地相信母亲确实离开了我，直到第二年四

月，我到亚拉巴马的妹妹家里后，我才终于不得不承认母亲真
的已经死了！

母亲，亲爱的母亲啊！您为我痛苦了一生，现在您去了天
堂，应该可以达观些了吧！因为您该明白我之所以会变成这样，
完全是上帝的旨意，您的心应该得到平静了。这是我最为感到
安慰的事。

走出黑暗与寂寞

经常会有人饱含怜悯地对我说："你所能接触的世界实在太小了，真是可怜啊！"其实他们是不太了解我生活的情形，只有我自己心里明白，说这话的人当然不会知道我有多少朋友，看过多少书，去过多少地方旅行。每当我听到有人说我的生活圈太小时，我自己总忍不住感觉那话很好笑。

其实我一点都没有感觉到我所接触的世界有多么小，相反地，我了解到的世界并不比正常人少。我可以通过读盲文了解世界，盲文杂志上面多半会转载一些普通杂志上的好文章。那些不是盲文的书报，我就请别人念给我听。比如每天的早报，总是由老师或汤姆斯小姐先念上面的标题，然后我挑出一些自己感兴趣的章节请她细读。还有许多杂志也是一样，总是由老师或汤姆斯小姐念给我听，平均每个月我大概要读七至八种杂志。

有许多人会写盲文信件给我，还有一些人则请会盲文的人代写，因此我常常可以享受到从指尖传来的友情。对我来说，我当然最喜欢读盲文，因为这毕竟是由自己直接去感受，而且印象也最为深刻。

举个例子，我有位好友名叫波达，在他去环游世界时也替我设想得很周到，在他的行李当中有一块盲文写字板，每到一处他就写信把所见所闻告诉我。这样一来，我就像亲自跟他旅行一样，共同聆听大西洋上冰山断裂的声音，然后飞越英吉利海峡，一起在巴黎浪漫的大街上漫步。我们还到了水城威尼斯，在皓月当空的夜晚，一边欣赏月光下的威尼斯，一边静听船夫唱意大利歌谣。那种气氛是多么浪漫啊！在看了维苏威火山与几千年前的罗马竞技场后，就要前往神秘的东方了。我随着他一同来到印度、中国，亲身感受到许多新奇又有趣的事物。抵达日本时正值樱花纷纷飘落的季节，落英缤纷，交织成一片梦幻的世界，清幽肃穆的寺院钟声更引发了我许多遐想。

最为有趣的是，后来波达竟在信中这样对我说："你瞧！快看呀！日本的妇女都背着小孩在街上走，这儿的男子竟然都足登四寸高的木屐，在马路上喀啦喀啦地溜达。"

试想一下，有波达这样的好朋友，我所能接触到的世界还会小吗？在许多关心我的朋友当中，威廉·苏夫人最为热心，为我做了许多事情，给予我很大帮助。

苏夫人是个热心肠，赞助过许多慈善团体，只要是与我有关的团体，她捐的钱总是特别多。当我们的想法有不一致甚至差距很大时，她也会这样对我说："我不同意你的观点，但你我的友情是另一回事。"她依然不改初衷地爱护我。

富兰克是我大学时期的同窗好友，二十五年前他创立了一家出版社，曾出版了我的传记作品《我的生活》一书。现在，我打算出续集，富兰克仍如过去那样全力支援。其实早在十年前，富兰克一再鼓励我写这本书的续集，而我在进行本书的写作时，则总是感到富兰克似乎就在我的身边。

来看望我的名人还真多，其中之一是印度诗人泰戈尔先生，他是诺贝尔文学奖得主。他长得又高又大，蓬松的灰色的头发，几乎和脸上的络腮胡连在一起，使我不由想到《圣经》上描述的那些智者们。我很喜欢他的诗集，看了不少他的作品，从中可以深切感觉出他对人类的那份爱心。能和这位诗人结识，我引为平生莫大的光荣。

泰戈尔先生说他非常高兴我能在他的作品中看到作者对人类的热爱，说这个世界正期待着出现一位爱世人比爱自己更甚的人。他谈到时局时忧心忡忡，并以忧伤的口吻提到印度、中国以及世界上一些强国的局势："欧洲各国强迫中国人吸食鸦片，如果他们拒绝的话，国土就有被瓜分的危险。在这种情况下，亚洲民族能不重整军备以求自保吗？英国就像一只秃鹰，已经把战火带到了太平洋沿岸，在那里建了许多军事基地。亚洲各国中，日本已经能够自己站立了，可是，中国大概要等到城门被攻破，盗贼闯进家门时才会惊醒……请记住，一个太爱自己的人，往往就是灭亡自己的人。"

听了他的话后我不禁想到圣雄甘地，因为甘地先生正是一个不仅在嘴上谈"爱"，而且以行动来实践的人。

许多著名的艺术家也对我特别关心，像杰克逊等优秀演员还特地为我表演了他们的拿手好戏，他们让我以手指去追踪他们的一言一行、一颦一笑，我兴奋得屏息以待，唯恐遗漏任何细节。歌唱家卡鲁、列亚等允许我把手放在他们的唇上去"听"

他们的美妙歌声。我还曾手抚钢琴聆听卡德斯基的演奏，轻触海菲兹的小提琴去领会那美妙琴音。当卡德斯基奏出肖邦的小夜曲时，我深深沉醉了，恍如置身于热带海岛上。

平时一有空闲，我就把手放在收音机的共鸣板上"听"音乐节目。在乐曲中，我能感觉到竖琴、钢琴、小提琴的声音是多么美妙。不过，对于目前正开始流行的爵士音乐我却不敢恭维，那种爆炸性的响声，令我感到好像有什么东西正朝着我冲过来似的，每当指尖传给我这种信息时，我都免不了有一种想转身逃跑的冲动，似乎人类在原始时代潜藏在体内的那种对大自然的恐惧感，再度复生了。

荣幸的是，我还拜访过电器发明大王爱迪生先生，他常把自己关在实验室内通宵工作，在他进行实验的过程中，最讨厌别人去打扰，甚至连吃饭都可以省略。他是实业界的大亨。在我前往新泽西州演讲时，爱迪生先生就好意邀我去他家。他给人的第一印象相当严肃。他让我把手放在唱机上，然后很关切地问我听懂没有，可惜我实在听不懂。为了不使爱迪生先生失望，我试着把当时头上戴着的草帽靠近唱机，使声音在草帽上更集中，但仍然无法弄明白是怎么回事。

后来他对我说："你听不见声音也有个好处，那就是比较容易集中心思，不受外界的干扰，像这样活在自己的世界里，不是也很好吗？"

我说："如果我能成为像你这样了不起的发明家，我就努力去发明一种使聋子得到听力的机器。"

他听后感到很惊奇："哦，你真是这么想的吗？我可不会做这么无聊的事，反正人类说的话多半无关紧要，听不听无所谓。"

我试图直接对他说出我的意思，把嘴凑到他耳边，可是他还是听不清，说我的声音像水蒸气一样，让他没办法分辨。后来他让我把要说的话先说给别人，然后转述给他。他说的每一句话都带有命令的味道。

另外，我在一次演讲时还见到了汽车大王福特先生，他亲自带领我们到他的工厂里参观，并且以友好的态度向我们讲述起他成功的经历："当初，我只是想要生产一种连农民都可以买得起的汽车，经过多次研究试验，我对汽车就越来越内行了……其实，有好构想的人数不胜数，只是大多数人不知道如何去活用，因此那些设想也等于没有了。"参观完汽车工厂后，我心里不禁有一个感想：如果像福特工厂一般来管理整个世界，是否会更有效率呢？那时，是否每个人都可以缩短工作时间，但却能拿到比较高的报酬呢？如果人们一天中只需工作几个小时就能丰衣足食，还能省下几个小时的时间自由支配，岂不是很好吗？不过，我自己也知道这种想法无异于痴人说梦，福特固然是一个杰出的企业家，但他的方法未必适合整个世界，因为国家毕竟不能视同工厂去管理啊！

后来，大约又过了十年，福特先生在一次盲人大会中捐了一大笔钱，他告诉我说他的工厂里已经雇用了七十三名盲人，他之所以雇用他们，并非只是为了怜悯，而是因为他们在工作上表现得相当优异。我听到这个消息时，真有一种说不出的高兴。

我经常去纽约等大都市。那里有各种不同的香味，可以刺激我的神经；我特别喜欢到热闹嘈杂的地铁逛一圈，让我感觉到自己正和其他人一样地活着。从繁华的城市再返回宁静的家园，便会感觉到自己的庭园格外可亲，虽然有人嫌它小，但对我而言，这里是世界上最舒适的场所。我经常独自从前门的阶梯走下来，沿着小径往前走，到尽头时再拐个弯，就到了我平常散步的马路上。小屋的四周有非常怡人的景色，尤其是在每年的六月份，郁金香与风信子全都盛开，我们就像生活在花海中的小岛上一样。在我走往小凉亭的马路两旁，有好多移植自德国或日本的菖蒲花。六月真是个奇妙的月份，连树木都舒展了四肢，伸出的枝丫似乎想向我们倾吐什么。我有时就觉得，树木真的是在和我说："你们人类何时才能学会这样站着不动呢？"而有时却在说："看看那不安分的海伦，在花草丛中不停地穿梭，就像一只风中的蝴蝶。"那横生的小枝丫，无疑就是对我指指点点的小手指。我常想：为什么人不像树木一样，固定站在某一个地点上呢？树木虽然不会移动，不是照样生长得很好吗？甚至比人类活得更快乐更长久呢！

最近一段时间，我常为了劳资双方对立以及战争的问题而失眠，我奇怪人类为何不把花在战争上的精力转而投注在研究如何改善人类生活、迈向理想境界的方向上去？如此世界不是可以更美好吗？不过我相信，这一天终将来临。我盼望这个世界能早一天实现和平，让每个人都过上幸福的生活，到那时，人们就不必再期待身后的天堂了。

有时候我独坐书房中，脑中经常会冒出这么个想法："如果当初郝博士没有设计出这套教育盲聋者的方法，那我的这一生将变成什么样呢？"据说在郝博士想到要教育布里曼时，当时的法律上还明文规定着：盲聋者视同白痴。

我的老师在柏金斯盲人学校时与布里曼同寝室，所以对她的事很清楚，并且第一个教莎莉文老师手语的，就是布里曼。当老师告诉布里曼，她将前往亚拉巴马州去教一位又盲又聋又哑的女孩时，布里曼很高兴，同时嘱咐她："千万不要让这个孩子养成骄纵个性，不能因为她有残缺就凡事顺着她，而使她变得太任性。"

离开学校时，盲校中那些可爱的女孩子们一起托老师带给我一个洋娃娃，洋娃娃所穿的衣服还是布里曼亲手缝制的。后来我就是靠这个洋娃娃学会了"doll"这个词。

当我来到柏金斯盲人学校时，莎莉文老师带我去见的头一个人就是好心的布里曼。记得那时布里曼正在房中编织，由于有很长时间没有见到她的好朋友了，因此布里曼非常惊喜地跳起来迎接我们，同时她也吻了我。可是，当她看到我想伸手去摸她所编织的花边时，就很快地把花边移开，并且用手语对我说："你的手太脏了！"我又想用手去摸她的脸，她向后一闪，暗示我的手太脏。同时还问莎莉文老师："你没有教会这孩子应该懂礼貌吗？"接着，她很慎重地一字一字地对我说："你去访问一位女士时，绝不可太过随便。"

她用这样的态度对待我，我心里非常生气，就使性子一屁股坐在地板上，可是布里曼也不含糊，她马上毫不留情地一把将我拽起来："穿漂亮的礼服时是绝不能坐在地板上的，会把衣服坐脏。你这个孩子真是任性，一点教养都没有！"

临别前,吻别她时我不小心踩到了她的脚,又被她训了一顿。事后布里曼告诉老师:"这个孩子似乎有些任性,可是脑筋倒还算很灵活。"而我对布里曼的第一印象是觉得她冷酷得不近人情,让人无法和她亲近。

其实布里曼与我有不少相似的地方,因此后来有很多人喜欢拿我俩做比较:我们变成盲聋时的年纪相仿,开始时的行为都很粗鲁,不易管教也很类似;另外,我们两人长得也很相似,都是金发碧眼;还有,我们都是在七岁时开始接受教育的。

布里曼用功上进的程度远在我之上。她是一个既聪明又善良的人,如果她当初也像我一样,能遇上一位像莎莉文这样的老师来教导她,想必她的成就必然比我大得多。一想到这点,我就不得不庆幸自己的幸运。可是当我再想到自己已经活到四十多岁,而且能和常人一样讲话,但对那些仍生活在黑暗荒漠中的人却一点贡献也没有时,又不禁惭愧不已。

现在每天需要做的事情实在是太多,虽然对全国盲聋哑人的调查还没有完成,但就现有的资料显示:在美国,那些又盲又聋生活在无声和黑暗中等待指引的就有三百七十九人,其中十五人目前正值学龄阶段,可是却没有学校肯收容他们。

有人问我:"我该如何来安置这样的孩子呢?"

由于孩童时期智力、环境各异,因此我也不能很肯定地告诉问这样问题的人是否该请家教,或是否该送到哪一所学校去。我能说的只是:"在儿童的眼、耳机能未完全丧失前,要尽快将其送到附近的盲哑学校去,否则这样的孩子日后会变得不愿意学习。"

　　或许大家并不了解，或者许多人还会感到好奇，那就是一个人虽然生活在黑暗或沉寂中，可是他仍能像正常人一样可以回忆、可以想象，过着属于自己的快乐生活。当然，他要尽可能以他自己的方式去接触这个世界，不要自我封闭在世界之外。拿我来说，因为我有许多热心肠的朋友，把他们耳闻目睹的一切毫无保留灌输给我，所以我同样可以生活得丰富多彩。我永远不会忘记这些朋友们对我的帮助和鼓励，他们给了我许多战胜困难的勇气与快乐。

　　毋庸讳言，身体上的不自由不管怎么说终究是一种缺憾，这一点我非常了解。我也有过怨天尤人或沮丧的时候，但我更明白那样做根本于事无补，因此我总是极力控制自己，使自己的脑子不要去钻这种牛角尖。

　　我给自己所订的目标是：在我有生之年，要努力学会自立，做个对社会有用的人，尽可能不去给别人增添麻烦。如果以宗教上的说法来表示就是：微笑着背负起自己的十字架。这并不是说对命运投降，而是勇敢地面对命运，进而设法战胜它。这种事在口头上说来非常容易，可是要付诸实施的话，如果没有很深刻的信仰、坚强的毅力，再加上友情的温暖、上帝的指引，只怕很难做得到。

　　每当回忆起我的过去，值得安慰的是，我虽然没有什么大的丰功伟绩，但至少可以做一只"只会模仿猫头鹰的鹦鹉"。所谓"只会模仿猫头鹰的鹦鹉"，作家爱德华在完成《小洞的故事》这本书后，写信给他的一位朋友说："我的祖父养了许多鹦鹉却什么也不会，只会模仿猫头鹰鼓翅的样子。来访的客人们总是免不了要兴致勃勃地谈论鹦鹉们的精彩表演，并频频追问它们还会什么新奇花招。此时祖父就会一本正经地说：'快别这么说，否则我们的比利会不高兴的，是吗？比利，来，你来模仿猫头鹰给他们看吧！'我常常想起小时候的这段往事。现在我写了这本书，就像那只只会模仿猫头鹰的鹦鹉一般。"我也把自己比喻成比利，因此很认真地模仿猫头鹰。我的能力太有限，我所能做的只有这件事，就跟小鹦鹉比利一样。

我现在写完自传的最后一行，由于手很酸，暂时停下来休息一下。

在我所居住的宽敞的院子里，有几棵落叶松，没有洋槐，至于为什么没有，我也不知道。不过在我的脑海中，时常会浮现出洋槐夹道的小径，那是我以前经常散步的地方。就在那条小径上，我消磨过许多时光，同时享受着朋友们无限的温情，那几乎可以说是我的人生小径。现在，这些朋友们有的还在人间的小径上走，有的则已徜徉于天国的花园里了，但我对他们的怀念如一。

认真想来，我过去曾看过的许多好书都是我的良师益友，那里凝聚着许多智者的智慧结晶，我同样对它们怀着敬畏与感恩的心情。

我的自传马上就要脱稿了，它称不上是什么伟大的作品，如果说其中还有些价值的话，也并非由于我的才能，而应归功于发生在我身上那些不平常的事情。也许神视我为他的子女而委以重任，希望由于我的盲聋而对其他人发生一点影响吧！上天使我眼不能见，耳不能听，因而也无法说话，是想通过这种残缺而给世上的残弱者一些启示。上天待我不薄，因为它为我送来了莎莉文老师，由她带领我离开黑暗而沉寂的世界。

莎莉文老师自己的视力从小也很差，在她担任我的家庭教师时，也只能看到些许光线而已。一个不太健康的弱女子只身远离她的朋友，来到亚拉巴马州的一个小村落，这种勇气不能不说是受了冥冥中某种力量的支配。她为了我不辞任何辛劳，以她微弱的视力为我念了许多书，且成为我与这个世界最初也是最主要的桥梁。我与她非亲非故，她为我所做的一切，岂是仅因为"喜欢我"这句话所能解释得了的呢？直到现在，老师仍然靠着一副度数非常深的特制眼镜来阅读，那副眼镜是贝尔博士精心制造的。

因为我没办法阅读自己所写的书稿，所以有关后面的修改工作，都要由老师用手语为我复读。当她帮我做这些工作时，贝尔博士又得伴在老师身边，观察她的视力，随时加以调整。老师为了我，真是不惜付出一切，我一直弄不明白，她为什么要对我这么好呢？

我始终相信，只要莎莉文老师愿意的话，她可以轻而易举地成为妇女运动的领导人物，起码也能成为知名女作家。可是她却宁肯把毕生的精力花在我这样一个人身上。她一直在激励我服务社会人群的心志，遗憾的是，我却总拿不出良好的表现用以报答老师的一片苦心。

最后，我要说，虽然我的眼前是一片黑暗，但因为老师带给我的爱心与希望，使我踏入了思想的光明世界。我的四周也许是一堵堵厚厚的墙，隔绝了我与外界沟通的道路，但在围墙内的世界却种满了美丽的花草树木，我仍然能够欣赏到大自然的神妙。我的住屋虽小，也没有窗户，但同样可以在夜晚欣赏满天闪烁的繁星。

　　我的身体虽然有缺憾，但我的心是自由的。就让我的思想超脱我的躯体走向人群，沉浸在喜悦中，快乐地追求美好的人生吧！

第二章

希望就躲藏在
绝望的背后

死亡只是从这个房间搬迁到那个房间，可是
我可能跟别的人不太一样，因为我在那个新的房
间就可以用眼睛看到东西了。

哑巴哑巴，开口说话

　　一八九〇年的春天，我才开始学习讲话。那时候的情景已经深深刻在脑海里了。

　　很早以前我就有发出声音的强烈渴望。我时常把一只手放在喉咙上，一只手贴在嘴唇上，试探着发出一些声音来。我对任何声音，都有着浓厚的兴趣。听到有猫的叫声或狗的叫声，我都会用手去摸它们的嘴。有人唱歌时，我会去摸他们的喉咙；有人弹钢琴时，我也喜欢用手去摸键盘。

　　一个人在失去听力和视力之前，说话是很容易就能学会的，自从得了那场病，耳朵听不到任何声音后，我也就说不出话了。那时候我整天坐在母亲的膝上，感觉好玩的事情就是把手放在她的脸上，能感觉到她嘴唇的开合，就觉得很开心。虽然我早已经忘记说话是怎么回事，但也学着别人的样子嚅动着自己的嘴唇。家里人说我哭和笑的声音是那么自然。

　　有的时候，我的嘴里发出一些声音，能拼出一两个单词，可是，这不是在和别人说话，这是在不由自主地锻炼自己的发音器官。只有一个字，在我生病后依然记得很清楚，那就是"水"，我经常发成"wa……wa"的声音。可是慢慢地这个字的意思也要忘掉了，直到莎莉文老师来到我家开始教导我，我学会了用手指拼写这个字以后，再也没有发过这个音。

很久以前，我就知道，四周的人在用与我不同的方式交流。直至我知道耳聋的人也能学会说话之前，就已经开始对自己与别人交流的方法感到不满意了。当一个人完全靠手语与别人交流时，总是有一种被约束被限制的感觉。这种感觉越来越令我难以忍受，极力想摆脱这种束缚。我常常会急得像小鸟使劲扑打翅膀那样，一个劲儿地鼓动嘴唇，想用嘴说话。家里人却想方设法阻止我用嘴说话，怕我学不好受到打击而灰心丧气。但我毫不气馁。后来偶然听到娜布·卡达的故事，更增强了我学说话的信心。

一八九〇年，曾教过萝拉的拉姆森夫人，刚从挪威和瑞典访问归来，就来到我家探望我。也就在那时候她告诉我，挪威有一个又盲又聋名叫娜布·卡达的女孩，现在她已经学会了说话。拉姆森夫人还没有给我讲完，我的心里面已经有一团火在燃烧了，暗暗地下决心——我也要学会说话。于是我不停地吵闹着要莎莉文老师带我去波士顿找霍勒斯学校的校长萨拉·富勒小姐，请求她帮助我。让人感动的是，这位和蔼可亲的女士愿意亲自教导我。于是我就从一八九〇年三月二十六日起，开始跟她学说话了。

富勒小姐教的方法是——在她发音的时候，让我把手轻轻地放在她的脸上，让我去感觉她的舌头和嘴唇是怎么动的。我用心地模仿她的每一个动作，不到一小时便学会了用嘴说 M、P、A、S、T、I 这六个字母。

富勒小姐一共给我上了十一堂课。这是我一辈子也不能忘记的十一堂课，当我第一次连贯地说出"天气很温暖"这个句子时，心里是多么的惊喜！虽然它们只是断断续续且期期艾艾从我的嘴里发出的几个简单的音节，可是这毕竟是人类的语言啊！我激动地意识到有一种全新的力量，把我从灵魂的枷锁中释放了出来，用这些断断续续的语言记号，才能让我掌握更多更全面的知识并获得信仰。

耳聋的孩子如果急切想用嘴说出那些他从来没有听过接触过的字，想走出那死一般的寂静世界，去摆脱那些不知道爱和温暖、没有虫鸣鸟叫、没有美妙音乐的日子，那么他永远也不会忘记，当他说出第一个字时，惊喜若狂的感觉像电流一样通遍全身。只有这样的人才会明白，我究竟是怀着怎样热切的心情同玩具、石头、树木、鸟儿以及不会讲话的动物去说话的。只有和我有着同样经历的人才懂得，当妹妹能听懂我的招呼，家里那只小狗能听从我的命令时，我内心里是多么激动多么欢喜啊！

如今我也能用长有翅膀的语言讲话了，再也不需要别人帮我翻译了，由此而得到的方便更是无法用语言来形容的。现在的我可以一边思考一边说话，这样和别人沟通就简单多了。而从前靠手指来说话是无论如何也做不到这一点的。

但是，千万不要以为在这短短的时间内，我真的就能用语言和别人交流了。我只是学会了一些说话的基本要领，而且只有富勒小姐和莎莉文老师能够明白我的意思，其他人只能听懂其中很小的一部分。当我学会了这些基本的说话技巧后，假如没有莎莉文老师的聪慧，以及她坚持不懈的努力，我不可能做到如此神速地学会并运用人类自然的语言。

最初，我日日夜夜地刻苦训练我发出的字音，才使我最亲近的朋友听懂了我的意思。随后，在莎莉文老师的帮助下，我反反复复练习发准每一个字音，练习各种音的自由结合。一直到现在，她还是每天不断地给我纠正我不正确的发音。

只有那些曾经教导过聋哑孩童说话的人才能明白这意味着什么，也只有他们才能深切体会到我必须克服的是什么样的困难。我完全是靠手指来感觉莎莉文老师的嘴唇的：我用触觉来把握她喉咙的颤动、嘴的运动和面部表情，仅仅靠手的触摸往往是不准确的。遇到这种情况，我就迫使自己反复练习那些发不好音的字词和句子，时常一练就是几小时，直到我觉得发出的音准了为止。

我的任务是练习、练习，不断地练习。失败和疲劳时常打击我，可是一想到再坚持一会儿我就能把音发准，能够让我身边爱我的和我爱的人看到我的进步，这样我就有了勇气和耐心。我急切想看到他们为我的成功而露出笑容。

"妹妹就要能听懂我的话了。"这个使人激动的想法，成为鼓舞我战胜一切困难的坚强信念。我常常欣喜若狂地反复念叨："我现在不是哑巴了。"一想到我就要能够自由自在地同母亲谈话，能够理解她用嘴唇做出的反应时，就更加坚定了我要说出话来的信心。当我发现，用嘴说话要比用手指说话容易得多时，真是觉得惊奇。为此，我不再用手语或在手上写字同人谈话交流了。但莎莉文老师和一些朋友依然用这种方式同我交谈，因为和唇读法相比，手语字母更方便些，我理解得更快些。

　　在这里，我应该就盲人使用的手语字母做一下说明，那些不了解我们的人似乎对手语有些困惑不解。人们给我读书或同我谈话时，采用聋人所使用的一般方法，用一只手在我手上拼写出单词和句子。我把手轻轻地放在说话者的手上，一方面不妨碍其手指的运动，另一方面又能很容易地感觉到他手指的运动。我的感觉和人们看书一样，感觉到的是一个个字，而不是单个的字母。同我谈话的人由于手指经常运动，因而手指运用得灵活自如，有些人字母拼写得非常快，就像熟练的打字员在打字机上打字一样。当然，熟练的拼写同写字一样，也成了我一种不知不觉的动作。

　　能用嘴说话以后，我便迫不及待地想赶回家。这一重要的时刻终于来到了，我踏上了归途。一路上，我和莎莉文老师不停地用语言交谈，我不是为了说话而说话，而是为了抓紧一切时机尽量提高自己的说话能力。不知不觉火车已经进站了，家里人都在站台上迎接我们。刚下火车，母亲就一下子把我搂在怀里，她默默地倾听我发出的每一个音节每一句话，激动地全身颤抖着说不出一句话。小妹妹米珠丽抓住我的手，又亲又吻，高兴得一个劲儿地蹦跳。父亲站在旁边虽然一言不发，但慈祥的脸上却显露出愉悦的神色。直到现在，每逢想到那时的情景，总是禁不住热泪盈眶，就像是以赛亚的预言在我身上得到了应验："山岭齐声歌唱，树木拍手欢呼！"

万里晴空的一朵乌云：《霜王》事件

一八九二年冬天，我的童年时代笼罩了一朵乌云。使我闷闷不乐，很长时间都沉浸在痛苦、忧虑和恐惧当中。书本也对我丧失了吸引力。现在，一想起那些可怕的日子，我依然不寒而栗。

事情的起因很简单：那是我学会说话后的第一个秋天，我写了一篇题为《霜王》的短篇小说，并寄给了柏金斯盲人学校的安那诺斯先生，没想到因此却惹来了麻烦。为了澄清此事，我必须把事情的真相写出来，以讨回我和莎莉文老师应该得到的公道。

我写出了小说《霜王》

那是我学会说话后写的第一个故事。夏天，我们在山间别墅住的时间比往年都长。莎莉文老师常常给我描述不同时节的树叶是怎样的美丽，这让我想起了一个别人念给我听的故事，于是不知不觉地就记住了。可当时我以为自己是在"创作故事"，于是热切地想在忘记以前把它写出来。我的思绪犹如涌动的泉水，下笔有千言，完全沉浸在写作的快乐之中。流畅的语言、

51

生动的形象在笔尖跳跃着，字字句句都写在盲人用的布莱叶纸
板上。

现在，我敢断定，如果有什么文思毫不费劲地涌入我的脑海，
它一定不是我头脑中的产物，而是从别人那里捡来的东西。但是，
那时候的我对这种观念界限很难分辨。就是现在，我也常常分
不清楚，哪些是我自己头脑里的东西，哪些是别人写在书里的
东西。我想，这也许是由于我得到的对事物的印象，大都是通
过别人的眼睛和耳朵的缘故吧！

故事写完后，我念给莎莉文老师听。现在我还清晰地记得，
我是如何陶醉于那些精彩的段落，又是如何被那些念错还需要
重念的字给困扰的。我又在晚餐的时候，念给全家人听，大家
都特别惊讶，没想到我能写得这么好，也有人问我是不是从哪
本书里看到的。

我很吃惊他们的问题，因为我根本想不起有谁给我读过这
篇小说。于是，我大声而且理直气壮地回答说："不是，这是
我自己创作的，我要把它献给安那诺斯先生。"

随后，我重新抄写了一遍，并且依照他们的建议，将《秋
天的树叶》改名为《霜王》，寄给了安那诺斯先生，祝贺他的生日。
我做梦也没有想到，就是这一件生日礼物，给我带来了什么样
的麻烦，又是怎样的伤害。

我是抄袭的？

安那诺斯先生非常喜欢这篇小说，于是就把它刊登在了柏
金斯盲人学校校刊上。可没过多久，我扬扬自得的心情就跌到

了痛苦与绝望的深渊。我到波士顿没多久，就有人发现，《霜王》与玛格丽特·康贝尔小姐的一篇名叫《霜仙》的小说十分类似。这篇文章在我出世以前就已写成，《小鸟和它的朋友》的集子中就有这篇故事。两个故事在思想内容和词句上都非常相似，因而有人说我的小说是剽窃康贝尔小姐的。

起初，我并不知道这个问题的严重性，当我了解了以后，觉得既惊讶又难过。我遭遇了任何小孩子都不曾感受到的痛苦。这让我感到羞耻，也让我最爱戴的人受到别人的猜忌。我弄不明白，这究竟是怎么一回事啊！于是我绞尽脑汁地想在写《霜王》之前，到底读过什么书，是不是在哪里看过描写霜的文章或书籍。我已经记不起来了，只是模糊的印象里有谁提到过杰克·费罗斯特这个人，还有一首写给孩子的诗，题目叫《霜的异想天开》，但是我并没有引用他们。

最初，虽然深受此事困扰的安那诺斯先生很相信我，还是那么宽厚地对待我。但是，事情还是在继续恶化，为了使他高兴，我强打精神尽量表现出一副神情愉快的样子。

庆祝华盛顿诞辰的活动时，我也在同学们演出的一场假面剧中，扮演了谷物女神。那天我穿着一身颇为漂亮的服装，头戴一个用色彩斑斓的秋叶扎成的花环，脚上和手上满是水果和谷物。可这些花花绿绿热热闹闹的场面，并不能减轻我内心深处的忧伤。

接受审判

一位老师在庆祝活动的前夕，又问起那篇小说。我告诉她，莎莉文老师曾和我谈到过杰克·费罗斯特和他杰出的作品。不知怎么回事，也许我说的某些话让她理解成或让她认为我记得康贝尔小姐的小说《霜仙》。虽然我一再强调她理解错了，但她还是自以为是地把她的错误结论，告诉给了安那诺斯先生听。

一向对我有着殷切照顾的安那诺斯先生听信了这位老师的话，也认为我欺骗了他，竟对我无辜的辩解不加理会。他认为或至少觉得，莎莉文老师和我，是为了博得他的称赞而故意窃取别人的作品。紧接着，柏金斯盲人学校的老师和职工组成一个"法庭"，我被带到那里去回答他们提出的问题。

在"法庭"上，他们支开莎莉文老师，反复地盘问我，从他们提出的每一个问题中，我觉得他们在迫使我承认有人给我读过康贝尔的小说《霜仙》。我感觉到了他们对我极大的不信任，而且我也感觉到了安那诺斯先生正在以责备的眼光瞧着我。再多的语言也无法表达出我那时候的感受，心脏怦怦地乱跳，我语无伦次地回答着他们所提出的疑问。尽管我知道这纯粹是一场可怕的误会，可那个时候却无法减轻自己内心的痛苦。盘问终于结束了，他们让我离开时，我觉得头晕目眩，对于莎莉文老师的安慰和朋友们的鼓励，我根本没有心思去留意。

眼泪知道

那天晚上，我躺在床上大哭起来。哪个孩子能像我哭得那么伤心啊！我感到浑身发冷，那一刻，心里想着也许我活不到明天早上了。就这么想着，心里反而安静了许多。幸好，那时候我年龄很小，现在想起来，如果这件事发生在年龄较大的时候，一定会使我精神崩溃的。在那段悲苦的日子里，我大部分哀伤和忧虑被遗忘的天使赶走了。

对于《霜仙》这篇小说莎莉文老师从未听说过，她也没有听说过康贝尔小姐的那本书。她在调查这件事的时候，得到了贝尔博士的帮助。最后发现，霍布金夫人在 1888 年有一本康贝尔小姐的书《小鸟和它的朋友》。恰好那年夏天，她和我们正好在布鲁斯特一起度假。霍布金夫人对我说她已经找不到那本书了，不过她说，她确信她曾从《小鸟和它的朋友》这本书中挑选小说给我念过。当时莎莉文老师独自去度假，为了给我解闷，她时常从各种各样的书中找些有趣的故事念给我听。虽然她同我一样，不记得念过《霜仙》这篇小说。对此霍布金夫人这样解释说，她把布鲁斯特的那所房子卖掉之前，曾处理了许多儿童读物，诸如一些小学课本、童话故事之类的书籍。《小鸟和它的朋友》也许就在那时给处理掉了。

那时候，故事对我的意义可有可无，但是故事中那些稀奇古怪的拼词，却调动起我——一个没有任何其他娱乐活动孩子的兴趣。尽管现在我一点也想不起来当时讲故事的情景了，可我必须得承认，那时我是曾经努力想要记住那些生词，等老师回来后，让她详细地讲解给我听。

在莎莉文老师回来后，我没有跟她提起《霜仙》这篇小说。但霍布金夫人的确曾给我念了康贝尔小姐的那篇小说，在我忘掉了很久以后，它却自然而然地浮现在我脑海里，以致我一丝一毫没有觉得它是别人思想的产物。也许是因为莎莉文老师一回来就开始给我阅读《方德诺小爵士》，而在我的脑子里并没有多余的空间来想其他事。

在那些烦躁苦闷的日子里，那些表示慰问和同情的信件给了我很大帮助。其中有康贝尔小姐亲自写的信，她鼓励我："将来总有一天你会写出自己的巨著，那样会让更多的人从中得到鼓舞和帮助。"

但是，这个美好的预言却迟迟没有实现。从那以后，我总是提心吊胆，再也不敢做文字游戏了，总害怕写出来的东西不是自己的思想。有很长的一段时间，甚至在给妈妈写信时，我都会被突如其来的恐惧所侵袭，一遍又一遍反复斟酌每一个句子，直到肯定那确实不是书中所读过接触过的句子。后来如果没有莎莉文老师坚持不懈地给予我的鼓励，恐怕自此我再也不肯去碰笔和纸了。

事情真相

过了些日子，我找来《霜仙》看了一遍，再根据那时我曾经写过的一些信，结果发现我所用的词句还有观点，与那本书有很多相似之处，例如一八九一年九月二十九日写给安那诺斯先生的信里，那里面的语言所表达的感情与康贝尔小姐的著作一模一样。我写的《霜王》那篇小说，不仅仅是小说，就连我写的信件也一样，从其中的一些段落和措辞里可以看得出，当时我的思想真的已经被这个故事所渗透了。

我假想自己是莎莉文老师，在书信中向自己描述金黄色的秋叶："啊，夏日流逝，又能用什么来安慰我的寂寞？唯一的是那绚丽多彩的秋叶。"可这恰恰是康贝尔小姐那篇小说中的句子。

把自己喜欢的句子和自己的思想交融，进一步同化成为自己的东西，再把它当作自己的想法，重新写出来，这种情况时常很频繁地在我早年的信件和初期的作品中体现出来。有一篇描写希腊和意大利古城的文章中，我就套用了一些现在已经遗忘出处的片段。因为我知道安那诺斯先生非常喜欢古迹，于是我在读书时，特别细心地从诗集和史书中摘录那些对于希腊和意大利古城的描写的词句，而安那诺斯先生在称赞我的这些描写古城的作文时也说："富有诗意。"

我不明白的是，他怎么竟然相信一个又盲又聋的十一岁的孩子能写出这样的作品。不过，我也认为，不能因为作文中有别人的词句和语气，就被看成一文不值。而这一切毕竟说明我已经能够熟练地运用清晰生动的文字了，我对美好富有诗意的境界的欣赏也就这样表达出来了。

其实我早期的作品，只不过是智力训练，和所有年轻人一样，是经过模仿和吸收，慢慢学会把自己的思想用文字表达出来。我会自觉或不自觉地把书中能引起我兴趣的东西记在脑子里，转化为自己的东西。

初学写作的人，一般都会本能地去模仿自己最喜欢的作品，然后以一种惊人的变化力来转化它。哪怕是伟大的作家，也要经过多年的实践，才能驾驭所有拥挤在思想里面道听途说的文学领域。这是史蒂文森曾经说过的话。

也许直到现在，我仍然没有走完这一过程。说真的，我常常分辨不清哪些是我自己的思想，哪些是我从书里看来的。我的思想里包含从书本上看来的东西，这已经成为不可分割的一部分。在我所有的作品中，总是有一种像我当初学缝纫时，用破碎的布条拼凑而成的衣服，这些衣服是由各式各样、零七碎八的布片拼凑成的，虽然里面夹杂着艳丽的绸缎和华美的天鹅绒，但最显眼的还是绝大部分的粗布头。

同样，我的作文虽说反映了我的一些粗糙的不成熟的思想，但其间也夹杂着别人闪光的思想和成熟的看法，这些都是我从书里得到并深刻记在心里的。在我看来，当开始写作时一个很大的困难就是：我自己所想到的东西，是处在感情和思想的边缘，不是很有条理性，如何熟练地运用我所学到的语言并将它们表达出来呢？写作其实就像摆七巧板，脑子里必须先有一个图样，然后再用语言把它描绘出来。尽管有时想出来的词不一定合适它，但即便这样，我还是坚持一次又一次写，因为我知道，我是不会认输的，既然别人做成功过，我也一定能成功。

史蒂文森说过："人，如果生来就没有创作才能，那他一辈子也创作不出什么东西。"有时我想也许我就是这样的人，可我还是希望有朝一日，我的拙笔有所长进，能把自己的思想和经历充分表达出来。我就是凭着这种希望和坚定的信念还有不懈的努力，战胜了《霜王》事件给我带来的痛楚。

换个方式去理解，这件不愉快的事情，对我只有益而无坏处，它能够迫使我去认真地思考有关写作的一些问题。唯一让我感到遗憾的是，我失去了安那诺斯先生的友谊，我失去了一个好朋友。

不过当我在《妇女家庭杂志》上发表了《我的生活》以后，

安那诺斯先生在写给麦西先生的一封信中说，当初的《霜王》事件，他相信我是无辜的。他还说，当时那个"法庭"是八人组成的：四个盲人，四个眼睛健康的人。其中四人认为，当时我的心里是明白有人给我念过康贝尔小姐的那篇小说的，其余的人则不以为然。安那诺斯先生说，他当时是紧靠在后一种人的说法的。

　　不管怎么说，也不管安那诺斯先生究竟站在哪一方，当我走进那间屋子，发觉里面的人对我持有怀疑态度时，的确让我感到一种敌对的气氛，当时我就有一种不祥的预感。结果后来发生的事证实了我的预感。在这之前，也是在那间屋子里，安那诺斯先生经常把我抱在膝上，只是为了陪我玩一会儿，而把自己的工作放在一边。我也感觉得到，在那件事发生以后的两年中，安那诺斯先生相信我和莎莉文老师是无辜的。后来也许是有什么原因，他改变了自己的看法。我不大清楚，柏金斯盲人学校为什么要调查这件事，甚至连那个"法庭"成员的名字我也叫不出来，后来他们也不和我说话了。只记得当时心里的恐惧和激动已经让我顾不上注意其他的事情了，甚至连一个问题也回答不出来。的确，我当时几乎没有想到我该说些什么，也记不清楚别人和我说过什么样的话了。

　　现在我原原本本写出《霜王》这件事的始末，因为它对我早期的学习和生活影响特别大，同时也为了避免一些误会，我尽可能如实地叙述了所有相关的事实，我不想为自己辩解，也不想埋怨任何人。

走出阴影，走向阳光

在《霜王》事件发生后的那年夏天一直到冬天，我回到了家人身边。我很快乐，所有的忧愁都被我抛在了脑后。

当夏天慢慢过去，秋天悄悄来临时，地上铺满深红色和金黄色的树叶，花园尽头的葡萄架下，那一串串的葡萄，在阳光的照射下慢慢变成了酱紫色。我就是在这个美丽的时节，开始写回忆自己生活经历的文章，这和我写《霜王》那篇小说恰好隔了一年。

当时我仍对自己写的东西心存顾忌，常常被不是属于自己思想的东西所折磨和束缚着，也许只有莎莉文老师理解我内心的恐惧和不安。我不知道自己为什么会变得那么敏感，总是竭力避免有关《霜王》事件的话题。时常在谈话中，会有一种深层的意识闪过我的脑海，我轻声地对她说："我不知道这是否是属于我自己的。"更多的时候，写着写着，就会不由自主地自言自语："假如这又是跟别人的作品一样，我该怎么办呢？"一想到这里，我的手就会不停地发抖，结果这一天什么字也写不下去。就是现在的某一时刻，我也感觉有同样的焦虑和不安。不可否认，是那次可怕的经历使我的心灵上留下了永久性的后遗症，其中的含意我到现在才开始慢慢地理解。

莎莉文老师还是在安慰我，并且竭尽全力来帮助我，她鼓励我替《青年之友》写一篇《我的生活介绍》的短文。我知道她这么做是为了让我能恢复往昔的自信。当时我十二岁，写这样的文章显然是很吃力的。不过现在回想起来，我那时肯定已经预见到了，自己将会从这次写作中得到益处，但是假如没有莎莉文老师的理解和鼓励，我一定写不出来的。

　　我小心翼翼，但却不屈不挠地写了下去。这当然少不了莎莉文老师的鼓励和诱导。她明白，只要我坚持写下去，就能重新树立信心，再次发挥自己的才能。如果没有《霜王》事件的发生，我也会像其他孩子一样，过着无忧无虑的生活。不可否认，《霜王》事件让我变得沉默了，这种沉默却使我会经常思考一些看不见的东西。一段时间过去后，我终于摆脱了《霜王》事件带给我的阴影。历经磨炼，我的头脑比以前清醒了许多，对生活有了更深刻的理解和认识。

没有声音的语言

现在，我已经掌握了语言的钥匙，迫切地想运用它们。

有听力的孩子通常可以轻而易举地学习语言。他们可以轻松愉快地了解并学习别人嘴里说出来的话，并试探着说出口。可是，谁能理解耳聋的孩子要想学会开口说话，必须经历无数的痛苦煎熬。但要是经历了艰辛的磨炼，结果总是会有令人惊喜的收获。我就是从每一件东西的名称慢慢学起，由结结巴巴的发音，到可以在莎士比亚的十四行诗中充满无限美妙的想象。这其中的过程假如没有经历过，也不是谁都能想象得到的。

起初，我对于老师告诉我的许多新鲜事物很少发问。那是由于我的知识有限，那些事物给我的概念很模糊，也因为自己字词掌握得太少。随着我逐渐增加对外界的了解，词汇也积累得多了，问题也就多了。我常常一而再，再而三地对一件事物探个究竟，那样我才能了解得更多些。有时从一个新学习的词句里，总是能联想起以前的种种经历。

记得那是一天早晨，我第一次向莎莉文老师问起"爱"这个字的意思。当时我所认识的字还不是很多。我在花园里摘了几朵早开的紫罗兰送给莎莉文老师。她高兴地想吻我，可是那个时候除了母亲以外，我是不愿意让别人亲吻我的。于是莎莉文老师就用一只胳膊轻轻地搂着我，在我手上拼写出了"我爱海伦"几个字。

"爱是什么？"我疑惑地问。

莎莉文老师紧紧地搂着我，用手指着我心脏的部位说："爱在这里。"

我第一次感到了心脏的跳动，可对老师的话和动作依旧迷惑不解，当时除了能触摸到的东西，我几乎什么都不懂。

我闻着她手里的紫罗兰，一半用文字，一半用手势问道："爱就是花的香味吗？"

"不是。"莎莉文老师说。

太阳正温暖地照耀着我们，我又想了想。

"爱是不是太阳？"我指着阳光照射来的方向问，"是太阳吗？"

当时在我看来，世界上没有能比太阳更美好的东西了，万物生长都离不开它的光和热。但莎莉文老师却一直摇头。困惑和失望又让我觉得很奇怪，为什么老师不能告诉我，"爱"究竟是什么呢？

过了两天，我正玩用线串珠子的游戏，按两个大的、三个小的这样的顺序串。结果老是弄错。莎莉文老师在一边耐心地给我纠正错误。到最后，我还是发现有一大段串错了。在我用心地想着是哪里出错，应该怎样才能把这些珠子串好的时候，莎莉文老师碰碰我的额头，使劲地在我手心拼写出"想"这个字。

我顿时明白了，这个字原来指的是脑子里正在进行思索的过程。这是我第一次领悟到抽象的概念。

我静静地坐在那里想了很久，不管珠子的排列方式，我在寻求脑海中的新观念来解释什么叫"爱"。那天乌云密布，夹杂着阵阵的细雨。突然间太阳冲破云层，发出万丈耀眼的光芒。

我又去问老师："爱是不是太阳？"

"爱有点像太阳没出来以前挂在天空中的云彩。"莎莉文老师意识到我仍然是很困惑，于是又解释说："你虽然摸不到云彩，但你能感觉到雨水。你也知道，在经过太阳一天的酷热照射之后，花儿和大地要是能得到雨水的滋润会是多么欢喜呀！爱也和云彩那样是摸不到的，但你能感觉到她带来的甜蜜。没有爱，你就不快乐，也没有心思玩了。"现在看起来这些话浅显易懂，但当时我依然理解不透彻。

不过莎莉文老师的一番话，使我在刹那间明白了其中的道理——感觉到有无数个无形的线条穿梭在我和所有人的心里面。

从我见到莎莉文老师后，她一直对我就像对有着正常听觉的孩子那样和我讲话，不同的是，她不是用嘴和我交谈，而是把一句句话拼写在我手上。一旦我无法明白那些用来表达思想的字句或成语时，她会提醒我；当我和别人沟通有困难时，她也会从旁边及时给我提示。

这种学习过程延续了很多年，一个耳聋的孩子根本不可能在短短几个月，甚至几年中学会并掌握最简单的日常用语，即便学会了要想灵活运用，还得有个过程。正常的孩子学说话很简单，只要不断地重复和模仿就学会了，在家里听大人说话时，脑子跟着活动，想着谈话的内容，很快地就学会了怎样去表达自己的思想。但耳聋的孩子是无法自然地交流思想。莎莉文老师意识到这点，就用许多种方法来弥补我的缺陷。她尽可能反反复复、一字一句地在我身边重复一些日常用语，告诉我怎样和别人交谈。只是过了很长一段时间，我才敢主动张口和别人说话，又过了更长一段时间，我才弄明白什么样的场合该说什么话。

又盲又聋的人在和别人谈话中，很难能领会其中的细微之处。可想而知那些聋且盲的人遇到的困难是多么大啊！在交谈中他们没有办法去分辨人们说话的表情和语调，如果没有别人的帮助，他们领会不了变化的语气所包含的意思。他们看不见说话者的神色，而神色又是心灵的自然流露。

感悟：

语言是人类最重要的交际工具，它同思维有密切联系，是思想的直接显示。"爱是什么？"海伦通过这一小的环节，向我们展示了既聋又盲的她学习语言过程中所遇到的困难有多么大。但正如海伦所说："无论如何艰辛，结果总是无比美妙。"

不到最后，任何时候都不要放弃希望。成功根本没有秘诀。如果有的话，就只有两个：第一个是坚持到底，永不放弃；第二个就是当你想放弃的时候，请回头再照着第一个秘诀去做——坚持到底，永不放弃！

不服输的人

不管经历了多少困难的磨炼，我终于可以在众人面前说话了，虽然声音不是很优美，可是比起不会讲话来，已经有了很大的进步了。能够开口说话这对我的工作进展帮助很大。

我在大学求学时就常想："我努力学习知识，目的就在于日后能够有所用处，哪怕是能为人类社会贡献一点点的力量。这世界上总会有一两件适合我做的，而且是只有我才能做到的事情，可是，是什么事情呢？"我常常这样思考着，却一直没有找到答案。

奇怪的是，朋友们倒是替我想好了，有的说："你不必勉强自己接受大学教育了，如果你把精力用在与你有着相同遭遇的儿童身上，对社会的贡献必然更大，而且这正是上帝希望你去做的事。经费的问题也不要你担心，由我负责去筹募。你觉得这样做好吗？"当时我的回答是："我理解你的意思，可是我在完成学业之前，暂时不会考虑这件事情。"

虽然话是这么说了，但是这位朋友不改初衷，仍不断试图来说服我。时常对我和莎莉文老师进行疲劳轰炸。最后，我们实在是没有办法了，索性不和他争辩，而他却误以为我们对这件事默许了。第二天一大早，我们都还没有起床的时候，这位朋友已经在赶往纽约的途中了。他找遍了纽约、华盛顿所有的朋友，对他们宣称，我计划献身盲人教育工作，而且想立刻着手进行。

赫顿夫人听到这一消息觉得十分惊讶，立刻写信给我，在信里表示希望我能尽快赶往纽约，去把事实真相说清楚。于是，我只好和莎莉文老师风尘仆仆赶往纽约，去拜访那些给我资助的先生们。当时洛奇先生正好有事走不开，是由马克·吐温先生代表他。他们几个人为此事聚在一起讨论，最后马克·吐温先生下结论般地说："洛奇先生明确表示，他不肯在这种事上花一分钱。那位先生大言不惭地说，要海伦去替那些盲童设立学校是上帝的旨意，可是我们并没有看到上帝所下的命令文件呀！还有那位先生一再强调这是上帝的意思，难道他身上怀有上帝给他的委任状？否则，他怎么知道别的事不是上帝的旨意只有这件事是上帝的旨意？这种话实在太难叫人信服。"

在我大学毕业之前类似的事情发生过不止一次，竟然还有一些人叫我出任主角，四处去旅行表演。也有人提出计划，由我出资把所有的盲人都集中在一个城市里生活，然后加以训练。我对这些人说："很抱歉，我对你们的计划不感兴趣。因为你们的计划并不能让盲人真正独立。"我的答复居然被对方很生气地指责，说我是个利己主义者，只肯为自己付出，对自己有利的事才去做。

幸好，贝尔博士和洛奇先生以及其他几位热心帮助我的人，都很开明也很慷慨，他们给我最大的自由去做我喜欢做的事情，从不加以干涉。他们的做法令我感动，也给我很大的启示，我暗暗下决心：只要是真正有益人类社会的事情，又是我能做的，我将全力以赴去做好它！

我大学三年级的时候，真正可以替盲人贡献心力的时机终于来临了。

有一天，一位自称是查尔斯·康培尔的青年来看我，他告诉我他的父亲也是在柏金斯盲人学校毕业的，现在他在伦敦设立了一所高等音乐师范学院，这所学院致力于英国的盲人教育，他本人此行的目的是劝我加入以促进盲人福利为宗旨的"波士顿妇女工商联盟"。

于是我很快加入了这一组织，我们曾经一起到议会去请愿，要求议会为保护盲人而成立特别委员会。

这个请愿案顺利获得了通过，很快就成立了特别委员会。我的工作也以特别委员会为起点，这是一个很好的开端。

首先，在康培尔先生的指挥下，我们调查盲人所能从事的一切工作。为此，我们成立了一个实验所，专门教导盲人学些手工艺一类的副业。为了销售盲人的劳动产品，我们又在波士顿开设一家专卖店，后来又在马萨诸塞州各地设立了好几处这样的商店。

我搬到连杉之后，就更加专心致志地思考盲人的问题了。在我看来，盲人当务之急有两件事需要解决：第一件事是盲人必须具备自食其力的能力，怎样才能使盲人学会这一技能。同时为了使盲人彼此之间便于联络，也为了使职业调查更易于进行，应该设立一个全国性的机构；第二件事是应把目前美国、欧洲等地现有的几种盲文统一起来，这样是为了提高盲人的教育水准。

有一天，纽约的摩洛博士不辞辛劳，来到我们的委员会并提出了怎样预防失明的办法："目前，盲校中的儿童，约有三分之二的失明原因是在出生时眼睛受到病菌的感染而造成的。像这种情况，如果在孩子出生前先加以消毒、防范，是绝对可以避免的。"

摩洛博士因此力主婴儿一出生就应该做眼睛消毒，而且他认为这一点在法律上是应该有明文规定的。他希望我们的委员会能积极带动舆论，以达到这个目的。

我们不约而同地反问他："你既然知道是这种病因，为什么一直没有采取行动呢？"他有些无奈地说："说实话，所谓的病菌感染，就是这些孩子的父母曾做过不名誉的事，染上了不可告人的病。这种情形甚至连医生都无法公开说出来，报纸、杂志也都避而不谈。我也没有办法，因此才来请你们帮忙。"

原来有这种障碍存在，委员会的所有成员听了博士的介绍后，都同意推展这项工作，可是进展却不顺利。正如摩洛博士所说，事情并不是那么简单，医生与大众传播机构对我们这项工作都有很深的成见，不肯轻易打破公开谈论这类问题的习惯，因此他们都对我们表示爱莫能助。

又过了两年，也就是一九〇七年，我来到堪萨斯市，和一位眼科大夫谈论到此事，他说："这种事通过报纸宣传效果最大，为什么你们不去拜访《堪萨斯市明星报》的总编呢？说不定他会答应让你们在报纸上公开讨论盲童的问题。"

我立刻安排去拜见报社总编尼尔逊先生，但是他却干脆地回绝了我的要求。我简直失望透了，也许我沮丧的表情打动了尼尔逊先生，他忽然改变了语气："这样好了，你们要写什么尽管写，能不能刊载的决定权在我们，这样好吗？"

我很快就写了几个真实的案例送过去，庆幸的是主编尼尔逊先生把这篇稿子登在报纸的第一版面。我们总算是克服了第一道难关。

接下来《仕女杂志》在同一年刊载了同一类问题的文章，我又陆续写了几篇稿子，于是全国的报纸、杂志纷纷加以转载，这样就扩大了讨论面。之后，一类专门讨论盲人问题的杂志如《盲人世界》《盲人杂志》等，紧接着就创办起来了。

当时我还受托在《教育百科全书》上发表了有关盲人的论文。从那以后，我的稿约不断，工作量逐渐增多，几乎有些应接不暇，但我还得经常出席各种会议和演讲。

生活的步伐忽然变得十分匆忙，我总是急匆匆地赶到会场，开完会回到家来不及休息，紧跟着另一项邀请就已经在那里等着了。我有时会在同一天内连赶五六场会议。除此之外，信件也是特别地多，处理这些信件又占用了我很多时间。由于过度劳累，我和莎莉文老师的身体都有些吃不消了。

虽然我们应接不暇地忙于这些事情，可是生活上仍然感到很拮据，有一阵子连用人都请不起。于是，莎莉文老师每天早上送先生去火车站后，回程时顺路买菜。这时，我就得在家擦桌椅、整理房间、收拾床铺，做完这些再去花园里摘些花插到花瓶里，顺便启动风车贮水，还要记得一会儿就得把风车关掉等等。可想而知我的工作量是多么重，偏偏这个时期的稿约和信件又特别地多。

一九〇六年，州长推荐我出任马萨诸塞州盲人教育委员会的委员。每次开会时，莎莉文老师都会坐在我身边，用手语告诉我会议进行的情形。但是我的感想是，每位委员怎么都喜欢做冗长无味的演讲呢？那些根本不着边际的官样的询问和回答真叫人疲惫不堪。我在担任这个职务的几个月后便请辞了。

那些真正有心为盲人谋福利的人却又非得通过团体的力量不可，唯有这样才能唤起舆论的注意和声援。因此我必须出席各种公开场合，参加诸如医师公会或其他公会的会议。也因此，我必须更多地练习演讲的技巧，希望在面对大众时更具有说服力。

基于这个目标，我曾先后向多位老师学习表达的技巧，只是效果都不很理想。就在这个时候，我遇到了波士顿的怀特先生，他精通音乐理论并对此深有研究，人类的发声机能他也有所研究，我抱着试试看的心情请他帮我。

"我也不知道自己能做到什么程度，不过对我来说，这也算是一种研究工作，我们可以试试看！"怀特先生很爽快地答应了我的请求。

从一九一〇年起，怀特先生每星期六都到连杉来，就住在我们家，星期日才回去。他在我们家停留的这段时间也就是我上课的时间。

记得我十岁时，莎莉文老师曾经带我去找过郝拉先生。我首次学习发声法，郝拉先生为了让我了解声音所引起的振动，

71

就抓住我的手放在他脸上，然后他发出"arm"的声音，并要我尽力去模仿。由于我太紧张了，勉强才能发出的声音显得很混乱。

"把你的喉咙再放柔和些，舌头不要太用力。"

他那么耐心地指正我，练习发音前应该先使发声器官发达才对，而且从孩提时起就应该不断地去练习，这样我的声音才能练习得更美妙，同时才能记住更多的单字。我有过这方面的经历，所以我希望能及早教导聋哑儿童练习发声。

其实怀特老师是抱着试一试的心理，可是他越教我越感到有趣，竟然连续教了我三年，其中两年的夏季，他甚至为了教导我一直住在连杉。

怀特老师的训练方式是从训练发音器官开始的，然后练习发声，再就是节奏、重音及声音的音质、音调。就这样经过三年后，我终于勉强能在大众面前开口说话了。莎莉文老师和我首先在新泽西州的蒙他克雷做实验性的演讲，那真是一次相当吃力的实验。到现在为止，每当想起那时的情景都会觉得心有余悸。站在讲台上的我一直发抖，甚至连一句话也说不出来，虽然已经拟好的演讲稿拼命地在喉头上打转，可我偏偏发不出声音。最后，终于积存了足够的勇气，我简直是用尽全力喊出声来，自己感觉就像一发大炮的射出。但是别人事后告诉我，我的声音小得跟蚊子一样。我知道我不是一个容易认输的人，虽说做得很吃力，可我仍然把预计演讲完成了。但是从讲台上走下来的那一刻，我禁不住哭出了声，沮丧地和别人说："讲出话来对我而言实在是太难了，我怎么这么不自量力呢？做不到的事总归是没有办法做的。"

事实上，我没有因此就真的丧失了信心，相反，我又重新鼓起勇气开始更刻苦地练习。现在，我总算可以在众人面前说话了，尽管我的声音不够优美，可是比起不能讲话，到能够用嘴巴说话，这对我的工作进展有很大的帮助。至此，我总算实现了我梦想的一部分。

感悟：

在海伦身上，有种不服输的生命力，如同墙角的小花，虽然弱小，却依旧努力迎向阳光伸展。想她练习发音的艰辛，看她认真用心的态度，耳聪目明的人，还有什么资格可以自怨自艾？

百事始于心动，成于行动。伟大者和平庸者之间只有一步之遥。他们人生的过程并无很大差别，跌倒了，爬起来，再跌倒，再爬起来，只不过成功者跌倒的次数比爬起来的次数要少一次而已。最后一次爬起来的人，人们就把他们叫作"成功者"。最后一次爬不起来，或不愿爬起来不敢爬起来的人，人们就把他们定义成"失败者"。

鼓起勇气上台演讲

　　刚开始学会用嘴说话时，我是真的不敢外出演讲，因为不知道该说些什么。不过每当我演讲时，总有来自各个阶层的听众，其中有老人，也有小孩，有富翁，也有穷人，乃至于盲、聋、哑等各种身体上有残疾的人。一想到那么多听众跟我有着同样的不幸时，我就极力想法安慰并鼓励他们。

　　我和莎莉文老师很受人们欢迎，也正因为这样，我们才有勇气开始去各处演讲。

　　莎莉文老师是一位天生的演说家，她生动的描述，常常让听众深受感动，尤其在听老师是如何苦心教导我的过程，每个人都会为之动容。莎莉文老师的演讲通常需一个小时左右，这时我就坐在一旁默默地阅读随身带来的盲文书籍。

　　老师讲完就轮到我上场了，这时会有人来引领我上台。我首先把手指放在老师的嘴唇上，向台下的人证明，我可以通过老师嘴唇的动作知道她在说些什么。接下来我就开始回答听众们提出来的问题。通常，我都乘机向他们表示，只要有信心和毅力，人类的潜能往往能达到某种我们难以想象的程度。同时，我也说明人类应该互助合作的道理。

令我着急的是，自己虽然经过一段时期的巡回演讲，可是在说话的技巧上并没有太大的进步。自我感觉发音不够准确，以致有时听众们根本不知我在说些什么。有时，说到一半会冒出怪声，或是单调且低沉的声音。我努力想改善这个状况，却始终也无法发出清脆悦耳的声音。

每当我想让听众们都能听清楚而强调某句话时，这时我的喉咙就跟我作对，舌头也变得不灵光，甚至连声音也发不出来。那时的我当然又紧张又着急，往往越急就越糟，别提有多么狼狈了！这种情况下，只要现场有一点声响，我的声音也就被完全掩盖了。那时我总会想到自己的演讲是多么糟糕。因此就觉得非常不自在。也许是这些原因，当我感觉场内有椅子移动或场外有车子驶过的声音时，总是情不自禁地焦躁起来。

不过，令我感动和安慰的是，听众们总是非常耐心地从头听到尾。每当我讲完以后，不论听懂多少，总是报以最热烈的掌声，有些人还特地走上前来，用语言来鼓励我。

我的演讲显然很笨拙，不过莎莉文老师精彩的演讲却弥补了我的笨拙，她大多是向听众讲述教导我的过程。她的口才很好，每个人都听得津津有味，我有时也会被老师的演讲内容所感动，忘记了拍手。

最初，我们只在新英格兰及新泽西州附近演讲，后来就逐渐扩大了范围，也到较远的地方去演讲。

一九一三年，我们去华盛顿演讲。当我们抵达华盛顿时，正赶上威尔逊总统就职典礼前夕，联合通讯社便一再嘱托我将总统就职典礼的盛况报道给读者们，于是我有幸亲历典礼的整个过程。

记得那是一个多云的日子，阴天是阅兵最理想的天气。这一天，华盛顿市区里热闹非凡，大家都跑往高处，能有一个观看阅兵的最佳位置是大家都希望的。雄赳赳气昂昂，兵士个个精神抖擞，那是行进中的军队。观众们也为之振奋精神。走在最前面奏着雄壮的进行曲的是军乐队。一切是那么热烈那么令人欢欣鼓舞，我不禁想："希望这些可爱的年轻军士们不要卷入残酷的战争中，就让他们身着整齐漂亮的军服，只对着总统敬礼好了。"

怎么也没料到，这件事过去没多久，第一次世界大战就爆发了。我反对战争，但是我却毫无办法！是的，我有什么能力去阻止呢？

感悟：

"只要有信心、恒心与毅力，人类的潜能往往能达到某种我们难以想象的程度。"从小就既聋又盲的海伦，凭借在手掌中写字和摸着别人嘴唇与这个世界交流，竟能上台演讲，这需要多大的勇气和毅力啊！

面对挫折，有人失去了奋进的勇气，熄灭了探求的热情，而有人却确立了进取的志向，鼓起了前进的风帆，从而磨炼出坚韧不拔的性格。让我们像海伦一样，用笑脸来迎接一切所谓的厄运吧！

意外的惊喜

　　当许多人都认为有此必要的情形下，经过我们长期的组织和策划，一个全国性的盲人机构终于成立了。那是在一九二一年。这一机构的发起人是宾夕法尼亚州的盲人协会会长。在俄亥俄州举办的美国盲人企业家协会年度总结报告会上，这项提议终于正式通过了。

　　首任会长是纽约的麦格尔先生。麦格尔先生初期完全靠朋友们的资助经营此协会。从一九二四年起，协会改变方针，决定向社会大众筹募基金，正因如此他们希望我和莎莉文老师共襄义举。

　　我实在是害怕了对于那种为了募一点钱而四处奔波的日子。虽然我觉得他们的计划用心良苦，可是心里依然有点不太乐意。然而不管我愿不愿意，我的心里是非常清楚的，因为按照当时的情况，如果没有社会大众的捐助，任何慈善团体或教育机构都无法继续下去。为了所有盲人们的福利，我无论如何也得勉为其难地尽力做下去。于是我又开始进出形形色色的高楼大厦去演讲了。

　　筹措这笔募捐基金的目的，是为了协助盲人们能够学到自立的一技之长，并且给他们提供一展所长的场所；另外，也为了帮助那些有天赋而家境贫寒的盲人，让他们的才能得以发挥。譬如那些有音乐天赋，却因贫穷买不起昂贵乐器的人们。的确，这类被埋没的天才盲人有很多。

从那时候开始，我大概用了三年左右的时间，跑遍了全国的每一个地方，访问过一百二十三个大小不等的城市，参加过二百四十九场集会，对二十多万听众发表过演讲。此外我还动员了各种如报纸、教会、学校、犹太教会堂、妇女会、少年团体、少女团体、服务社团及狮子会等这些团体和组织，他们经常集会和募款，为我们的机构提供了大力帮助。尤其是狮子会的会员，他们对残障儿童的照顾更是不遗余力，也对所有的盲人给予了同样的关爱。这项募款工作几乎成为狮子会所有会员的主要活动。

俗话说："年过四十的人，所有的事情都已经历过大半，不会有什么值得去喜悦的事了。"

不过上天对我似乎特别关爱，我过完四十岁生日不久，连续发生了好几件事，让我感到了意外的惊喜。其中之一就包括美国盲人事业家协会的创立。另一件就是我们发起的募捐运动，得到了很多人的大力支持，成果显著。第三件喜事就是由于美国盲人事业家协会的成立，使得好几种盲文能够统一。不仅如此，第一座国立盲人图书馆也成立了，政府还拨出一大笔经费来出版盲文书籍。接着，红十字会也在各州成立了附属盲文机构，他们专门负责把书翻译成盲文。随后，又为那些在第一次世界大战中不幸失明的战士掀起了争取福利的运动。至此，我们长久以来的愿望终于一一实现了，这让我感到无比欣慰。

　　一九二六年冬天，我们游说旅行到华盛顿，那时正逢国会通过了有关拨款筹建国立盲人图书馆和出版盲文书籍的提案，这个喜讯让我们信心大增，对未来充满了希望。

　　有一天下午，我与莎莉文老师前往白宫拜见柯立芝总统，他热情地欢迎我们，然后又耐心地听取有关盲人协会的情况，最后他拉着我的手放在自己的嘴唇上，对我说："我认为你们所做的工作非常了不起，只要我能力所及一定会全力协助你们。"柯立芝总统果真说到做到，后来他还成为盲人协会的名誉总裁，而且他还捐了不少钱给基金会。

　　连柯立芝夫人也一再表示要参加我们的工作。这位第一夫人对聋哑者非常关心，她也尽自己的能力替聋哑者争取了不少福利。

　　我们也拜访了盲人议员汤玛斯·希尔先生及赖辛浦夫妇。他们也都对我们的工作鼎力相助。另外，住在华盛顿的好友——贝尔博士的女儿艾露滋夫人也为我们向大众呼吁，这让我万分感激。

　　在底特律，当地的残障者保护联盟会会长卡米尔先生是我多年的好友，他义不容辞地向市民们高呼，有了他的帮助，我们只在该地集会了一次，就募得资金四万两千美元。不仅如此，会后我们又陆续收到不少数目不等的捐款，少则一美元，多则四千五百美元。只在这个城市的收获就相当可观了。

　　随后在费城的募款也很成功，募捐委员会的委员莱克博士热心地向民众劝募，他用了仅仅一个星期就募到两万两千美元。

虽然圣路易、芝加哥、水牛城等地的反应相对来说比较冷淡，但是在罗契斯特这样的小地方我们反而募到了一万五千多美元。

　　许多人都知道，电影明星的生活远比一般人富裕，我想假如他们能给予我帮助并支持我的工作那就太好了。可是结果却让我大失所望。我曾经寄到洛杉矶的信件有好多，可是却只有一封回信，是一位名叫玛丽·白克福的女明星寄回来的，其他人一点反应也没有，所以我们格外感激玛丽和她的夫婿道格拉斯·费蒙先生的好意。

　　此次旅行途中，我们也曾经走访了圣罗拉的农业试验场。在那里，负责人鲁沙·巴本克先生，像变魔术般地把过去在这里根本无法生长的多种水果、花草、树木等成功植活，巴本克先生真是一位了不起的农艺家。鲁沙·巴本克先生不但慷慨解囊帮助我们，而且非常热心地陪着我们参观他的试验场。他拉着我的手要我去摸他所培植的仙人掌，并且对我说，沙漠中的仙人掌有很多刺，一般家庭如果想栽植常会被它们刺伤手，现在他改良了品种，让我触摸的这种仙人掌就是没有刺的。的确，那株仙人掌摸起来平顺光滑，而且有那种极其饱满的感觉，这样的手感令我联想到这种仙人掌吃起来一定很可口。

　　近两年，我为写书基本上已经很少外出募捐了。可是我们的工作还没有完成，和原定的目标还差一百五十万美元，所以我准备整理完书稿就再度出发。不过令我欣慰的是，我们过去的奔波没有白费，虽然这两年我们没有募款活动，可是我们已经让许多人知道我们这个机构的存在，因此有人仍在陆续地给我们汇款。以去年为例，有许多人，其中包括大富翁洛克菲勒、麦克尔先生，都给我们捐了不少钱。到现在为止，捐款的人已不计其数，已经到了无法一一列举他们姓名的程度。我们对每一位捐款的善心人所表达的感激都是一致的，他们的爱心将温暖着每个盲人的心，世世代代传下去。

老实说，募款本来就是靠无数人点点滴滴累积而来的，如果没有那么多好心人来帮助我们的协会，我们的协会就根本不能像目前这样有计划地来推展工作。汤姆斯小姐每次拆信时，几乎都会有支票夹在信封里。这些信件，是来自世界各地不同的阶层，大多是些学生、劳工、军人等等，还包括德国人、意大利人、中国人，其中甚至也有和我们一样的残障者。

有一天早晨，邮差送来一封来自底特律的信，署名是"一位贫苦女工"，虽然她只捐了一美元，我们仍心存感激，这说明她也是关心残障者的。

来自那些孩子们的反应也很热烈，他们的一片真诚无邪常常感动得我落泪。有的孩子亲自抱着沉甸甸的储钱罐来到我们这里，把储钱罐放在我膝上，当场打开，悉数捐出那些零散的钱。有的儿童在写给我们的那些热情洋溢的信中说：他们是省下了父母给他们买可乐、冰激凌的钱，来捐给那些有残障的人。

记得在纽约的安迪集会时，一位残障的少年捐了五百美元，并且附上一束美丽的玫瑰花。虽然这位少年现在已经不在人世了，那束玫瑰也早已枯萎，但他的一番好意却永远绽开在我心田的花园中。

我们神圣的责任

许多人和我并非不知道，人在世间，是不可能与那些天使和精灵讲话的。许多人也认为那很怪诞。也有人说我这样做，就是为了能得到名誉。但我毫不犹豫地说我相信上帝的存在。

我曾带着诧异读过一些通灵人的著作，像奥立弗·拉治，他粗略地提到一些与斯韦德伯格相同的题目。奥立弗·拉治发表了数篇与他那已经死去的儿子雷蒙德的对话。雷蒙德告诉他，在永恒世界中的居民们会做他们最喜欢做的工作，和他们喜欢的人在一起，以及他们的衣食住行等。但是这些信息数量很少并且很不完整。他发现天使不能在一种他们的思想不能适应的环境中呼吸，他看到了滋养躯体和思想的甜美仁爱的果实。

在我们想到，那些为知道他们最爱的人存在的那个看不见的世界里的情况而高兴的人们时，我们为了满足他们将信将疑的心理所产生的那一神圣的职责是显而易见的。他们将会很高兴地知道，在十八世纪时出现了一位科学家，他是一位智者，无私奉献给世界二十五部著作，其中大量记载了和精神世界接触的细节。他坚守着自己的言论，奉献着他的财富，简朴地生活，发表了很多的著作，并以一种谦逊又庄重的态度捐献着自己的著作。他对自己所说的一切沉着冷静。

　　他从未为那超乎自然的情感、冲动或振奋而苦恼，他从未放弃诱导式的思维方式，从不否定现实或是嘲笑同胞们微小的快乐。无论他如何投入他那令人吃惊的使命中，他总能够在生活中给予他人帮助和同情。

　　在他临终前，有人问他，他所写的是否都是真的，是否想收回一些曾经的言论，他坚决地回答：

　　我所写的全部是真实的，以后你们会对此更加确信，如果你们紧紧地跟着主，忠诚地服务于他，摒弃一切有悖于主的罪恶，勤奋地探索他的话，它们会自始至终地证实着我所写的一切。

　　也许是我与光明和声音的隔离给了我非凡的洞察力。我不知道我是否拥有这种"神秘的"感觉。但毫无疑问的是我能感觉到它。是这种能力将远处的事物带给盲人们，使得星星似乎也就在我们的窗口。这种感觉让我与精神世界相连。

　　它给我传递着那来自于不健全的感觉世界的经历，将它们带入我的思想，在那里升华为精神。这种感觉让我感到很神圣；它连着尘世和上苍，连着现在与永恒，连着神与人。那是一种推理性，直觉的，暗示性的感觉。

　　不但有一个客观的物质世界，还存在着一个客观的精神世界。精神也有它的外在和内在，正像物质世界有外在和内在一样，各自都有着自己的现实性。这两种生命之间不存在对立，除非在应用物质的时候忽视了其中或其上的精神。

　　这些区别，斯韦德伯格在他的理论中做了不同的阐述。他说物质世界是通过一种与物质世界同质的感觉器官来感知的，而精神世界是通过一种与精神世界同质的感觉器官而被感知的。

我的生命因盲、聋、哑而变得非常复杂，如果不仔细想一想，努力去使自己的经历合理化的话，我什么都做不成。如果我完全沉浸于这种神秘的感觉，而不去努力理解外部世界，那我就会受挫折，一切都将陷入混乱。

我很容易将梦和现实弄混，物质的还是精神的，我还没有弄清楚，没有那种判断力，我无法将它们分开。即使允许我在形成关于色彩、声音、光以及那些不可知现象的概念时犯错误，我也必须努力去保持自身内在与外在的平衡。我也不能离开他人的帮助而完全依靠自己的触觉，没有那些人们的帮助，我就会步入迷途，或是在一个无知的圈子里绕来绕去。

看上去仿佛是外部世界通过感觉进入内部世界，但这是一种错觉。这种流入是从内向外的，通过这种流入，人获得了感觉——内在的自我看到并领悟到外在的一切，感觉因为这种内部的源泉而获得了它的生命；除此之外，主体不会得到其他的任何感觉。但是这种错觉——感觉来自于外部是这样自然和普遍，普通人难以摆脱这种想法，即使是理智的人也如此，除非我们能够摆脱感觉而进行抽象的思维。

我很容易相信，世界上那些可见或不可见的现象，都是其中人们思想状况的直接体现。知道天堂的光辉并没有多大意义，除非我们知道它的来源以及它重要的含义。当然，这对于那些没有感觉到躯体和内在的自我相互分离的人们来说，是困难的。

真理对我来说就像是阳光、色彩和音乐对眼睛和耳朵一样重要，它们向我敞开天堂的花园之门。

在那里有我喜欢的开满花儿的小径，珍贵的草药长在那儿，圣洁的花香问候着我！穿过沉寂之门，将世间粗俗的琐事留在身后。天堂中，神的羔羊悠然地走过草地，花园中点缀着无数的小溪、喷泉。露珠落在我的头上，树上结着金子般的果子，树叶的喃喃细语中透着智慧，鸟儿的歌唱不再是无意义的音符，而是永恒的真理。在那里，圣洁的人们在我面前走过，向我友好地微笑；他们在静谧的小路上冲我挥着手引领着我，他们轻声告诉我耐心等待美好境界的到来。

战胜自己

人们曾经一度认为苦难是上帝的惩罚——一种应该虔诚接受的重担。人们认为救助不幸的人,唯一的办法就是将他们隐退,使他们静思,安于低谷中的生活。但是现在我们知道,没有渴望的隐居生活将使精神失去活力。

这和人的躯体一样。

肌肉必须要使用,否则它们就会失去力量。如果我们不去超越自己有限的经历,运用我们的记忆力、理解力,我们同样会失去活力。在与束缚、诱惑和失败做斗争的过程中,我们实现了最高的自我。

质朴、天真的信仰将会解决我们在世间遇到的一切问题。我们每一步都会遇到困难,它们来自性格和个人特质的结合,它们伴随着生命进程。而对它们,我们完全可以相信会成为胜利者。

我从不认为自己的残疾是某种惩罚或是意外事故。如果我这样认为,那我将不可能获得战胜它们的力量。我要为我的残疾而感谢神灵,因为通过它,我找到了自己。对我来说,常被误解的两个词"惩戒"和"惩罚"被定义为灵魂的改造,是锻炼、规则而不是惩罚。内心在这种思想的强烈影响下，我几乎可以做任何事情，并且思想不必受到限制。我们可以面对世间一切美好的事物。

每一次痛苦都会得到偿还，因为在痛苦中才能酝酿出耐心和甜蜜，如果没有困难让我们去克服，那么人类神奇的经历也将失去一些有价值的欢乐。如果不需要穿越深深的峡谷，那么达到巅峰时也不会那么精彩。

我们不应该被动地屈服厄运、环境和自身的过错，就像是雕刻出来的塑像，垂着手，等着神的恩惠给我们生命。我们不应该在精神上屈服。我们应该主动，无畏地审视自己，弄清楚下一步做什么，以及发展我们意志力的方法。

现在，一切困难如同许多惩戒，它们激励着自我的发展和真正的自由。他们是我们手中用来驱除那些阻挡我们才智磐石的工具。它们驱除了我们眼中的冷漠，于是我们看到了他人所负的重担，学会了用我们的同情去帮助他人。

在每件事，每个困难中，我们都面临一种选择，选择也就是去创造。我们或是让苦难压倒，或是将它们转化为新的奋进力量。我们可以面对传统观念，随波逐流，或者我们可以遵循灵魂的导向，向着真理勇敢地前进。

从外在，我们无法判断自己的经历是祸是福。根据我们放进去的东西的不同，它们或是一杯毒药或是一种美好的生活。面对的选择并不以我们的意志为转移，正像在受挫折受约束时所采取的原则一样，我们的地球在作为一个美好家园的同时，也是一个充满愤恨的地方。正像土地中生出长刺儿的蓟花和玫瑰一样，人类的生命也将面临苦难。这并不奇怪也不残忍。那是来自灵魂的激励，驱使我们扩大我们的生命，为一种更高尚的生活而保持强壮。只有为高于我们的事物而奋斗，我们才会获得生命的延伸和欢乐。那么，让我们面对那些困难，跟随那些人们，他们纤弱的双肩担负起世间的苦难。他们将成为一种光辉的、给人以启发的力量，他们将向弱者、被诱惑者和沮丧的人们传达生命的思想和渴望。

事实上，我已看透了黑暗，并拒绝向它那使人麻痹的力量低头。在精神上，我是那伴着清晨的人们中的一员。如果人们灰暗、沮丧的情绪犹如秋天厚厚的落叶一样向我涌来怎么办？别人已经走过了，我认为通向灵魂深处的荒漠将像一片碧绿的田野，像一片果实累累的果园。

我也曾深深地感到惭愧，意识到自己在宇宙间的渺小。越是学习，我知道得越多，我越是理解自我的感觉，越能感觉到它作为生命基础的缺陷和不足。有时候乐观和失望同时向我袭来，而只有靠一种非凡的精神力量我才能够保持一种切实有益的人生观。我用意志，选择生命，拒绝它的消极和空虚。

第三章

鼓满信心风帆
驶向成功彼岸

不怀希望，不论什么事情都做不出来。只要是真正有益于社会的事情，而又是我能做的，我都将全力以赴！

喜悦和惊奇

　　阅读对于一个接受过教育的正常人来说，真是再正常不过了。我接受教育的第二个阶段也是开始学习阅读。

　　刚学会用字母拼出几个字后，莎莉文老师就给我找来一些硬纸片，上面有凸起的字母。通过摸索我很快就知道了，每一个凸起字母组成的字都代表某种物体、某种行为或某种特性。我有一个框架，可以用所学到的字在上面摆出短句子。但我在用这些硬纸片排列短句之前，习惯于用实物把句子表现出来。比如我先找出写有"娃娃""是""在……上"和"床"的硬纸片，把每个硬纸片放在有关的物体上，然后再把娃娃放在床上，在旁边摆上写有"是""在……上"和"床"的卡片，这样既用词造了一个句子，又用与之有关的物体表现了句子的内容。

　　一天，莎莉文老师让我把"女孩"这个词别在围裙上，然后站在衣柜里，把"是""在……里""衣柜"这几个词放在框架上，这成了一种我最喜欢的游戏。我和老师有时一玩就是几个小时，屋子里的东西都成了我们摆成语句的道具。

　　当然，这些拼卡游戏不过是进入阅读世界的最初阶段。不久，我开始在老师的帮助下拿起"启蒙读本"，来寻找那些我已经认识的字。一旦找到一个认识的字，我就会像发现一座宝藏一样兴奋不已。就这样，我逐渐可以开始阅读了。

　　实际情况并不像我所写的这样轻松，有相当长的一段时间，因为没有正规的课程，即使我再认真地学，看起来也只是像在玩游戏，而不像是在上课。好在莎莉文老师无论教我什么，总是用一些美丽的故事或动人的诗篇来加以说明。如果发现我有兴趣，就不断与我讨论，好像自己也变成了一个小女孩。孩子们讨厌的事，如学语法、做算术题，以及较为严格地解释问题，在她的耐心指导下，我做起来都兴趣盎然。所以在别人看来枯燥的学习过程，却都成了我最美好的回忆。

　　现在我都没有办法说明莎莉文老师对我的快乐和愿望所表现的特有耐心，或许是和盲人长期接触的缘故吧，她具有一种非凡的描述事物的才能。那些枯燥无味的细节，她一带而过，使我从不会感到乏味和腻烦；她也从来不会责备我是否忘了所交代的功课。她可以把枯燥无味的科学知识，生动逼真、循序渐进地为我作解释，使我自然而然地记住了她讲的内容。

　　几乎每天我们都会走出房屋，到树林里散步、读书、学习。坐在浓郁的树荫下，世界万物都成为可供我学习的东西，都能给我以启迪。树林中那些嗡嗡作响的小昆虫，低声鸣叫的鸟儿，开花吐香的植物，都是我学习的对象。青蛙、蚂蚁或是其他小动物常常被我捉住，然后放我的手心里，静静地等候着它们的鸣叫或爬动。还有毛茸茸的小鸡、绽开的野花、木棉、河边的紫罗兰等，那柔软的纤维和毛绒的棉籽，那微风吹过玉米田发出的响声，玉米叶子互相碰撞的沙沙声，那被我们抓住的在草地上吃草的小马，它那愤怒的嘶鸣以及嘴里发出的青草气息，都深深铭记在我的脑海里。

有时候，天才见亮，我就从床上爬起来偷偷溜进树林里。晨雾笼罩着树木。有谁能体会到我那时快乐的心情呢？玫瑰花轻柔地躺在手心里，百合花在徐徐的晨风中优美地摇曳。采摘鲜花时，有时会不经意抓到钻在花里来的昆虫，我可以感觉到它们那由于受到外界压力，举翅欲飞而发出的细微振动声。

我和老师还喜欢到果园去。在那里，七月初果子便成熟了。大桃子毛茸茸地落到我的手心中。一阵微风吹过果园，熟透了的苹果滚落在地。我把落到脚旁的苹果捡起来，用围裙兜着，或是把脸贴在苹果上，体味那上面太阳的余温。那种感觉真是太美妙了，我常快乐地跳跃着回家。

我们最喜欢去的地方还要数码头。那是田纳州西河边一个废弃的码头，是在南北战争时为了部队登陆而修建的。我们常常在那里一待就是几个小时，一边玩一边学习地理知识。我们在河边用小石子造堤、建岛、垒湖、开河，虽然这些都是玩乐，但也在不知不觉中上了一课。莎莉文老师给我讲述脚下这个又大又圆的地球，遥远的火山、被埋在地下的城市、不断移动的冰河以及其他许许多多奇闻逸事，令我新奇不已，并产生无限的遐想。

为了让我能够进一步了解她所讲述的知识，老师用黏土给我做成立体的模型，这样一来我就可以用手摸到那些凸起的山脊、凹陷的山谷和蜿蜒曲折的河流。这些我都很喜欢，但却总是分不清哪里是赤道和哪里又该是两极。老师为了更形象地描述地球，用一根根线将"地球"裹起来代表经纬线，用一根枝条代表贯穿南北极的地轴，这一切都那么形象，以致只要有人提起气温带，我脑子里就会浮现出许多一连串编织而成的圆圈。我想，假若那时有人骗我说白熊会爬上北极那根柱子，我想我也会信以为真的吧。

算术算是我唯一不喜欢的课程，打小我便对数字不感兴趣。莎莉文老师很耐心，她在一根线上串了好多珠子来教我数数，又通过摆弄草棍来学加减法。但是，每次总是摆不了五六个题，我就不耐烦了。每天做完几道算术题，我就会心安理得地认为自己已经尽到责任，应该可以出去找伙伴们玩了。

对于动物学和植物学，我也是通过这种游戏的方式学习的。一次，有一位先生（他的名字我已经忘记）给我寄来一些化石，其中有布满美丽花纹的贝壳化石，还有清晰鸟爪印的砂岩以及模糊的蕨类植物化石。这些化石通过莎莉文老师的解说打开了我试图了解远古世界的心扉。我满怀恐惧地倾听她讲述古时那些可怕的野兽，它们的名字古怪而且很难琢磨。我似乎能看到这些猛兽在原始森林中到处游荡，撕断大树的枝叶当食物，最后默默无声地死在年代久远的沼泽地里。在那段时间里，我经常会在梦中梦见这些怪兽，那阴暗可怕的远古时期同现在形成了鲜明的对照。如今的人们该是多么快乐啊！阳光普照大地，百花争芳吐艳，一切都是那么美好，田野中还回荡着我那匹小马悦耳的蹄声。

还有一次，有个人送给我一个非常美丽的贝壳。莎莉文老师就地取材，给我讲小小的软体动物是如何给自己建造如此色彩斑斓的安身之所；在水波不兴的静谧的夜晚，鹦鹉螺是如何乘着它的"珍珠船"泛舟在蔚蓝的印度洋上。我听得津津有味，心里惊讶不已。

在我学过了许许多多有关海洋动物生活习惯的知识和趣闻后，老师送给我一本名为《驮着房子的鹦鹉螺》的书，从书中我学到了软体动物的造壳过程。同时也让我领悟到，人类智慧的发展如同鹦鹉螺把从海水中吸收的物质转换成身体强硬部分一样，日积月累而成为一颗颗思想的珍珠。

从植物的生长过程中我也学到了很多有益的东西。莎莉文老师特意为我买来一株百合花，放在家里的窗台上。没用多久，便有一个个嫩绿、尖尖的花蕾长了出来。起初花蕾外包着的叶子如同手指一般，缓缓地伸展，好像不喜欢让人看到里面艳丽的花朵。可一旦开了头，叶子张开的速度就会加快，但依然是井然有序，一副不慌不忙的样子，一点都不失原有的次序。最为神奇的是，它们其中一定会有一个最大最美丽的，它的姿态要比其他蓓蕾都要显得雍容华贵，似乎躲在柔软、光滑的外衣里面的花朵知道自己是神圣的百花之王，等到其他腼腆的姐妹们脱下她们绿色的头巾后，整个枝头挂满了怒放的花朵，芬芳袭人。

没用多长时间，家里的窗台上便摆满了花盆，后来又多了一个球形玻璃鱼缸。我还清楚地记得那里面有十多只蝌蚪。我经常好奇地把手指伸进水里，感觉那些蝌蚪在手指间自由自在地游动。一天，有一只胆大的蝌蚪竟然跳出鱼缸，摔在地板上，等我发现时它已经奄奄一息了。当我刚把它放回水里，它就快速地潜入水底，又快活地游起来。它既然曾经跳出鱼缸，也算见识过世面了，现在却心甘情愿地待在这倒挂金钟花下的玻璃房子里，直到有一天变成神气活现的青蛙为止。那时它就会跳进花园那头绿树成荫的池塘中，用它那优雅的情歌把夏夜变成音乐的世界。

我就是这样不断地从生命本身中汲取着知识。是莎莉文老师让我快活地生活在爱的喜悦和惊奇当中，让生命中的一切都充满了爱意。最难能可贵的，是她从不放过任何一个让我体味世间一切美好事物的机会，每时每刻都在动脑筋、想办法，使我的生活变得美好和更有意义。她认识到孩子的心灵就像溪水沿着河床千回百转，一会儿映出花朵，一会儿映出灌木，一会儿又映出朵朵轻云，佳境不绝。她用尽心思给我引路，因为她明白，孩子的心灵和小溪一样，还需要山涧泉水来补充，才能汇合成长江大河，在那平静如镜的河面上映出连绵起伏的山峰，映出灿烂耀眼的树影和蓝天，映出花朵的美丽面庞。

虽然是老师将孩子领进知识的殿堂，但并不是每个老师都能使孩子学到真正的东西。我的老师与我相亲相爱，密不可分，我永远也分不清，我对所有美好事物的喜爱和感受，有多少是自己内心固有的，有多少是她赐予给我的。她已经成为我生活的一部分，我是沿着她的足迹前进的。我生命中所有美好的东西都属于她，我的才能、抱负和欢乐，无不由她的爱所点化而成。

拍摄电影

我们在国内旅行了一段时间后，最后我们决定把家安在纽约市郊长岛的住宅区。在这风景优美的地方，我们买下一栋外表不俗的小屋，外观上它很像古代的一座城堡，到处是凸出的棱角，我们为它取了个名字叫"沼泽之城"。

上面所提到的"我们"，包括莎莉文老师、汤姆斯小姐、我，还有一只名叫吉兰的小狗。

经过长期的奔波劳顿，我们都累了，希望能过上一段安心舒适的生活。我试着在屋前栽植树木，每天我们都花很多时间布置新居。在房子的二楼，专门隔出一间四面都有窗户的小屋作为我的书房。为了能读懂但丁作品的原文，我开始学习意大利文。

就在这时，我们收到了一封十分意外的信。

信是米拉博士寄来的，在信中他说想将我的《少女时代》一书拍成电影，并且希望我能亲自担当主演。接到信后大家都是兴奋异常，都觉得若能把个人的这段经历拍成电影，一定可以鼓舞许多不幸的人，而且还能引起健康正常人对自己所作所为的反省。这么好的一个机会我怎么能放过呢？

现在想来，当年真的不知道怎么会有那么大的热情，竟不辞辛苦、千里迢迢跑到好莱坞去拍片，真是有点不可思议！或许是因为我那时太过于天真了，一心以为自己的故事能够感人至深，电影上映以后观众们必定会大加赞赏，观看时甚至连呵欠都不会打。正是由于过分的自信自大，使我毫不犹豫地接受了电影公司的邀请。奇怪的是，我当时竟一点也没有考虑到，以我这样一个残缺的人，该怎样去担任电影的主角呢？

女明星们大都是身材健美，貌似天仙，而我却是肥胖不堪，长得也不好看，根本无法跟一般女明星相提并论。最主要的，是我缺乏那种能赚观众眼泪，或是能逗观众发笑的演技。不过，撇开电影先不谈，我在好莱坞的那段日子过得生动有趣倒是真的。老实说，我对于那段拍戏的经历一点也不觉得后悔。在排戏的过程中，我经历了许多以前从未遇到过的事情，那种新鲜的生活，每时每刻都带给我惊喜和好奇。在这之前，我还从来不知道踏出大门后将会遇到什么事。现在就不同了，每当我漫步在开满天竺葵的小径上，会突然有一个骑士从斜地里冲出；我走在马路上，有时会见到一辆卖冰的车子猛然四脚朝天；在远处的山丘半腰上，说不准什么时候会有一栋被熊熊烈火包围的小木屋……总之，来到此地以后的所见所闻都令我感到新奇有趣。记得有一次，我们一行人头顶炎热的太阳，坐着车子到沙漠里去，阳光下的沙漠上稀稀落落地长着仙人掌和灌木丛。当我们来到一个小小村落的拐角处时，忽然有人惊呼："看啊！有印第安人！真正的印第安人……"大家都很兴奋，马上从车上下来，想看个究竟。果真有一个印第安人在那儿，别无旁人。

这时，在我身旁的一位向导向前迈出一步，请求那位印第安人让我摸摸他头上的羽毛饰物，因为他头上戴着色泽美丽的老鹰羽毛，非常神气。我怀着忐忑不安的心情走上前去，再度以手语向他示意。可是出乎我们意料之外的是，这位印第安人以流利的英语开口道："让这位女士尽量摸好了，多少次都无所谓。"在场的人都吓了一跳，后来才搞清楚，原来这是一位正在等待摄影师到来的演员，哪里是什么真正的印第安人呢！

我就是在那时喜欢上骑马的。汤姆斯小姐和我时常在天没亮前就出去骑马，在露珠晶莹的草原上可以闻到麝香草及尤加利树的芳香，清晨的徐风令人心旷神怡，十分舒畅！就这样，我在比佛利山的小路上度过了许多愉快的清晨。

以我的自传为剧本的《救济》一片终于要开拍了，导演是因《青鸟》一片而闻名的普立特先生。首先进行片头拍摄，普立特先生以敲打桌子为信号与我沟通。我们工作的过程通常是：先由汤姆斯小姐看过剧本，并听取导演的指示，然后把这些写在我手上，等我完全了解后，再听导演敲桌子指挥进行。有时，导演会亲自在我手上写几句话，例如："不要害怕，在笼子里的不是狮子，只不过是一只小金丝雀而已。知道了吗？好，再来一次。"导演越是关照我，我越觉得紧张不安。

拍摄工作看起来容易做起来难，要在摄影机前自然地表演，真的是非常不容易。举个简单的例子：不论你站着或坐着，总会有强烈的灯光聚集在身上，这样一来全身就总是热烘烘的，汗水一个劲儿地往下流，这时还得留意脸上的妆不要被汗水弄坏掉，要不等到了银幕上时就会变得很滑稽，效果将大打折扣，所以就要经常补妆。

　　每次我一站到摄影机前就感到浑身非常不自在，偏偏导演一会儿要求我笑，一会儿又要求我拿出皱眉沉思的样子，真是令我为难，一个人的情绪怎么可能转变得那么快呢？因此，有时在乍听指令后我就只有茫然发呆的份了。

　　在最初的几天，大家还都没有进入角色，拍出来的东西有许多不尽如人意的地方。幸好那位扮演我少女时代的女孩十分称职。当然，她既不聋也不哑，可是却能把这个角色演得惟妙惟肖。为此我对她产生了很大的好感；而她由于扮演我，也很喜欢我。

　　另一位女孩据说长得很漂亮，是一位笑起来尤其迷人的女星，由她饰演大学时代的我。这位女星一开始是以闭着眼睛表示眼睛看不见，可是她往往一不留神就睁开了眼睛，出现笑场，使得现场的工作人员都忍不住哈哈大笑不止，因为她那时的表情实在是太滑稽了。不过这位女演员倒是很乐意演这个角色，而她的演技也不差，尤其在演梦见希腊诸神的那场戏时，表现得最为传神，我个人最喜欢。

　　后来就到了介绍那些在我生命中有重要影响的朋友的戏。遗憾的是，那些曾经给我很大帮助的善心朋友如川蒙德先生、马克·吐温先生以及布鲁克斯大主教等人都已去世，仍然活着的几位也都年事已高，与当年和我相逢时自然不会再一样了。

　　那时我曾经写信给贝尔博士，他很快就回了信，他在信上表示："看了你的信，让我回想起在华盛顿的那位小姐，在我眼中，你一直是当年的那位女娃儿。只要你乐意，任何事情我都可以去做，只是目前我身处异国，一时之间还无法返美。可是，你绝不能忘了我！想起我们首次见面时，我可不是现在模样的老头子，那时的我头上还一根白发都没有呢。你当时也只有七岁，如果真要拍写实电影的话，我想非得由别人来饰演不可。请你去找个没有白头发的英俊青年来扮演我。等到拍摄结尾时，我们再以目前的姿态登场好了。如此前后对照，我想一定很有趣吧！"

看了信后，我忽然想起一个很好的主意："对了！何不以象征性的场景介绍我的朋友出场呢？这也许效果更好。例如，安排我在两边都是洋槐的马路上散步，然后偶尔遇见贝尔博士与川蒙德先生，大家边聊边走，既有湖光山色之美，又显得比较自然。"洋槐的树荫下，对又瞎又聋的我而言是最合适不过了，我越想越觉得这是一个好主意。

可惜电影公司并没有采纳我的建议，而是安排了一个大聚会的场面，让所有曾经协助过我的人都一起出现在宴会上，包括那些已经去世的好友在内。

其中还有已经死了多年的我最怀念的父亲，和其他不在人世的好朋友一样，都是替身。最令我欣喜的是，我又见到了有近二十年不曾碰面的约瑟夫先生，他比我刚认识他时显得更活泼快乐。

那真是令人感觉奇妙的场景，好像自己在不知不觉中来到了天国，是在另一个世界里与这些既熟悉又亲爱的好友们欢聚一堂。不过，当我与他们握手时，他们的手虽然都很温暖，但他们讲话的语气与神态，却与我熟知的那些朋友完全不一样。

每当他们开口对我说话时，我都有一种刚从梦中被惊醒的感觉。宴会即将结束时，轮到我来说一段台词："目前全国约有八万名盲人正处在可怜的境况当中，他们孤苦无援，而我们的社会目前又没有完善的制度可以帮助他们……这世界上有多少人在从不知生存喜悦的情况下含恨而终！……因此，我们应该决心为这些人谋求更好的生活，让这个世界变得更幸福、更快乐。"

在影片拍完一大半时，大家忽然发现这部片子缺乏高潮，换句话说，不够戏剧性。便有人出主意，说干脆我们替她捏造一个恋人好了，让他们来上一段恋爱戏，因为现在的电影如果没有这些插曲，似乎就注定不受欢迎。导演没有采纳这个建议，他自始就反对这种论调，认为是画蛇添足，反而会弄巧成拙。几经考虑、斟酌，最后决定穿插几场比较戏剧性的场面。

后来加进去的几场戏中，有两场是虚幻的。在一个名为"时间"的洞窟前，有一位脸色苍白、代表"知识"的小姐，与一位身材魁梧、代表"无知"的大汉互搏，结果"知识"赢了，抱起了幼小的海伦。另一个场合是，莎莉文老师试过各种方法而年幼的海伦仍然听不懂时，她不禁跌入了灰心失望的深渊中，此时基督出现了，他对老师说："要协助幼小的心灵来到我这儿，不要放弃她。"于是莎莉文老师再度鼓起了勇气。

现在想起后来加进的一些情节可真有趣。比如：一位伤心的母亲高举着一把火炬出场，目的是为不幸的伤残者请命；再如：四大强国的领袖聚集在法国开会，准备决定全世界人类的命运时，海伦出现了，恳求他们千万不要发动战争，等等。不过最后这场戏他们也觉得实在太牵强，后来又给删掉了。

正是由于掺入了各种离奇的片断，令整部影片的情节越来越离谱，变得缺乏真实感。尤其是结尾的一场戏，我现在想起来都觉得可笑，简直有些异想天开。他们要我扮成和平使者，骑在一匹白马上，行走在游行队伍的最前面。拍摄这场戏时，那匹白马不怎么老实，跑起来的冲劲非常惊人。当时我一手举着喇叭，一手抓着缰绳，好几次都差点被摔下马来，因此我越来越紧张，一颗心七上八下，全身冒汗。头上的太阳又毫不留情地直射下来，额上的汗水像旋开了的水龙头直往下淌，连放在唇边的喇叭都满是汗水，吹起来咸咸的。战战兢兢地骑了一段路程后，也没觉得有任何征兆，那匹白马突然直立起来，那时可把我吓坏了，幸好旁边有位摄影师眼明手快，一个箭步冲到马前，拉住马，使它再度站好，否则我一定会被摔得不轻。

剧院生涯

与我原来的预期正好相反，电影上映后，并不叫座，更没有引起轰动。

一切又重归平静，我们回到纽约郊区的住所，过了两年宁静的日子。在这期间，我们当然也想办法尽可能地增加收入。我不能只为我自己考虑，好心人资助我的款项是以我在世为限的，那么如果有一天我不在了呢？我必须要想办法替莎莉文老师存下一笔养老金，万一我先她过世，她的晚年生活也可以得以维持。

因为有了这种顾虑，从一九二〇年起我们开始到各大杂耍剧院参加客串演出，一演就是将近四年，直到一九二四年春才停止。当然，这四年间我们并不是持续不断地参加演出，一开始，我们还只是偶尔参加在纽约、新英格兰或加拿大的几个大城市巡回演出。一九二一年至一九二二年期间，则完全是在美国国内表演。

很多人反对这件事。我们在杂耍剧院演出的消息传出后，曾受到某些卫道士的非议："你们瞧，海伦这个人，为了出名竟不择手段。"还有些热心的人写信忠告我，劝我不要投身于演艺圈中。其实完全不是这么回事，只不过我自己的计划，是依自己的意志去做事而已，连莎莉文老师都是被我多次劝说才这么做的。

与写稿相比，去杂耍剧院演出要好得多。不仅轻松自如，收入也丰厚。虽然名为巡回演出，实际上，我们往往在一个地方一待就是一周或更长时间，不像我们过去的演讲那样，有时一天要接连赶好几个场子，饱受奔波之苦，而且通常是每到一个地方就得立刻上台演讲，连喘息的机会都没有。在杂耍剧院的演出就不那么紧张，下午、晚上各一场，每场二十分钟。剧院有相当规范的管理规则，生活很有条理。在这里，我们有完全的私人自由，也不必担心受到观众的打扰，连类似演讲观众要求握手的情形都很少发生。

我打心眼儿里喜欢这种工作，令我身心都感到很快乐。不过莎莉文老师似乎不像我这样泰然自若，她总是觉得有些别扭。这也不能怪她，因为我们的名字与那些特技人员、驯兽师，甚至和猴子、大象、鹦鹉等一起出现在节目单上，谁见后都不会感到高兴的。只是，我觉得自己的表演内容一点都不庸俗，更没有什么不可告人之处，所以心里就很坦然。

在剧院里遇到的人，比过去在任何场合遇到的人更能引起我的兴趣。他们出身或许并不高贵，但大多都豪迈爽朗，热诚义气，一些细小的举动常会令我非常感动。不管怎么说，我那段日子确实是快乐的。台下的观众也十分亲切和热情，他们听到我说话时都表现出真正的赞叹。一般情况下，先是由莎莉文老师说明教育我的方式，然后再由我做简单的自我介绍。最后是由我来回答观众们提出的各种各样问题。

观众们最喜欢提的问题有如下几个：

"你看不见钟表，那么你如何去分辨白天和夜晚呢？"

"你有过爱情吗？你准备什么时候结婚？"

"你的眼睛看不见，那么你相信有幽灵吗？"

"你也会做梦吗？"

还有好多诸如此类的问题，有些比上面的还有意思呢！

我一向很在乎台下人对我回答的反应。好在来剧院的观众都非常大方友好，当他们觉得我的话有道理或者令他们开心时，他们就毫不拘束地大笑着为我鼓掌，一点都不掩饰自己的感情。正因为这样，我才觉得很放松，愉快地给他们最真诚的答案。

说到这里我不由得想起另一个极端相反的情况。有一次我们到教会演讲。听众自然与进入杂耍院的观众身份不同，心情也都不一样。那天台下非常肃静，好像一个人都没有，让我感到手足无措。虽然我看不着、听不见，不可能知道他们的表情，但是我能感觉到他们对我说的话没有一丝反应。台下一片死寂，再加上讲台高高在上，我就像是在自言自语。还有后来我到电台去演讲时也一样，四周什么人都没有，空旷无声，当然也不会有掌声，连空气中我闻惯了的烟味和发胶香味都没有，我就仿佛置身于一个无人的世界里。

还是剧院好，我喜欢在杂耍剧院中与观众打成一片，至少我不会感到太拘束或太寂寞。

热烈的反战运动

一九一三年，当夏季的炎热隐退以后，我们便又开始了新一轮的访问和演讲。我们到过很多地方，在华盛顿乘过摇摇晃晃的乡下电车；在纽约州搭过第一班早车，这班车子很有意思，每经过一处农舍就停下来收牛奶，一路上不知停了多少次。

邀请我们去演讲的有城市里的学校、妇女团体，也有乡村和矿区的组织，有时也到工业都市去对劳工团体演讲。在前往得克萨斯与路易斯安那途中，正值洪水刚过不久，路面上仍有许多积水。我们在车内还能感受到汹涌的洪水冲打着车厢。忽然间传来"砰"的一声巨响，大家纷纷从车厢中伸出头张望，原来有一截粗大的浮木撞在车厢上。水面上漂着许多家畜的尸体，触目惊心。我们搭乘的那列火车的车头，竟然拖着一株连根拔起的树木走了好长一段路程。

通过与社会各阶层的接触，我对生活又多了一些不同的认识，逐渐感觉到自己过去的一些观点实在过于天真了。以前我常想，虽然我又盲又聋，可是仍然可以获得很好的幸福生活，可见天下无难事，只要肯认真去做，所谓的命运是奈何不了我们的。现在我明白了，以前我忽略了一件最重要的事，那就是我之所以能克服许多困难都得益于一些好心人的帮助。我如此幸运，出生在一个幸福的家庭里，有疼爱我的父母亲，然后又得到莎莉文老师及许多好友的协助，才能接受高等教育。可是一开始时我并没有深切地体会到这一点。并不是每个人都能成功地达成自己的愿望，环境的影响实在是太大了。了解到工业区、矿区中那些贫苦的劳工生活后，我真实地体会到了环境对一个人所能造成怎样的压力。但是我并没有因此而感到悲观，而是更加坚定了"人类应该自助助人"的信念。现实环境固然可怕，但人类应该保持希望，坚定信心，不断进取，至于那些有一定实力的人更该有义务去帮助那些需要帮助的人。

一九一四年一月，我首次有机会做一次横跨美国大陆的巡回演讲，这次令我高兴的是母亲能够一直陪伴在我身边，给我带来很多方便。母亲向来喜欢旅行，而我终于有机会让她一览东起大西洋海滨，西至太平洋沿岸的美国大陆风光了。

我们的第一站是从加拿大的渥太华开始，然后是俄亥俄州。途中曾一度转往伦敦，再回到密歇根州，随后是明尼苏达、艾奥瓦，就这样一路向中西部行进。

母亲一直处于兴奋当中，只是不时地要为我担心，怕我太过劳累。我们能到加州也令母亲欣喜异常，因为她特别喜欢加州，尤其喜欢旧金山的海滨。她经常在黄昏时徜徉于沙滩上。她一再对我表示加州的气候是如此迷人，海边风光更是令人流连忘返。

每到一处演讲过后，我和母亲就四下里去游览。我们曾搭船出海，母亲一下子就喜欢上了尾随在船后的海鸥。她找来食物喂它们，希望它们能歇一歇。母亲还用吟诗般的口吻向我描述落日余晖下的金门桥。她还告诉我美国杉是"自然界的王者"，因为美国杉的庄严肃穆令人折服，尤甚于那些山川大泽。

我现在一面写下这些字，一面重温当时的愉悦，那一点一滴的快乐又逐渐回到我的心中。我似乎又看到"崖之家"，又看到我与母亲在用过早餐后走出"崖之家"，来到海边嬉戏，足迹踏遍那些长满蓝色、黄色小花的可爱沙丘。

我能理解母亲当时的心情。有一次当我享受大自然的凉爽空气时，母亲把我拉到她的身边，无限感慨地对我说："看了如此宜人的景色后，我过去所有的悲哀和不快都一扫而光了。"

由这个海岬，可以看到远处的城市，以及从海岬沿着海岸延展着的繁华街道。我们还可以从海岬上望见街市上的钟楼，每隔五六分钟，就有一班渡轮从海港中鸣着汽笛缓缓驶出。

我第二次横越大陆的演讲旅行是在一九一四年十月开始的，这一次是由秘书汤姆斯小姐陪着我。

汤姆斯小姐的工作确实很烦琐，从演讲的接洽、订约，乃至修改日程，收拾善后等等各类事务，无论巨细皆由她一手包办。这些事情有时相当烦人，幸好汤姆斯小姐非常能干，做事利落，处理问题也井井有条，还能腾出许多时间来照顾我的生活起居，整理内务。我有时真不敢想象，如果没有她在我身边，我的生活将会乱成什么样。虽然我们从卡内基先生那儿得到一笔款项，但仍不敢放弃自己认真工作的原则，再说我们的开销实在是很大。

不久，第一次世界大战爆发，我们再不能像过去那样可以随便地到各地走动演讲了。我只要一想到正在进行中的战争浩劫，而且有愈演愈烈的趋势时，就再也无法像以前那样轻松地说些慈善的话了。这段时期，我常常因梦到流血、目睹杀戮而惊醒过来。也就在这时，一些出版社和杂志社向我约稿，希望我写一些比较新潮有趣的文章。但是我满脑子都充满枪炮声和无辜民众的惨状，哪还会有心情写那样的文章呢？

那时我收到数千封来自世界各地的求援信件，可是我却一点办法也没有，让我心里很是不安。说实在话，我自己的日子也过得不轻松，有些自身难保的味道，还要靠四处旅行演讲来糊口。我们所属的慈善团体在这段时期展开了热烈的反战运动，不希望美国陷入这场战争。当时也有许多和我们立场不一致的团体，他们为了促成美国参战不遗余力，为首的就是过去的老罗斯福总统。

我和莎莉文老师都是坚定的反战者，认为应该极力让美国避免卷入战争的漩涡中。因此，从一九一六年开始，我们就到堪萨斯、密歇根、阿拉斯加等州去做反战宣传，只是我们的努力并没有成功。

我们前往每一个可能到达的地方去宣传我们的想法，有时在最豪华的大礼堂，有时在临时搭设的帐篷里。当然，有不少听众听了我们的演讲后成为我们的支持者，当时的报纸却多半都站在我们这一边，有个别报刊态度的转变令人很是感慨。以前他们最喜欢用夸张的词汇赞美我是"时代的奇迹"，或称我为"残疾人的救世主"，可到了这个时候，只要我演讲的内容稍有涉及社会或政治问题时，他们就视我为左翼走狗而大肆抨击。

在听众当中也免不了有些人不同意我们的反战论调，再加上大众传播战争思想，一时间，全国各地都在弥漫着战争的热潮。

我失望极了！到一九一六年秋，我们沮丧地回到了在连杉的家中，想安静地度过些时日，我们都太疲惫了。可是连杉也无法令人愉快，汤姆斯小姐请假去了苏格兰，梅西先生也早已离开（梅西于一九一四年与莎莉文老师分居），只有女仆很高兴地迎接我的归来。她把房子重新整理、装饰了一遍，要我静观满园的花开，可是我哪还有赏花的兴致呢。最后，我想到可以打电话请母亲过来，才多少排解了些许寂寞的心情。

没多久，莎莉文老师又一次病倒了。她不停地咳着，医生劝她在冬天时搬到空气新鲜的地方去住。如果老师再离开的话，这个家将是人各一方，就再也没有能力雇用长期照顾我们的易安了，而我们又都非常喜欢易安，舍不得让她走，如果她再走的话，连杉的生活必定整个陷入困境。

我陷入深深的烦恼之中，以致无心工作，甚至不能静下心来思考问题。有生以来，我第一次感到孤独无助。我常常恐惧地想："如果病中的莎莉文老师也有这种悲观的想法，那该怎么办呢？"

如果在我的世界里没有了莎莉文老师，将会是个什么样子呀！如果她不在我身边的话，我一定什么事情也没办法去做去完成。每当想到这些，我就会更加不安。

就是在这种情况下，我对一位异性青年动了感情，有了我这一生当中第一次恐怕也会是最后一次的恋情。

　　那天晚上，我独自坐在书房里想事情，那位暂时替代汤姆斯小姐的年轻秘书走了进来。他以平静温柔的态度向我倾诉了对我的感情，丝毫没有思想准备的我，很快就被他的真诚所感动。他说如果我和他结了婚，他将随时伴着我，为我阅读，为我搜集写作资料等等，原先莎莉文老师为我做的一切他都可以做到。

　　我从惊愕转为平静，渐渐明白了那位年轻人的那份珍贵爱意，心里不由得一阵狂喜，幸福来得太突然了，身体开始几乎无法控制地发抖。我从内心里已经打算要把这件事对老师和母亲公开，可是那位年轻人却说："我认为现在还不是时候。"

　　过了一会儿他又说："目前莎莉文小姐正在生病，你的母亲又不是十分喜欢我，如果这么贸然地告诉她们，可以想象得到，一定会遭到反对。我们还是应该过段时间再说，先瞒着她们，以后再找机会和她们说也不迟。"

　　从那以后，我和他共同度过了一段非常美好的时光，时常手拉手在森林里散步，或者静坐书房，由他念书给我听。后来有天早晨，我刚起床母亲就急忙忙冲进房间来问我："报纸上有一条惊人的消息，说海伦已经答应要和人订婚了。这是真的吗？"

　　母亲看上去非常激动，说话时双手都在微微发抖。那一刻我根本没有什么心理准备，相当害怕，同时也想替对方掩饰一下，于是便随口撒了个谎："根本就是没影儿的事，报纸上每天都登载一些荒唐的消息，你不必去理会。"

　　不只是对母亲撒了谎，对老师我也没敢承认。母亲迅速辞退了他。现在想起这件事我还是觉得有些奇怪，搞不清楚自己当时为何要撒谎，以致使母亲、老师和那位年轻人都感到痛苦。

不管怎么说，我的那场恋爱便如此终结了。

一九一六年虽然充满了烦恼，但终于也算熬过去了。

换个地方居住并没有使老师的病情有多大起色，于是到了十二月底，老师就和汤姆斯小姐一起前往暖和的波多黎各，一直待到第二年的四月才回来。

她们每个星期都会写信给我。信上除了描述波多黎各的美丽风光、宜人气候之外，还兴奋地告诉我那些她们从未见过的各类花草。也就是在这个时候，美国宣布参战了！老师被这个消息吓了一跳，提早回到我身边。不过老师的健康却一直到次年的秋天才算真正完全康复，因此，我们仍有一年多的时间无法外出演讲。

没有收入，我们的存款在一天天减少。后来我们算计着把连杉的房子卖掉，另外找一幢较小的房子，这样可以节省些开支。

决定了要离开自己居住多年的地方，那份难舍难分之情真是令人心里不好受！屋里一切忽然都变得分外可爱，都充满了人情味。尤其是那张我常常在上面写作的书桌，还有书橱，以及我经常通过它让自己面对庭园的大落地窗，还有樱花树下的安乐椅等，更是让我难舍。然而，离别的时刻一旦来临，也只有洒泪挥别，只能把它们装在我记忆深处最值得怀念的一角了。

带着感伤与无奈，我们离开那幢住了十三年之久的屋子，心中唯一感到安慰的是，虽然以后不住在此地，但这幢可爱的屋子仍将对另一家人发挥它的用途。

现在，那栋房子成了波士顿约丹百货公司女职员的宿舍。虽然房子已经多次易主，但对于它，我仍然怀有一份主人的关爱。

因为，那里存放有我太多值得回味的往事，它伴随我度过我生命中最精华的十年，有苦有乐，更重要的是那些岁月充满了生命的活力。

感悟：

　　海伦反对战争，同时也在不断地和命运做着斗争。老师病了，秘书不在身边，巡回演讲无法进行，生活陷入拮据，平生仅有的一次恋爱宣告失败……她将这一切都默默地收藏起来，装在记忆中最值得怀念的一角。

　　当命运之神把人抛入低谷时，也是触底反弹的最佳时机。这个时候谁能积累能量坚定信心，谁就能在未来获得丰厚的回报；谁若自怨自艾丧失信心，必定坐失良机，等在前面的将会是两手空空和后悔莫及。

我的信仰

我成年以后，像波兰作家约瑟夫·康拉德出人意料地选择用英语来写作一样，我选择了新教会的教义作为自己的信仰。

我无法做更好的解释。我曾设法去弄明白是什么使我走向斯韦德伯格及他对基督的阐述，但是我找不到满意的答案。我似乎和康拉德一样，一种无法抗拒的力量使他去航海，而我则立定跳远般跳出传统势力，后来我也就成了现在的我。

我不知道是我接受了信仰还是信仰接受了我。我只能说那在阳光下捧着本大书的小女孩的心，被一种辉煌的、异常可爱的声音所震撼。读斯韦德伯格的另一部书《神圣的爱与智慧》，书中的话语似乎给了我一双眼睛，书中的思想仿佛给了我一双耳朵。就像太阳照亮了世界一样，这些文字点亮了黑暗。

除了给了我打开《圣经》宝库的钥匙外，斯韦德伯格的书使我全身心地渴望一种健全的生活。每天都充满机会，我感到了一切真实及自我的存在，感到了成长的快乐，行为的光辉及美的真谛。

是的，埃玛努尔·斯韦德伯格的思想如同我的光明，是我手中的支柱，他伟大的洞察力伴着我一路前行。

当我读斯韦德伯格的《天堂与地狱》时，我知道了，基督象征着崇高的美德，美德形成行为，耶稣象征着神圣的真理，将新思想、新生命和欢乐带给所有人，进而任何相信神并真正地生活的人，他将不会受到惩罚。

我们开始感到了斯韦德伯格描述的那种神圣的爱，崇高而伟大。在斯韦德伯格的思想中，它是神爱和智慧的统一和价值的创造。因为神的生命在每个人中都是一样的，或者是神的爱同样体现在每个人身上，所以神是无处不在的。

那种认为许多人得不到被耶稣基督拯救的福分的思想应为一种更大度的思想所代替。他将少数人的信仰带到各个地方，不管他们是什么种族，属于哪一教派，只要他们信守一种正确的生活信念。应记住的是，信仰是按一种教义生活，而不仅是相信它。

如果我们能以一种好的心态看待神的爱，我们过去的经历将成为我们宝贵的经验，我们会感到生命的和谐。但如果我们从一个变化不定的世界这一角度看神的话，我们就完全错误。我们把神看成是奖励与惩罚的执行者，偏袒自己喜欢的，仇视对手。我们向神祈求胜利。这种观念不令人震惊吗？

一种信仰的现实价值并不在于我们自身有限的经历，而在于它对人类的贡献。超越一切的仁慈才是最终决定我们的认识和文明程度的唯一准则。

仁慈表现在很多方面，但首先体现为能够脱离自我，追求人类及世界上一切崇高、美好的东西。像斯韦德伯格所说的："善就如同一束发光的火焰，使人们看到，领悟并相信。"

另一种观念，在当时同样具有革命性意义，那就是只要遵守生命的原则，一切都是为天堂而生的。就像种子生来就注定要开花，巢中小画眉鸟注定将要歌唱，换句话说，一切都已被拯救，一切都将获得重生。如果我们认为自己处于天堂之外，那是我们自己的错误造成的。但每当我们的思想变得崇高的时候，我们就会进入天堂；当服务于他人成为我们的幸福时，我们就生活在天堂中。

　　如果我们仔细区分一下生命与存在二者的关系，那我们将会更好地理解斯韦德伯格关于生命的思想。神赋予我们身体的存在，就是为了给予我们生命。他无尽的爱使得他成为造物主，因为爱需要有一个对象，来接受它的祝福与仁慈。在作为神的生命的爱中，我们看到万物起源的基础。同时，这些事物要拥有真正的自由与理智。也就是说，我们要自愿地、仔细地接受神的恩赐，这样我们才能真正拥有它。这就是为什么我们要经过两个不同的阶段——获得存在与获得生命。

　　我们只获得生命时，是如此的无助，而在精神生命中，我们充满活力，仿佛是造物主的一部分。在我们获得任何属于自己的事物之前，我们肉体的存在并无意义。另一方面，获得生命是一种选择，我们拥有那一权力，精神的生命不会被强加于我们。

　　这就是神通过《圣经》赋予我们的永恒的爱，它使得我们走近神，选择了生命，使我们远离将会把生命从我们这儿夺走的罪恶。只有通过分辨，并且使心灵永远温暖、纯洁，我才能真正充满活力。这种美好的再创造，我们观察不到，它形成于灵魂的最深处。像主所说的："风随意吹，你听见风的响声，却不晓得从哪里来，往哪里去。凡从圣灵生的，也是如此。"

我们不应该认为皈依某一宗教就是接受了某一信条，而应该将之看成一种心灵的变化。是灵魂摆脱那种诱使我们自私自利的卑劣的本能，并在神无私的爱中找到快乐，和一种他人利益高于一切的生命。我们选择了生命，它是我们思想和心灵的延伸，没有它，任何有意义的成就将不可能获得。

但不像一些人想的那样，我们突然获得新生。那是在我们渴望并坚守神圣的戒律时产生的一种变化。一段时间内，我们可能变得像天使一样，但我们时而又会回到从前那样平凡的生活，像从前一样的行为处世。我们已经在走向成功，我们认为自己已经做了一些事情，或是因为每个人都这么做，我们的祖辈也都这么做，但这却不意味着我们应该继续那么做。只要我们愿意，我们就能通过关心他人，从"真理、生命"那里寻求他最高、最有益的思想来充实我们的生命。一旦我们下定决心并大胆地这样去做，外界的一切障碍将为我们让步。我们以坚强的意志克服每天的痛苦，带着对生命和幸福更美的向往。

在我沉寂的思想中

在我沉寂的思想中，一切我所爱过的人，无论是远是近，活着的还是死去的，他们的个性及迷人之处都活在我的思想之中。我随时能找到他们，驱除我的孤独。如果有什么妨碍我而做不到这一点，那我将为此心碎。但我知道有两个世界——一个我们可以用尺度来衡量，另一个我们能够用心和直觉来感知。

一种坚定的想法产生了，它超越了我的视线和一切现实。假如有那么百万分之一的可能——已经离去了的那些我所爱的人们，他们还活着。那么怎么样？我会不惜一切来抓住那个机会，而不愿让自己的犹豫使那些灵魂受到伤害。既然有这样一个不朽的机会，我将尽全力，不让过去的欢乐抹上一丝阴影。有时候我这样想，谁需要更多的欢乐呢？是在这儿摸索的人们，还是那些正学着用精神的尺度来看事物的人们。

在世间的阴暗中探索那看不见的太阳的人们面临着怎样的黑暗！与那些在世间时直到最后都爱着我们的人们保持一种精神上的联系是如此的有价值！诚然，当我们被某种高尚的情感和纯真的快乐感动了的时候，那是我们最甜美的经历之一，我们记得死去的人们，并感到被向他们拉近。这种信念将改变一个人的状态，使厄运变成一场赢得胜利的战斗，为那些失去最后一缕精神支柱的人们点燃一丝希望。

我曾蛮有兴趣地读过英国化学家戴维的文章，他使科学、信仰和无私三者的结合达到了惊人的程度：

我不嫉妒他人的思想或才智——天才、权力、才智或者是奇想，但如果我能够选择最令人高兴的最有意义的东西的话，我会不顾其他一切福分而选择一种坚定的信仰。因它造就了一种善的生命，在一切希望破灭了的时候，它带来新的希望——甚至唤醒死去的生命，从陈腐破败中唤起美和神圣，使得痛苦和羞辱成为升入乐园的阶梯，超越一切尘世的渴望，带来神圣花园的景象、永恒的欢乐；在那里，感觉论者和怀疑者的观点将变得暗淡，破败，消失，灭绝。

接触那些文字，感觉一位平静科学家和热爱人类的人的强大的手掌，让我感到如同五月节的经历。他对自己的思想从不犹豫，他看到了旧的信仰中的许多矛盾之处，他知道生存的痛苦，但他却从不动摇与神同在。

我不能想象如果没有信仰我会怎样。我可以想象一个没有心脏的躯体。对于一个既聋又盲的人来说，不难接受精神世界。正像精神世界对大多数人来说显得模糊、遥远一样，自然界的事物对我来说是同样的。但是这种内在的或是神秘的感觉，使我见到了那种看不见的事物。

我知道，一些博学的评论家会轻蔑地攻击我，他们竭力用他们科学的理论击破我可怜的观念。他们会说："万物是由看不见的微粒构成，这是起始，也是终极。"或许吧！但在荷花的花瓣上仍有一滴露珠，玫瑰的心中那是一丝馨香，树叶下面，小鸟梳理着翅膀。

当人的三重本性——精神、才智、躯体被正确理解了的时候，我们就会发现，人的想象力作用于人感觉到的事物，人的灵魂赋予这些事物以生命的意义。人类和宇宙是精神世界中的两个主题。人在思想、躯体及思维方式方面体现出各自的特点。我们知道，艺术家在画画之前，在头脑中会展现出美丽的画面。同样，精神将思想形成一种思维形象或象征符号；这是一种万能的真正的语言。如果谁能将快乐、信念或是头脑中的日出景色以一种可见的形式传递给他人，那一定会比用千言万语所表达的效果更令人满意。

在我摸到那代表幸福的中国"福"字的时候，我哭了。没有什么语言描述会如此触动我。那是这样一幅图画，人的嘴紧挨着一方稻田。这个字极其生动地表明了中国人的生活很大程度上依靠所种的庄稼，当庄稼谷物被洪水冲走破坏了时，成千上万的人将无法逃避饥荒。

许多思想融于一个字当中，而文字似乎不能表达出所有的思想。一位法国人说："文字用来掩盖思想。"我相信灵魂的不朽，不为别的，只是因为我有那不朽的渴望。我相信我们死后所处的状态取决于我们的动机、思想和行为。我相信当我躯体内在的双眼在另一个世界睁开的时候，我将会生活在我心中的国度里。离开这种信仰，我的生命将失去意义。

我相信每一位死去的朋友都连接着今生和来世。有时候，我为不能再感受他们双手的抚慰，听到他们温柔的声音而伤心。但我心中的信念永远不会消亡，我必须振作，为他们获得了自由而高兴。

第四章

知识是人生
最大的财富

因为在我生活的漫长黑夜里，我读过的书以及别人读给我听的书，已经变成一座伟大光明的灯塔，向我揭示出人类生活和人类精神的最深泉源。

读完的第一部书——《小贵族》

　　前面大致讲述了我的生命历程，但是至少有一点我想我还是没能交代清楚，也没有说透彻，而这一点对我来说又是至关重要的，那就是书。这么多年以来，书是我最好的良师益友，支撑着我在人生路上一步步向前迈进，说得好听一点，书籍给了我快乐和智慧。我只有依靠书籍来获得正常人通过视听得到的知识。在我所受的教育中，书籍发挥了极大的作用，这和别人比起来是非常不同的。

　　记得在七岁那年我第一次读完一篇小说。从那天起一直到现在，我不停地读自己接触到的一切印刷品，近乎贪婪。在刚开始接受教育时，我的学习是不正规的，读书也没什么计划性。起初我只有几本凸印书：一套启蒙读物，另外还有一套儿童故事和一本阐述地球的书《我们的地球》，仅此而已。我把这些书读了说不上有多少遍，直到书上的字都磨损得几乎无法辨认。平时多是莎莉文老师"读"给我听，把她认为我能明白的小说和诗歌拼写在我手上。但我喜欢自己看书读，因为我喜爱一遍又一遍地品味自己感兴趣的作品。

　　我真正开始读书生涯要从第一次去波士顿时算起。在那里我被允许每天拿出一些时间到图书馆去，在图书馆里，我兴奋地在书架前走来走去，可以随便阅读。尽管好多字都不认识，但我仍然读得津津有味，那一个个凸起的文字本身已经使我完全着了迷。我并没有刻意把读过的东西都记到心里，不过那段时期我的记忆力还算不错，即便有许多字句我一点也不明白它的含义，但我还是在不经意间把他们都记在了脑子里，后来当我开始学说话和写作的时候，有时这些字句就会很自然地冒了出来。我丰富的词汇让朋友们惊奇不已。我小时候不求甚解读过一些书的片段以及大量的诗歌，但我从头到尾读完一本书还很少，直到发现《小贵族》这本书，我才算第一次把一本有意思的书读懂读完。

那天，莎莉文老师发现我躲在图书馆的一个角落里，正聚精会神读着霍桑的小说《红字》，那时我才八岁。我记得她当时问我喜不喜欢书中的皮尔，接着还给我讲解了书中几个我不太明白的字，然后她说有一本描写一个小男孩的小说非常好看，我读过后一定会觉得比我现在手中的这本更有意思。这本小说就是《小贵族》。她答应到夏天时读给我听。不过我们刚到海边时的几个星期，许多新奇有趣的事情让我并未把这本小说放在心上。后来又过了一段时间，莎莉文老师离开我去波士顿看望朋友，读书的事情又被推迟了。

她回来后，我们做的第一件事就是读《小贵族》。就是现在，只要我愿意，还能很清楚地回忆起当初我们一起读《小贵族》时的情景。那是八月的一天，我们吃完午饭就赶紧把盘碗拾掇好，拿上书走出房间，准备用整个下午来读这部小说。路过草地时，有几只蚱蜢跳到我们的衣角上，莎莉文老师一定要把这些小虫子从衣裳上弄干净再坐下来，而我觉得这简直就是在浪费时间，我迫不及待地想尽快享受阅读。我们一起坐在屋外不远处两棵墨绿色松树之间的吊床上。吊床上早已落满了松针，因为老师不在时，这吊床一直无人使用。松树在温暖的阳光照射下蒸发出一阵阵的清香。空气十分清爽，混杂有一点海风的气息。

　　读书之前，莎莉文老师先给我讲了一些小说的有关背景，在读的过程中还要不时停下来讲解生字。开始时生字很多，常常读一点就得停下来。但当我知道了故事情节后，就急于想跟上故事的发展而顾不得去注意那些生字了。莎莉文老师所做的解释，我也没有耐心听进去。莎莉文老师因为不断地在我手中拼写，手指酸得有时不得不停下歇一会儿，这样一来我也就读不下去了。我焦急万分，就把书抢过来自己摸上面的字。当时那种急切的心情，我永远也不会忘记。

　　后来安那诺斯先生答应了我的恳求，把这部《小贵族》制成凸印版。我爱不释手，读了一遍又一遍，直到把它记熟。这部小说就这样成了我童年时代的亲密伙伴。我这样不嫌麻烦地描述出这些细节，是因为在这之前，我读书一向都是虎头蛇尾，全神贯注地读完一本书，这算是第一次。

学海无涯

一八九四年夏天,我有幸出席了"美国聋人语言教学促进会"的第一次会议。在会上,我被安排进入纽约市的莱特·赫玛逊聋哑学校学习。

到了秋天,我由莎莉文老师陪同前往学校就读。我之所以选择了这所学校,是为了提高我的语音和唇读的能力。除了这些内容以外,在学校的两年中,我还将系统地学习数学、自然、地理、法语和德语。

教我德语的老师名叫莉米,她稍微懂得些手语。我刚学了几句德文后,便时常找机会和莉米小姐用德语交谈,几个月过后,我就差不多能全部明白她所说的了。第一学年结束时,我已经可以流畅地阅读一些德文版的小说了。在我看来,我在德语方面的进步比其他方面都要大,尤其是比法语。在学习法语时我遇到的困难要比德语多得多。教我法语的是一位法国妇女,她不懂手语字母,只能用口头来教导我。而我要弄清她嘴唇的动作,就不是一件容易的事了,所以法语学起来就比德语进步得慢。但是后来我还是把法语版的《被强迫的医生》一书读了两遍。

在最主要的唇读和说话能力方面,我的进步并没有像原来预期的那样大。不过我那时信心十足，认为自己终有一天能够和其他人一样用嘴说话，而且莎莉文老师也深信我能够达到这一目标。虽然我够努力的了，也满怀信心地苦练，最后还是和预期的目标相去甚远。或者是刚开始时我们把目标定得太高了，所以免不了要失望。

算术依旧是我面前的一道难关，每次做练习时，我总是喜欢猜测而不去推理运算。这个毛病很害人，再加上我的笨拙，给我和老师真是带来了不小的麻烦。我不仅时常胡乱推测，而且还经常武断地乱下结论。因此，愚笨之外再加学习不得法，对于算术的学习困难就更大了。

这些失望常常会令我情绪低落，但对于其他功课，尤其是自然地理等学科我却有着无穷的兴致。能揭开自然界的奥秘对我来说真是一大乐事，那些形象而生动的文字向我描述着自然界的一些有趣现象：风是怎样形成并吹来刮去的，水蒸气又是怎样从大地上升腾起来的，河流是如何穿过岩石奔流的，山岳是怎样形成的，以及人类又是如何战胜比自己强大的大自然的。有件事现在我还记忆犹新，每天莎莉文老师和我都会到中央公园去。那里是整个纽约城我唯一喜欢去的地方，在这座宏伟的公园里，我拥有很多鲜为人知的欢乐。每当我一跨进公园大门，我最喜欢听老师替我描述那里的景色。公园里到处景色宜人，变化万千，在我停留在纽约的九个月中的每一天，它都是那么多姿多彩，令人心情舒畅。

春天是一年中最美丽的季节，我们四下里漫游，泛舟河上，然后登上绿草如茵的河岸，这里曾是著名诗人布赖恩特吟咏的地方。我尤其喜欢它那纯朴而又宏伟的峭壁。我们的足迹遍布西点、塔里敦、华盛顿，还有欧文的故乡，我们曾徒步穿过"睡谷"。

学校里的老师们常常想尽各种办法，让我们和普通孩子一样充分享有各种学习机会，老师们因人施教，就连年纪很小的同学，也被充分发挥他们被动记忆能力强的特点，以克服先天性缺陷所造成的限制。

在我即将毕业之前，光明而无忧无虑的天空突然乌云密布，我又一次陷入了极大的悲哀当中，这种悲哀仅次于当年我父亲的逝世。一直关心我的约翰斯先生于一八九六年二月不幸逝世。这个世界上没有人比他对我的友谊更重要的了。他总是默默地帮助别人，而又不会令人过意不去，对老师和我尤其如此。只要一想起他对我们的关爱和对我学习方面所给予的帮助，再大的困难我也会克服。约翰斯先生的逝世给我日后生活造成的真空，是任何人都无法填补的。

感悟：

既聋又哑的十四岁的海伦上学了！从此她在知识的天空中翱翔的翅膀更加强壮，飞得更高，看得更远，为她后来巨大的成就打下坚实的基础。

书山有路勤为径，学海无涯苦作舟。你真诚地付出了，总会有收获。假如成功是一口智慧之井，那么只有不断地学习，用知识、技能之手去挖掘、开凿，井水才会涌流不息。

世界博览会

一八九三年，就在克利夫兰总统宣誓就职那阵子，我和莎莉文老师一起去华盛顿旅行，后来又去观赏了尼亚加拉瀑布并参观了世界博览会。

那时正值三月的初春，我站在瀑布边的高崖上，亲身感受着空气颤动，大地也在抖动，此时此情真不是我现在能用笔墨所能形容得出来的。

许多人或许会感到奇怪，像我这样又盲又聋的人，该如何去感受尼亚加拉大瀑布的壮美景观呢？他们总会这样问我："既然看不到波澜壮阔，也听不见瀑布汹涌澎湃的惊天动地，它们对你还有什么意义呢？"其实，人们所不了解的是，这些对我真是重要极了。正如"爱""宗教"和"善良"不能以斤称用斗量一样，它们的意义也是无法估量的，一切尽在不言中。

这年夏天，我和莎莉文老师还有贝尔博士一起，参观了著名的世界博览会。在那里，我儿时的幻想都变成了美妙的现实，给我留下了美好的回忆。我每天都像是生活在梦里，和周游世界没什么两样。在这有限的范围内，世界各国人民创造的各种奇迹都聚集在一起，呈现在我的面前。我兴奋地去触摸每一样展品，用最近的距离接触这些人类勤劳智慧的结晶。

我最喜欢去的场馆是博览会的万国馆，那里有许许多多新奇的事物。有神奇的印度，有开罗城的模型，有金字塔，还有列队而行的骆驼，再往前走就到了威尼斯的环礁湖。每天傍晚华灯初上时，我们泛舟湖中。有趣的是，我还登上过一艘北欧海盗船，这之前我曾登上过一艘兵舰，但是令我感兴趣的还要数这艘海盗船，因为船上只有一名水手，他是一切的总管，不论环境和气候多么恶劣，他都表现出勇往直前百折不挠的劲头。他高喊着"我是海上英雄"并拿出浑身解数与大海搏斗，他的自信和高昂的斗志令人敬佩。与此形成鲜明对照的是，现在的水手则完全成了机器的附庸。"人只对人感兴趣"这也许是人之常情吧！

离开这艘船再往前走，就见到了一艘"圣玛利亚"船的模型，我们非常仔细地参观了一番。热心的船长领我进入当年哥伦布住过的船舱，在一张桌子上我摸到一个沙漏。这件小小的东西给我留下了十分深刻的印象，它勾起了我一连串的想象：当年船上那些绝望的水手们企图反叛时，英勇无畏的哥伦布坐在桌前，就这么盯着一粒粒沙子往下漏，会是什么样的心情呢？

世博会主席希尔姆先生对我特别照顾，每件展品我都可以用手去触摸，我就像一个贪婪的人遇到一大堆财宝一样，有些迫不及待而又贪得无厌地伸出双手。每件展品都能令我着魔，尤其是那些法国铜像，一个个雕塑得非常逼真，我真怀疑他们是不是天使，被雕塑家们捉来还了人形呢。

在"好望角"展厅，解说员详细地为我们介绍了开采钻石的过程。我频频用手去摸那些正在开动着的机器，以便细致地了解人们怎样称钻石的重量，又是怎样切割和磨光宝石的。后来我在淘洗槽中摸到了一块坚硬的石头，听旁边人说那是在美国参展的唯一一块真钻石。

贝尔博士一直陪在我和莎莉文老师身边，并耐心地向我讲解那些有趣的展品。在电器大厅，我们参观了他发明的电话机、留声机等。他使我了解到了为什么金属线不会受空间和时间的限制而能传递信息，为什么它也能像传说中的普罗米修斯从天上为人类取火。

另外我们还去参观了人类学展厅，在那里最令我感兴趣的要数古墨西哥遗迹，那些粗糙的石器记录着一个远古时代。我了解到石器往往是没有文字的远古时代的唯一见证，它们将永世长存，默默为那些大自然的子孙竖立起丰碑。从这些遗物上，我了解到许多关于人类发展的各种知识，其中大部分都是我以前从未听说过的，或者只是在书本中略有耳闻。

这个暑期过得极其有意义，我们在博览会上逗留了三个星期，增长了许多书本上学不到的知识，使我的思想和阅历得到了一次突飞猛进的进步。

剑桥女子学校

一八九六年秋天，为了备考哈佛大学拉德克利夫学院，我开始了剑桥女子中学的学习生活。

在我十来岁的时候，就曾和莎莉文老师一起参观过卫斯理女子学院。在那里我曾经对在场的人说："将来我一定要读大学，而且是读哈佛大学。"

记得当时所有的人都非常吃惊，因为要想进哈佛大学谈何容易啊！单就入学考试这一关就会令许多正常人望而却步。学院的老师问我为什么不来卫斯理女子大学学习，我当时的回答是因为这里只有女学生。

要上大学的念头一旦在我的心中形成便扎下了根，是我努力奋斗的目标，也是我最热切的愿望。我不顾许多真诚而又聪明的朋友们的反对，想跟正常的女孩子们一争高低。我决定进入剑桥中学，并把在这里的学习看作是通往哈佛实现梦想的一条必由之路。

在女子中学，每天莎莉文老师都得和我坐在一起听课，老师讲授的所有东西都由她翻译给我听。

所有老师在我之前都没有教过聋哑学生，我只有摸她们的嘴唇才能勉强明白她们在说什么。一年级的课程有英国史、英国文学、德文、拉丁文、数学、拉丁文作文和其他科目。以前我还从没有为了应付大学考试而去专门学习某一课程，那一阵子我的英语在莎莉文老师的耐心辅导下有很大进步。没用多长时间，老师们都一致认为，除了大学临时指定的几本书外，英语这门课程不再需要专门上课了。以前在法文学习上我有些基础，还学习过六个月的拉丁文，但花费学习时间最多的还是德文。

很明显，和我一起听课的莎莉文老师不可能把课堂上老师讲的要点都在我手上写出来，也没有办法及时地把课本都变为凸字版来给我使用。在这种情况下，我必须用盲文将拉丁文抄下来，以便能和同学们一起朗读。

不久，老师们就都习惯了我那有些模糊的语言，也能解答我所提出的问题并及时纠正我的错误。因为我在课堂上无法记笔记做练习，所以只能在课后多花些时间用打字机写作文和做翻译。

莎莉文老师每天和我在一起，非常辛苦地把老师们所讲的每一句话都写在我的手中。自习时间，她就替我从字典中查出生字，协助我反复阅读没有做成凸字的笔记和课本。这些事情看起来容易，长年累月下来，其单调和枯燥的程度是一般人难以想象的。

德语教师爱洛和校长杰里曼是学校里唯一能用手语来指导我的两位老师。爱洛老师拼起字来非常慢，但她对我特别关照，每周为我单独上两节课，把她的教学内容写出来，这样莎莉文老师就能够得到一些时间休息。现在想来，好多人都这么耐心而不辞辛苦地帮助我，但能使辛苦的工作转化为快乐的只有我自己。

在这一学期里，我还学习了数学、拉丁文的语法，另外恺撒的《高卢战记》前三章也是在这段时间读完的。

我在德语方面的进步很大，可以自由阅读一些原版德文书籍。其中包括席勒的《钟之歌》和《潜水者》、海涅的《哈尔茨山游记》、弗雷格的《腓德烈大帝统治时代散记》、里尔的《美的诅咒》、莱辛的《米娜·凡彭尔姆》以及歌德的《我的一生》。这些原版书给我带来了极大的乐趣，特别是席勒的那些美不胜收的抒情诗，腓德烈大帝丰功伟绩的历史，还有歌德生平的记述，都使我激动不已难以忘怀。《哈尔茨山游记》让人回味无穷，里面的语句是那样诙谐、吸引人，那铺满蔓藤的山冈，在阳光下欢畅不息的溪水，甚至于富有传奇色彩的野蛮地区，还有神话中的灰姑娘，都在文中活灵活现，仿佛离我们非常近。

大概有几个月的时间，杰里曼先生一直教我英国文学。我们一起阅读了莎士比亚的《皆大欢喜》、贝尔克的《调停美洲的演讲词》、麦考利的《塞缪尔·约翰逊传》等书籍。杰里曼先生知识渊博，讲起课来出神入化，使我学起来一点也不觉得累，这和机械背诵和记笔记的学习方式完全不一样。

在我接触到的所有政治著作中，伯克的演说算得上是最启发人的。读他的演说，我的心随着起伏动荡，那些重要的历史人物都纷纷展现在我眼前。伯克的演说语言非常犀利，他预言如果坚持敌对政策，受益的将是美国，而英国将蒙受耻辱。我十分不解的是，当时英国的王储大臣们为什么对伯克的预言装聋作哑呢？可惜了那些思想的火花和智慧的种子，竟然播种在无知与腐朽的尘嚣中。

和伯克的演讲不同，麦考利的《塞缪尔·约翰逊传》读起来令人兴趣盎然。这个孤独者自己忍受着生活的艰辛，但对那些出身卑微的下层民众十分同情。他的每一分成功都会令我高兴，而他所遇到的过失我一律跳过不看。我非常惊奇的倒不是他的那些过失，而是任何过失都不能够使他的精神蒙受一点损失，愈挫愈坚。麦考利才华出众，他犀利的笔锋能够化腐朽为神奇，真是令人敬佩不已，但是他的自负有时却令我产生些许不快，还有就是他那一味迁就错误观点的做法，也让我对他抱有怀疑的态度。

在那段时间里，我感到最快乐的事情便是和同龄、正常的同学生活在一起。我的房间里住着好几位同学，大家就像是生活在一个大家庭一样。学习之余我们时常一起玩游戏，还经常手挽手外出散步、讨论功课，或是毫无顾忌地高声朗读名著。同室的女孩还学会了用手语和我交流，这样一来我们就不需要莎莉文老师从中当翻译了。

这年的圣诞节，母亲和妹妹来到学校和我一同欢度节日。杰里曼先生照顾我们，同意让妹妹米珠丽也来学校学习。因此，我就又多了个伴儿，我们姐妹俩在一起形影不离地度过了六个月令人愉快的时光。

一八九七年六月二十九日到七月三日，这是我一生中都难忘的日子。我参加了拉德克利夫学院的入学考试。考试共进行了四天，我不但每科都及格了，而且德语和英语还得了"优"。

　　这真是一次令人难忘的经历，我想我应该描述一下当时考试的情形。每门功课总共有十六分——初级考试十二分，高级考试四分，每次至少要得到十五分。试卷于早晨九点钟由专人从哈佛送到拉德克利夫。试卷上不写名字，只能写上号码，我还记得我的考号是二三三号。但因为我用打字机答卷，所以试卷也就不是什么秘密的了。

　　为了使打字机的声音不吵扰到其他人，学校将我独自一人关在一个房间里考试。杰里曼先生把试题用手语字母读给我听，门口还有人守着。

　　头天考德语，杰里曼先生坐在我的身边，先把试卷通读一遍，我跟着一句一句地复述，以确定我所听到的试题正确无误。我觉得考题相当有难度，我用打字机答题，心里十分紧张。幸运的是，杰里曼先生把我打出的解答读给我听，这就意味着我还能检查一下我的答卷。我告诉他需要改的地方后，再由他改上去。这样的答题在我以后的数次考试中再也没出现过。特别是到拉德克利夫学院之后，每次考试时，我写完答案都不会有人把我的答案读给我听。除非时间宽裕，否则我就没有机会加以改正。即使有时间，也只是根据我的记忆把要改正的统统写在卷子的末尾。

　　答完后，杰里曼先生把我的考卷交给监考人并写了一个证明，注明是我（二三三号考生）的答卷。

　　另外几门课程的考试情形也都差不多，但试题在我看来都没有德语那么难。我记得那天拉丁文卷子发到我手中时，杰里曼先生过来告诉我，我的德语考试已获通过，并且成绩还相当不错，这让我信心倍增，非常轻松并且十分顺利地完成了整个拉丁文的考试。

感悟:

　　海伦从小就为自己确定了进入哈佛学习的理想，并且不懈地努力着。这种乐观向上的精神让人震惊，更多的是钦佩。对于海伦这样的条件能为了理想付出如此之多，我们又有什么做不到的呢?

再学两门外语

　　很多人都觉得学习外语是一种很困难的事情，但我却从不这么认为。在我学习的过程中，我感到学习外语很轻松，和做游戏没什么两样。

　　在一八九三年十月以前，我的学习很没有计划性，虽然曾自学过许多东西，读了有关希腊、罗马和英国的历史等等，但因缺乏系统性而显得杂乱无章。那时我有一本供盲人使用的凸字版法语语法书，通过它学习了些法语，并经常用新学到的词汇在脑子里做练习，自娱自乐，对于上面要求的语法规则或其他用语并不在意。那本语法书对一些词标明了音节，于是在没有旁人帮助的情况下，我试着去掌握法语的发音。当然，这对我来说实在是太困难了，但不管怎么说，起码能让我在闲暇时有些事做，这就很不错。我还真学会了法语语法，并且满怀兴致地读完了法语版的《寓言》和《被强迫的医生》这两本书。

　　另外，我一直不间断地练习说话能力，下了许多功夫也花费了大量的时间。一有机会我便摸着书本上的凸字高声朗读给莎莉文老师听，还能背诵出一些自己喜欢的诗句来。莎莉文老师耐心地纠正我的每一个发音，告诉我在哪儿断句、怎样转调。就这样，直到一八九三年十月，当我们从参观世界博览会的疲劳和兴奋中平静下来以后，才开始了正规的学习，在固定的时间上课，学习固定的课程。

在我的学习过程中，总会得到一些好心人的热情帮助。在宾夕法尼亚州，我和莎莉文老师专程去探访韦德先生。他的邻居艾伦先生是一位非常出色的拉丁语专家。他收我做了学生，我开始学习拉丁文。另外他还教我算术。在我看来，算术是一门枯燥乏味的学问。艾伦先生指导我去阅读坦尼森的《回忆》一书，让我学会如何了解一位作者，识别其文风。我虽然读过的书很多，但还从来没有用评论的眼光去读。这种感觉就像和老朋友握手一样，既亲切又温和。

我认为没有什么比得上用刚刚学会的文字，来表达稍纵即逝的印象和感情更美的了。就像让变化多端的幻想，去塑造掠过心灵空洞的观念，并且为它涂上多样的色彩。当我返回亚拉巴马州的时候，从艾伦先生处所学的拉丁文，刚好可以用来继续阅读恺撒的《高卢战记》。

其实在刚开始时，我并不很愿意学拉丁语的语法。因为学语法十分烦琐，需要仔细去分析每一个字，诸如名词、所有格、单数、阴性等等，十分浪费时间。我觉得，或许我该用生物学的分类法来了解我养的那只猫吧。目：脊椎动物；部：四足动物；纲：哺乳动物；种：猫。具体到我那只，则名叫塔比。但随着学习的深入，我的兴趣也越来越浓，拉丁文的优美使我陶醉了。我常常在空闲时把阅读拉丁文版的文章当成娱乐，或者利用新学会的单词造句。这已经成了习惯，直到现在，我仍然没有放弃享受这种娱乐。

备考大学

在剑桥中学上二年级时，我对未来充满了希望。俗话说万事开头难，在最初几个星期里，我却遇到了许多预想不到的困难。

杰里曼先生同意我这一年主修数学，此外还要学习物理、拉丁文、天文、希腊文等科目。糟糕的是，在课程开始时，我所需要的许多书籍都未能及时得到凸印的版本，同时缺乏某些课程所必需的重要的学习工具。我选修的这几门课学生人数很多，老师再没有能力为我专门授课了。这样一来难坏了莎莉文老师，她不得不为我读所有的书并翻译老师的每一句讲解。她灵巧的双手已经胜任不了所担负的任务了，这是十一年以来从未有过的事。

代数、几何还有物理的作业按规定是要在课堂上做，但我怎么能做到呢？好在不久我们就买到了一架专门为盲人设计的凸写器后，情况才有所好转。借助这架机器，我可以记下解答的每一步骤。黑板上的几何图形，我的眼睛是看不见的。解决的唯一办法，是用直的和弯曲的铅丝在椅垫上做成几何图形。至于图中的字母符号，以及假设、结论和证明的各个步骤，则完全靠脑子记忆。

一句话，学习中处处都是困难。我非常苦恼，灰心丧气极了。终于按捺不住，最终使这种情绪流露了出来，现在回想起当时的情景，我就羞愧万分。特别是想到向莎莉文老师发脾气时，心里格外不是滋味。因为她不但是我的良师益友，还是为我披荆斩棘的先锋。

　　后来，这些困难逐渐都得到了解决，凸印本书籍和其他学习器具都来了，我又振奋起来，投入到学习中。

　　代数和几何是我用功多而收获小的两门课程。前文已经说过，我一直把数学当成洪水猛兽，没有一丁点儿兴趣。加之以前许多难点我都没法理解消化掉，现在学习起来困难就更多了。几何图形特别令我头疼，虽然在椅垫上拼了许多图形，我依然弄不清楚各部分的相互关系。当情况刚有些好转时，又发生了一件意外的事情，使一切都发生了大变化。

　　在我的书本未到之前，杰里曼先生已开始向莎莉文老师指出，我的课程太重了，应该减少我的课时。我曾提出严肃的抗议，但抗议无效。起初的安排是，我备考大学所需的时间，如果需要，可长达五年。但是在第一年年底，我考试成绩很好，这使得莎莉文老师、学校的教务长哈博女士以及另一位老师相信，我再学两年就可以完成考试的准备了。杰里曼先生起初也赞同这个意见，但后来看到我的功课逐渐难了起来，就又坚持我必须再读三年。我不同意，因为我希望能同班上的同学一道进入大学。

　　更糟糕的事情还在后面。十一月十七日那天我有点不舒服，没有去上课。莎莉文老师知道我的病并不严重，但杰里曼先生却坚持认为我的身体被功课压垮了，于是重新安排了我的学习，这样就使我不能跟着班上的同学一起进大学了。由于杰里曼先生与莎莉文老师的意见有严重分歧，最后母亲决定让我同妹妹米珠丽一同离开了那所令人怀念的学校。

后来经过努力，母亲请来了剑桥中学的基思先生来担任我的家庭教师，指导我继续学习。

我们有个朋友叫布林斯，他住在离波士顿大约二十五英里远的佛伦萨斯。这一年的冬天，我和莎莉文老师就是在他家度过的。

一八九八年二月至七月，基思先生每周去佛伦萨斯两次，教授代数、几何、希腊文和拉丁文，莎莉文老师担任翻译。

一八九八年秋，我们回到波士顿。在其后的八个月时间里，基思先生每周过来辅导我五次，每次一小时。他每次到来后都是先讲解我上次课中不明白的地方，然后指定新的作业。他把我用打字机做出的希腊文练习带回去仔细修改，然后再退还给我。

就这样，我为备考大学一直有条不紊地进行着。我发现，单独听课比在班级里学习好懂而且轻松愉快。我不需要跟在后面手忙脚乱地赶，因为家庭教师有充裕的时间为我讲解迷惑之处，因此我比在学校时学得更快更好。在数学方面，我的困难仍然比其他课程要多。我常常想，代数和几何若是有语言和文学课一半容易该有多好啊！但即使是数学，基思先生也教得很生动，他把问题和困难减少到最低程度，尽可能地让我能够完全理解。在他的指引下，我变得思路敏捷，推理严密，能冷静而合乎逻辑地去寻找答案，而不再像以往那样不着边际地去胡

乱猜想。尽管我还十分笨拙，基思先生却总是那样温和并富有
耐心。

一八九九年六月二十九日和三十日两天，我参加了拉德克
利夫女子学院的入学考试的终试。第一天考初级希腊文和高级
拉丁文，第二天考几何、代数和高级希腊文。

考试时，院方不再允许莎莉文老师替我读试卷，而是请来
了柏金斯盲人学校的教师尤金先生，专门为我把试卷译成盲文。
尤金先生认识我，但除了使用盲文外，我们无法交谈。

麻烦接踵而至。盲文虽然可以翻译各种文字，但若要用盲
文翻译几何和代数那些烦琐的符号还是有很大困难的。考试时
我被搞得精疲力竭，灰心丧气，浪费了许多宝贵时间，特别是
在代数上花的时间最多。我早已熟悉一般人都习惯用的三种盲
文：英国式、美国式或纽约式。但几何和代数里的各种符号在
这三种盲文里是迥然不同的，而我在代数中使用的只是英国式
盲文。

考试前两天，尤金先生把哈佛大学旧的代数试题盲文本寄
给我，但用的是美国式的盲文。我急了，马上给文尼先生写信，
请他把上面的符号加以说明。很快地，我收到了另一份试卷和
一张符号表。我着手学习这些符号。在考代数的前一天夜里我
忙于运算一些复杂的习题，对于那些括号、大括号和方根的联
合使用老是分辨不清。基思先生和我都有些泄气，为第二天的
考试担心。考试时，我们提前到校，请尤金先生仔细地把美国
式盲文的符号给我们讲了一遍。

考几何的最大困难是我习惯于让人把命题拼写在我的手上。不知怎么的，尽管命题是正确的，但在盲文上看起来却很乱。到考代数时，困难就更大了，刚刚学过的符号，自以为是懂了，到考试时又糊涂了。而且，我看不见自己用打字机打出的文字。我原来都是用盲文来演算，或是用心算。基思先生过于着重训练我心算的能力，而没有训练我如何写考卷，因而我的解答做得非常慢，考试题目我要一遍又一遍地读才能弄清楚应该如何去做。说实在的，我现在也没有把握所有的符号自己都读过了。要细心把一切都弄对，确实太困难了，但是我不责备任何人。拉德克利夫学院的执事先生不会意识到我的考题是多么难，也无法了解我要克服的种种特殊困难。

不过，如果他们是无意地为我设置了许多障碍的话，我可以自慰的是，坚持到最后的我，终于把所有的困难全都克服了。

感悟：

每个人的成长或者成功都不是一帆风顺的，海伦也一样。关键是如何调节自己的心态去面对困难，并且把它化解。

当确定了自己的目标之后无论遇到了什么困难都要坚持不懈地走下去，其实困难本身并不可怕，可怕的是我们自己的心魔。假如你能战胜自己，那么你就能战胜一切困难。将困难当作对我们的考验吧，咬紧牙关战胜它，只有这样，我们才能到达成功的彼岸。

入学

　　虽然经历了许多的困难和曲折，我的入学考试终于得以顺利通过，我随时可以进入拉德克利夫学院。后来，我接受了家人和朋友们的建议，入学之前由基思先生再辅导我一年。所以直到一九〇〇年，我才算真正实现了我童年时期的大学梦想。

　　第一天去拉德克利夫学院报到时的情景至今还记忆犹新。那一天是我一生当中最有意义的一天，因为长久以来，我一直对这一天的来临抱有无限的期盼。我当然清楚，这只是个开端，今后还会有更多的困难在等待着我，但我有决心去克服。我始终牢记一句古罗马的名言："被驱逐出罗马，只不过是生活于罗马之外而已。"我现在不就正走在寻求知识的理想之途，而被迫去走那条荒无人迹的崎岖小路吗？我也清楚，在新的学习环境里，我将有充分的机会同那些和我一样喜欢思考的姑娘们携手前进。

　　我满怀极大的热情开始了大学生活。展现在我面前的，是一个美丽而充满活力的新世界。我乘着自信的航船出发，相信自己有能力把握自己的命运，有掌握一切知识的能力，并且在心灵上也和别人一样的自由，因为心灵世界里的生物、背景，其喜怒哀乐应该是真实世界生动具体的反映。此外，在我看来，大学的教室里闪烁着贤哲们的精神和思想火花，那些满腹经纶的教授便是智慧的化身。

但是没过多久我就发现其实大学并非像我所想象的那般浪漫。许多我儿时无知的梦想也渐渐褪去了光怪陆离的光环。我逐渐发现大学里也有许多不尽如人意之处。

让我感触最深的是时间对于我来说太过于紧张。根本就没有空闲时间来沉思，自我反省。过去我常常喜欢独自静坐，聆听心灵深处的美妙音乐。这音乐只有在悠闲之时才能听到。每当这时，我喜欢的诗人会为我吟诵出动听的诗句，那声音拨动了我那久久平静的心弦。但在进入大学校门以后，这些都不存在了，我再没有多少空闲时间用于自己静静的沉思，人们进大学似乎仅仅是为了学习，而不是思考。一旦进入大学之后，就将许多最可宝贵的乐趣——孤独、游玩和想象——连同那窃窃私语的松树一起弃之门外了。也许我应该这样来安慰自己：现在的付出是为了将来的收获，但我是个没有多少长远计划的人，宁要眼前的快乐而不愿未雨绸缪。

大学第一年开始有这样一些课程：法文、德文、历史、英语写作和英国文学。法文我主要读高乃依、莫里哀、拉辛、阿尔弗、雷德·德米塞和圣·贝夫的一些作品；德文方面读了歌德和席勒的作品。历史方面，我很快地复习了从罗马帝国的灭亡到十八世纪的历史；在英国文学方面，用批判的眼光研究了弥尔顿的诗歌和他的《阿罗派第卡》。

时常会有人问我是如何克服进入大学后的种种具体困难的。

在教室里，我几乎总是孤独的，教授好像离我很远，莎莉文老师尽可能将教授讲课的内容拼写在我的手上。然而在匆忙之中，讲课人的个性特点却丧失殆尽。对于那些急速地拼写到我手上的字，而我也没有闲着，必须在最短的时间内消化掉那些手心上的字符。在这样的忙碌当中，我常常丢三落四。在这方面，那些记笔记的学生也不比我好多少。道理很简单，一个人忙于一边机械地听讲，一边急匆匆地记，是不可能把多少心思用在考虑讲课的主题或解决问题的方式方法上的。

我在听讲时是无法记笔记的，因为那时我的手正忙于"听"。我只有在回到家后，才能赶紧把脑子里所记得的，用盲文打下来。每天的习题、评论、小测验以及后来的期中考试和期末考试等，我都得用那台盲文打字机完成。此外，在我着手学习拉丁文诗歌韵律时，我还必须自己设计出一套能说明诗的格律和音韵的符号，并将这些符号详细解释给老师听。

我越来越离不开打字机，我使用的打字机是汉蒙德牌的，在这以前我试过多种打字机，只有这一种最能适应我的使用。这种打字机可以使用活动字模架，而且一部打字机上就有好几个活动模架，有希腊文、法文或数学符号的，随需要而定。如果没有打字机，我在大学里的学习是几乎不可能的。

大学里各种教材很少有盲文版本，所以莎莉文老师不得不将上课的内容拼写在我手中，这样一来我预习功课的时间也就远比其他同学要多。有时，一点小事要花费很大的心血，我就不免又犯了急躁的毛病。一想到我要花费好几个小时才能读懂几个小节的书，而别的同学都在外面嬉笑、唱歌、跳舞，更觉得简直无法忍受。但是用不了多长时间我就又重新振作起精神，忘掉那些坏心情，把这些愤懑不平一笑置之。因为一个人要得到真才实学，就必须独自去攀登高山险峰。既然人生没有平坦的大道可以直达山顶，更没有任何捷径，那我就得走自己的迂回曲折的小路。我好多次滑落，跌倒，爬不上去，撞着意想不到的障碍就胡乱生气，接着又克制住自己的脾气，然后继续向前跋涉。每取得一点进步，我都会欢欣鼓舞。我看到了广阔的世界，每次战胜自己都是一次伟大的胜利。再加一把劲儿，我就能到达闪亮的云端、蓝天的深处——我希望的顶峰。

在这种跋涉的过程中我并不是一直都孤独的，威廉和宾夕法尼亚州盲人学院院长艾伦先生，他们尽可能地为我多提供些所需要的凸版印刷书。他们细心的关怀和无私的帮助，给了我战胜困难的勇气和信心。

到了第二年，我开始接触英文写作、英国文学、《圣经》、美洲和欧洲等国家的政府制度、古罗马诗人霍乐斯的抒情诗和拉丁文学中的喜剧。写作课是我最喜欢的课程，给我的印象总是那么生动活泼、诙谐有趣。教师中斯普兰是我最钦佩的讲师，他能把文学作品的气势和风韵完全表述出来，却不添加一点点多余的解释。在短短的一小时内，他使我陶醉在古代文学大师所创造的美的殿堂中，使我为这些大师级人物的高尚情操而感慨不已。他能使你全身心地领略《圣经·旧约》的庄严的美而忘了上帝的存在。当你走出教室回家时，你会感到你已"窥见精神和外形永恒和谐地结合，真和美在时间的古老枝干上长出了新芽"。

最后的一年我过得非常愉快，因为在这一年里我所学习的课程都非常合我的口味：经济学、伊丽莎白时代文学，基特里奇教授开的莎士比亚课和罗伊斯教授主讲的哲学课程。

通过学习哲学，我对世界的认识发生了深刻变化，与那些远古时代朴素的思想家产生共鸣，感觉到自己原先的一些想法是多么荒谬。但是，大学也并不是我想象的那个万能的文化古都雅典。在这里我无法和古代那些伟人和智者面对面交流，甚至连他们学问的风格特点都体会不到，只能从他们学说的缝隙间一点一滴地汲取，加以解剖和分析，然后才能肯定他们是弥尔顿或者是以赛亚，而不只是简单地模仿而已。

其实在我看来，深刻的同情和艺术性的欣赏比理性的了解更为重要。但是许多老师和学者似乎都忘记了如何去领略那些伟大的文学作品，他们往往花费很多时间不厌其烦地去讲解，但效果却不一定好，没有能在学生的脑海留下多少印象。这种分析讲解往往很快地便会被学生们遗忘。通俗一点说来，即使我们了解了一朵花，了解了它的根和枝，或者它的整个生长过程等等，但是，我们也许仍然不懂得如何去欣赏一朵带着露水的鲜花。我常常不耐烦地问我自己："何苦要为这些解释说明和假设而费尽心思呢？"这些看似理性的说明和假设在脑海里飞来飞去，好像一群瞎眼睛的鸟徒劳地扇动它们的双翼。

我并不是反对透彻地理解名著，只是反对那些使人迷惑的无休止的评论和批评，因为那些东西只能给人一种印象：世界上有多少人就有多少观点。但是像基特里奇教授这样的大师讲授伟大诗人莎士比亚的作品时，则简直就是使人茅塞顿开。

很多时候，我都设想着如果能去除一半我现在所学习的东西该有多好，因为课本里的许多内容在我看来没什么大用途，只让人白费力气，给人增加负担，而不能容纳那些真正有价值的知识珍宝。试想一下，一个人一天之内读四五种不同文字、内容大相径庭的书，还不失去重点，这怎么可能呢？一个人在匆忙或紧张的状况下读书，就会在脑子里堆满各种杂乱的小玩意儿，注意力就会分散，不会有什么好的效果。有时，我脑子里就像被塞满了这些杂七杂八的东西，一点头绪都没有。这和以前大不一样，现在当我再进入自己心灵的王国，就好像是一头闯进了瓷器店里的愤怒的公牛，到处是破碎的瓷片，犹如冰雹一样朝我头上袭来。当我设法躲避它们时，各种论文的鬼怪和大学的精灵就紧紧追赶上来。对这些特地前来膜拜的偶像，我现在真想把它们统统打个粉碎。实话说，我对大学的印象已经彻底改变了。

大学生活中最恐怖的还不只这些，各种各样的考试才算是最令人害怕的，虽然我已顺利通过了许多次，赢得了一次次的胜利，但它们还会卷土重来，张牙舞爪朝我扑来，吓得我灵魂出窍。每次考试的前几天我都得拼命往脑子里塞进各种神秘的公式和无法消化的年代资料，这和强行咽下那些无法入口的食物没什么两样，真使人希望同书本和科学一起葬身海底，一死了之。

害怕也解决不了问题，那一时刻还是会如期而至。在拿到试卷时，如果你觉得自己有备而来，能把你掌握的东西都发挥出来，那你真就是个幸运儿了。但常常是，你的军号吹得再响也没有用，在你最需要记忆和精确的分辨能力的时候，它们偏偏就飞得不知去向了，真急得叫人跳脚，你千辛万苦装到脑子里的东西，常常在紧要关头却怎么也想不起来了。

例如：题目是"略述赫斯及其事迹"。这时候你就得快速去想：赫斯？谁是赫斯？他是干什么的？这名字听起来还有点熟悉，你搜肠刮肚就像要在一个碎布包里找出一小块绸子来。这个题目肯定在考试前曾经背过，似乎就近在眼前，而且有一天当你回想宗教改革的发端时，还曾碰到过它，但现在它却永远在天边。你把脑子里记的东西都翻了个遍——历次革命、各种政治制度改革等。但是赫斯又到哪里去了？使你奇怪的是，你记得的东西，考卷的题目上一个也没有。你气急败坏地把脑子里的百宝箱中的东西都倒了出来。啊！在那角落有一个，你踏破铁鞋无觅处的人，他却在那里独自沉思，一点也没有理会到他给你造成了多大的灾难。

就在这时，监考人走过来通知你时间到了。你以厌恶的心情把一堆垃圾一脚踢到角落里去，然后回家。脑子里不禁浮起一个革命的想法：教授们不征求同意就提问的这种神圣权利应该废除。

我的想法或许是非常可笑的。尤其是我使用了一些形象的比喻。那闯进瓷器店里受到冰雹般袭击的公牛，还有那一副恶狠狠面孔的鬼怪似乎都不伦不类，如今它们都在嘲笑我。我所使用的言辞确切地描绘了我的心境，因此对这些嘲笑也就无所谓了。

在进入拉德克利夫学院以前，我把大学校园看作是天堂，把大学生活想象得十分浪漫，如今这浪漫的光环已经消失。但是在从浪漫向现实的过渡中，我学到了许多东西。如果没有这段实践，我是根本不会懂得的。

我所学到的宝贵经验之一就是耐心，我们接受教育，要像在田野里散步一样，从容不迫，悠闲自得，胸怀坦荡。这样得来的知识就好像无声的潮水，把各种深刻的思想毫无形迹地冲到了我们的心田里。"知识就是力量"，我们应该说知识就是幸福，因为有了知识——广博而精深的知识——就可以分辨真伪、区别高低。掌握了标志着人类进步的各种思想和业绩，就是摸到了有史以来人类活动的脉搏。如果一个人不能从这种脉搏中体会到人类崇高的愿望，那他就是不懂得人类生命的乐章。

感悟：

"不久，我发现大学并非我所想象的浪漫。许多幼时无知的梦想也渐渐变得不那么美丽动人了，我逐渐发现上大学也有其不利之处。"理想和现实的确是有差距的，当实现的那一刻，可能我们都会觉得这不是我们本来想要得到的样子。但是这样就要否定我们为了理想所做出的努力吗？其实为了理想而努力的过程才是最宝贵最值得珍惜的。

海伦终于实现了自己进入大学的理想，最后终于明白，所得到的最宝贵的经验就是耐心。她的经历使我们懂得了：接受教育，要像在乡村散步一样，从容不迫，悠闲自得，胸怀宽广，兼收并蓄。

大学生活

在上篇小文里我已经提到过，在大学的头两年我过得并不顺利。现在我们就来回顾一下大学二年级以后的事情。

回忆录《少女时代》里面许多章节都是我在大学一年级时的作文。那时柯兰老师每周都布置一篇作文，每次我都会按时认真地完成。当初写这些作文时可没有想到有一天会结集出版，后来有一天，《妇女杂志》的主编忽然来找我，说他们杂志社的社长非常希望能将我的传记在他们的杂志上以连载的方式刊登。在弄明白对方的来意后，我就以功课太忙为由加以婉拒，可是他却坚持说："你不是已经在作文课上写了很多吗？"

听他这么说我很是吃惊，他是怎么知道这些事的呢？

那位主编很得意。后来他又劝我说只要我把原来的作文略加修改就可以在杂志上连载了，并许诺给我三千美元的报酬。说实话那时的三千美元对于我来说很有诱惑力，就答应了他们。但是我当时忘记了那些稿子对于一本书来说还欠缺许多，还只能算是完成了一半，也没有过多地去考虑补写后半部会给自己带来什么样的麻烦。当时我确实是有些太过于得意了，事情就这样定了下来。开始时，一切还算很顺利，可是越往后就越觉得困难多起来。

很多时候我都不知道自己该写些什么才好，再者我不是专业作家，不清楚怎样把现有的素材进行整理加工，合乎杂志的需要，甚至对截稿日期的重要性也懵懂得很，完全是个门外汉。

比如当我收到杂志社拍来的电报催稿时，常常会不知所措，对他们要求的一些事项不知道该如何应对。幸好班里有位同学帮了我一个大忙，她告诉我说有个叫梅西的人是房东的同班同学，此人不仅头脑灵活而且还慷慨义气，待人也不错。如果有事相求，他一定不会拒绝的。

就这样，我有幸认识了梅西先生。他当时是另一所大学的教授，也在拉德克利夫学院兼课，这些当时我并不知道。在听完同学的介绍后，我只是对梅西先生有了初步的印象，随着交往的日渐深入，我真切地体会到正如同学所说的那样，梅西先生不但思维敏捷充满智慧，最难得的是他为人非常热心。在他知晓了我的困难以后，立刻十分热情地过来帮助我，他将我的一些资料迅速通读了一遍，然后十分利索地对资料进行了整理。从那以后，我再也不用为按期交稿发愁了。

梅西先生是一位杰出的文学家，他才思敏捷、激情澎湃。在我看来，他既是我的好朋友，又是一位值得我信赖的学长，更是遇事时不可缺少的商量对象。如果现在所写的这部分水准不及当年，我丝毫不觉得奇怪，因为如今没有梅西先生在我的身旁帮助我了。

在拉德克利夫学院学习的头两年，最使我为难的莫过于缺少盲文书可读，另一个困扰我的就是时间不够用。每天的作业都是由莎莉文老师先逐字逐句写在我的手掌上，我弄懂后才能接着进行，学习到半夜是经常的事情，疲惫不堪，就是这样也还是常常跟不上进度。

现在，盲人们已经有了许多可供自己阅读的盲文书籍了，而在当时，我所有的盲文书加起来也没有几本，这些书是我千金不换的财富，是我的无价之宝。我用我的双手来"读"这些书，来搜集自己的论文材料，准备大小考试。每当自己在阅读盲文书籍时，一想到现在我不用别人帮忙也可独自用功时，心里就觉得十分快慰。

在学习过程中，文学和历史这两门课在我看来相对容易些，阅读和理解起来都毫不费力。我觉得这和我过去的生活体验一定有很大关系，在读大学以前我所接触的那些优美、富有想象力、知识性强的文章对我产生了深刻影响，所以才会对这些课程并不感到陌生，并一直有着浓厚的兴趣，成绩也自然会不错。现在回想起来，还真是多亏了少女时代没有荒废时间啊！

对于大学生活，我唯一感到非常遗憾的，是没能与大学校园里的教授们做更多的交流。那时时间也真是不宽裕，很多老师的讲课对我来说都像留声机一样，我只能机械性地听讲。我很少主动去一些教授家里拜访，但教授们对我都很和蔼，他们偶尔请我去喝茶，在校外遇见我时也表现出十分的热情。

由于我的自身状况和别人不一样，所以就无法和班上其他同学非常融洽地在一起玩，但是她们总是通过各种方式来加强与我的沟通和交流。我们经常一起到学院外面的小餐馆去吃三明治、喝可可奶，她们常常把我围在中间，尽可能说些有趣的事来逗我开心，让我感到非常意外的是，大家后来还推选我当了副班长。

假如我不是因为功课感觉吃力要比别人花费更多的时间的话，我的大学生活肯定可以与其他同学一样的丰富多彩。

有一次，同屋的同学邀我去布鲁克林闹市区的朋友家去玩，但后来我们却到了波士顿一间狗的宠物店。

那里有好多的宠物狗，它们对我都很热情，特别是其中一只名叫伯爵的狗对我尤为友好。据说这条小狗长得并不好看，但很会讨人喜欢，一副乖巧、懂事的做派。当我伸手去摸它时，它就会高兴地摇尾巴。

后来蕾诺亚同学执意让我收养这只小狗。当时我不喜欢它的名字，听起来像高不可攀。有人建议改成"费兹"这个名字，此言一出，"伯爵"好像完全同意了一样，很高兴地在地上连打了三个滚。于是我就把这只狗带回了家。那时我和莎莉文老师住在克利大街十四号，只租了这幢房子的一部分。听别人讲这里原来是高级住宅，坐落在一片美丽的土丘上，四周长满了葱郁苍翠的树木。虽然住宅的正门面对马路，但屋子很深，马路上车辆的喧闹声几乎完全听不到。

在屋子的后面，有一大片花园，以前的主人在这里种满了各式各样的花草，使得屋里常年花香四溢。每天清晨，会有好多穿戴鲜艳的女孩子跑来采花，然后拿到市场上去卖。我们常常在那些少女活泼可爱的笑语声中醒来，恍惚间真有点像置身于田园村落里。

在那段时间，除了梅西先生以外，我们还认识了另外几位哈勃特大学的学生和年轻的讲师，大家相处得非常友好，成了很好的朋友。其中一位就是史密斯先生，他目前是华盛顿国立地质调查所阿拉斯加分部的主任，他的太太就是我上面提到的我最好的同学之一蕾诺亚。每当莎莉文老师身体不适时，蕾诺亚就替莎莉文老师帮助我做功课，或者带我去教室。

前文提到的梅西先生，曾经一度在生活和精神上都给予我无私的帮助，他后来与莎莉文老师结婚了。他是个浑身充满活力与朝气的人，常常一口气走十多里乡村小路也丝毫不觉得累。他还经常骑上自行车出游，一骑就是四十多里，一直玩到尽兴才肯回家。那真是个无忧无虑的年龄啊！我们做什么都很开心，玩什么都会高兴。在我们一帮人眼里，所有的一切都是如此美妙：温暖的秋阳、南飞的候鸟、忙忙碌碌搬运胡桃的松鼠、从树上掉下来熟透的果实、河边草地上粉红的小花，以及碧绿的河水……一切的一切都是如此赏心悦目，令人陶醉。

在凉爽的冬日，有时我们会租辆有篷的马车到处溜达，或者去山上滑雪橇，或者在野外疯狂地玩耍，或者静静地坐在咖啡馆里喝着香浓的咖啡，或者来上一顿可口的夜宵，快乐得像神仙似的。

我们已经懂得独立思考，有着强烈的正义感，对社会上的一些邪恶势力和黑暗的一面憎恨不已，爱好和平、热爱人类。可是我觉得，这种讨论再热烈也于事无补，因为不能解决根本问题，仅仅构建乌托邦的理想是没有意义的。但是又没有人敢于提出不同的意见，那些较冲动的激进分子正想找"叛徒"决斗呢。

年轻的心充满活力，青春的光辉绚丽多彩，当时我们那种不知疲倦的热情真叫人羡慕。有次我们徒步走到一个很远的地方，三月的风非常大，把我的帽子都吹掉了好几次。另一次，记得好像是四月份，我们大家还是徒步出门，没想到途中忽然下起了大雨，大家只好挤在一件小小的雨衣里。到了五月，我们一起到野外去采草莓，整个空气中都飘荡着浓浓的草莓芳香。

想起来真是好笑呢，我现在好像还没到一个劲儿地回忆过去岁月的时候吧！

这一个个愉快的日子令人难忘，四年的大学生活很快就接近尾声，终于迎来了毕业典礼这一天。当时有家报纸曾报道过毕业典礼上的我和莎莉文老师，那家报纸登载了这样一条消息："这一天，毕业典礼的礼堂里挤得水泄不通。当然，在场的每位毕业生都将接受毕业证书，但来宾们的目光焦点却集中在一位学生身上，她就是美丽、成绩优异却眼盲的海伦·凯勒。长久以来，不辞辛劳协助这位少女的莎莉文小姐也分享了她的荣誉。当司仪念到海伦·凯勒的名字时，全场响起了雷鸣般的掌声。这位少女不仅以优异的成绩学完了大学的所有课程，而且在英国文学这门课上的表现更是杰出，因此博得了师长、同学的交口称赞。"

莎莉文老师当然十分高兴我能够在英国文学这一门课上获得高分，其实这完全要归功于她。可是除了这两点事实外，新闻里的其他说法都是不真实的。毕业当天的来宾并不像报纸上所说的那样多，事实上，专程来参加我的毕业典礼的朋友仅五六位而已。最遗憾的是，母亲因为生病没能来出席典礼。校长也只是做了例行演讲而已，并未特别提到我与莎莉文老师。不仅如此，其他的老师们也没有特别过来与我打招呼。另外，在我上台领毕业证书时，并未出现如报上所说"雷鸣般的掌声"。总之，毕业典礼并没有像报纸上形容的那样空前盛大。

好多同学过后还替莎莉文老师抱不平，一面脱下学士服一面愤愤地说："真是太草率了，应该也颁学位给莎莉文小姐才对。"

典礼过后，莎莉文老师带我离开礼堂，直接乘车前往新英格兰的连杉，也就是我们计划搬过去住的地方。那天晚上，我与朋友们去奥罗摩那波亚加湖划独木舟，在宁静祥和的星空下，可以暂时忘却世间的一切烦恼。

更可笑的是，夸大其词报道毕业典礼的那家报纸，后来又说我们在连杉的住宅是波士顿市市政府送给我的，不但有宽敞的庭园，而且室内还堆满了别人送给我的各种礼品，还说我有一间有数万册藏书的巨型图书室，生活得十分惬意。真是把假话说到了家。我与莎莉文老师居住的，事实上是一幢很久以前就买下的古老农舍，房子的四周附带了七英亩荒废已久的田地。老师把挤奶场与存放陶器的储藏室打通了，变成一个大房间，当作书房，里面约有盲文书籍一百册左右。虽然相当简陋，不过我已经觉得心满意足了。因为这里光线很好，东西两侧的窗台上可以放些小摆设，还有两扇可以眺望远处松林的落地玻璃门。莎莉文老师还特地在我的卧室旁边搭出去一个小阳台，以便我高兴时可以在那里散散步。

也就是在这个阳台上，我平生第一次听到鸟儿非常动人地鸣唱"爱之歌"。那是一天傍晚，我站在阳台上享受着和煦的晚风，站了足有一个多钟头。在阳台的南边种着蔓藤，枝叶绕着栏杆而上；北边则种有苹果树，每当苹果花开时，扑鼻的香味令人陶醉。

就在这时，我扶着栏杆的手感觉到了一丝微微的振动，这振动给我的感觉就好像以前把手放在音乐家的喉咙上的感受一样。振动是一阵一阵的，忽强忽弱。就在某一停顿的间隙，有一片花瓣从头上掉落下来，轻擦过我的脸颊落到地面。我立刻就猜想到可能是有鸟儿飞来或者是微风吹过，花瓣才会掉下来。正在我费神猜测时，栏杆又开始振动起来。

这到底是怎么回事呢？

我百思不得其解，静静地站在那儿，出神地感受着、思索着。就在这时，莎莉文老师从窗内伸出手来抓住我，示意我不要动。她在我的手中写道："有一只翠鸟就停在你身旁的栏杆上，你一动它便会飞走，所以最好站着别动。"

莎莉文老师接着又用手语传给我许多信息，告诉我那鸟儿是如何鸣叫的。我凝神感受着鸟儿的叫声，最后终于分辨出它的节拍和音调，同时也感觉到它的叫声正逐渐加大，频率逐渐加快。

莎莉文老师告诉我说："你身旁这只鸟儿的恋人正在不远处的一棵果树上与它相应和，那只鸟儿或许停在那儿已经很久了，现在，两只鸟儿已经卿卿我我地正在互诉爱慕之情呢！"

这真是一次难忘的经历。

我们在连杉所居住的这栋农舍是我十年前用史勃林先生送给我的糖业公司的股票换来的。史勃林先生非常照顾我们，总是在我们最困苦的时候对我们伸出援助之手。记得第一次见到史勃林先生时我才九岁，那天他还带着童星莱特来跟我们一起玩。当时这位童星正参加《小公主》一剧的演出。此后，只要我们有困难，史勃林先生总是竭尽全力给予帮助，还时常到柏金斯盲人学校来探望我们。每次来学校他都会带些鲜花和零食分送给大家。有时还请大家到学校外面去吃午饭，有几次他还特意租了辆马车带我们出游，童星莱特也多半跟我们一起同行，她是一位美丽又活泼可爱的小女孩，史勃林先生常常对我俩说："你们是我最心爱的两位小淑女。"然后很开心地看着我俩一起玩耍。

那时我正在如饥似渴地试图与人交谈，但是史勃林先生总是弄不明白我所表达的意思，我因此非常着急。有一天我特地做了准备，反复练习着说"莱特"的名字，打算让史勃林先生高兴一下，可是不管我怎么努力，就是说不好莱特的全名，我急得哭了起来。等到史勃林先生来时，我仍然迫不及待地想展现我的练习成果，一遍又一遍地反复多次，好不容易终于让史勃林先生听懂了我的意思，我既高兴又感动，那种激动的心情至今无法忘怀。

从那以后，每当我没有办法准确地表达自己的意思或者周围太吵令史勃林先生无法和我沟通时，他就会紧紧地抱起我，轻声安慰我说："没关系的，小公主，即使我不太懂你的意思，可我还是很喜欢你，而且我永远会最喜欢你。"

他说到做到。一直到他去世，史勃林先生一直坚持每月都寄生活费给我和莎莉文老师。他还把自己在糖业公司的股票送给我们，告诉我们在需要用钱的时候可以卖掉股票。

正因为如此，当莎莉文老师和我第一次踏进这栋屋子，开始了我们新的生活时，每时每刻都能感受到史勃林先生似乎就和我们生活在一起。

一九〇五年五月二日，莎莉文老师与梅西先生结婚了。长期以来，我一直盼望着莎莉文老师能遇到一位好男人，组成一个幸福的家庭，有一个美满的归宿，因此对于他们的结合，我发自内心地感到高兴，并且真心实意地祝福他们能够永远幸福。婚礼由我们的一位朋友爱德华·海尔博士主持，典礼在一幢美丽的白色房子里进行。婚礼之后，新婚夫妇前往新奥尔良度蜜月，母亲则带我回到南部去度假。

大约一周后，梅西先生和莎莉文老师忽然出现在我与母亲所住的旅社里，让我们着实吃了一惊。在南部初夏的景色中，看到我最喜爱的两个人突然出现在我的面前，让我如同做梦一样。梅西先生告诉我说这一带到处洋溢着花草的芳香，而且还有最悦耳的鸟鸣声。这对蜜月中的夫妇，可能把鸣叫的鸟语视为对他们新婚的最好的祝词了。

后来我们四人一起回到连杉。我不时地会听到有些人在议论，他们在揣测：莎莉文老师嫁给了梅西，这会让可怜的海伦多么伤心啊，说不定还会吃醋呢！还有人因为这事好心地写信来安慰我。但是他们肯定不会想到，对于莎莉文老师的婚姻，我不仅一点都不伤心，更不会吃醋，而且日子过得比过去更愉快、更充实。

莎莉文老师是位气质高贵、心地善良的人，梅西先生也是一位和善热情的人，他讲的故事常常逗得我乐不可支，而且还经常教我一些我应该知道的常识和科学新知识，有时候，他也会和我一起讨论当前的一些文学动向。

我们一行人重新回到连衫后，想到以前我们家曾经开办过的农场，于是便有了养家畜和种农作物的念头，打算能过上那种朴实的田园生活。起初我们仅有从学院带回来的那只名叫费兹的狗。但是费兹在我们搬到此地一年多后就死了，后来我们又陆续地养过几只狗，还曾到附近的养鸡场买回几只小鸡来饲养，每个人都很热心地照料它们，没想到，这些小狗小鸡都太娇贵了，不久都相继死去，计划遂告失败。

后来我们又开始养马。因为总觉得有几间屋子空在那里实在可惜，因此就想把那里改成马厩。我们买的那匹马野性未驯、凶悍无比，半路上就把送马的少年摔落好几次。然而那位少年把马交给我们时却只字不提这事，我们也就全然不知。

于是就出现了这样的惊心一幕。那天一大早，梅西先生高兴地把马牵了出来，套上货车，想要到镇上去。谁知刚走出大门没几步，那匹马忽然暴跳起来。梅西先生觉得奇怪，以为挂在马身上的马具有问题，所以就下车查看。当梅西先生刚把拖车从马身上卸下来，那马忽然立了起来，一声长嘶，然后撒腿狂奔，一溜烟跑没了影。直到两天后，有位邻近的农夫看到一匹身上还佩戴着马具的马在森林里溜达，就把它牵了回来。

没办法，我们只好将这匹失而复得的马卖给专门驯马的人。那一阵子我们的经济状况不是很宽裕，就有人劝我们栽植苹果。于是我们又买了一百棵树苗，开始种起苹果来。还真不错，到了第五年，那些果树上开始结果了，我非常高兴，每天都在日记本上记下那些苹果的数量、大小等等。

谁知，最后苹果也没有收成。那天下午，仆人焦急地跑来冲我们大声嚷道："不好了！野牛！野牛！"

我们闻声马上跑到窗口去看个究竟，发现原来并不是什么野牛，而是附近山上下来的几只野鹿，看架势是全家出动。一对鹿夫妇带着三只小鹿，来到我们的苹果园里畅游，在阳光下活泼跳跃的身姿，是如此的美妙迷人，大家看呆了。然而就在这时，这群大大小小的不速之客竟然毫不客气地疯狂猖獗一番。等鹿走后，大伙儿才如梦初醒地出去查看"灾情"，不看还好，一看都愣住了。

我的天啊！一百棵苹果树只剩下几棵了！

就这样，我们想要打造一片田园风光的计划宣告失败。然而那所有的一切还是给我留下了非常美好的回忆。

不过在我们院子里，当初梅西先生特意栽下的那棵果树长得却非常好。每到秋天苹果成熟时，我都会架上梯子去摘树上的苹果，装满一个又一个的木桶。在大家一起动手整理庭园时，我总是耐心地拾取地上的枯树枝，捆成一束束的柴薪。

多亏梅西先生那么有心，使我经常毫不费力地就能独自一人走到森林中去。他在室外通往山坡的沿途树干上绑上铁丝，这样一来，我到森林中去就变得十分方便了，只要顺着铁丝走就可以。那条"铁丝小径"足足有四五百米长，也就是说，我不需任何人陪伴，自己就可以走那么远的路，不必担心会迷路。这件事对我的意义非比寻常，即使现在想起来，都还觉得兴奋不已。

　　我所记叙的这些琐事在平常人看来似乎太有些微不足道了，但是我却从中充分享受到自由的滋味，我常常独自走出去晒太阳，心情变得十分愉快。这一切都是梅西先生赐给我的，我由衷地感激他。在连杉的六年多时间里，没有汽车，没有飞机，也没有收音机，更不会听到哪个地方又爆发战争，大家都过着平静而悠闲的生活。现在我们的生活少有那时的平静了，对于那段时光，回想起来，真好像是另一个世界的事了。

感悟：

　　大学生活是美好的，虽然海伦比常人付出了更多的努力，但是收获的快乐和经历也绝对不比别人少，繁忙的学业和丰富的业余生活都是那么值得回味。

　　经历是一种宝贵的精神财富，我们要做的就是在经历中成长，享受生活带给我们的一切美好，是所有的经历和细节共同组建了我们的人生。

文学，我理想的乐园

　　我第一次完整地读完的那本《小贵族》，使我对书真正产生了浓厚的兴趣。从读过这本小说开始的以后两年，我又先后读了很多书。现在我已经很难记起那些书的书名和作者，也想不起先读的哪本后读的是哪本。印象最深的是《小妇人》和《海蒂》。《海蒂》是一篇美丽的小故事，后来我还读过它的德文版。我在学习和游戏之余读这些书，如饥似渴，越读越喜欢读。我读书全凭喜好，从来不对手中的书做任何研究分析——不管究竟写得好坏，也不管文体和作者情况。当作者将自己的思想用文字的方式呈现在我面前时，我就像接受阳光和友爱一样，去满怀珍惜地接受这些珍宝。

　　我之所以喜欢《小妇人》，是因为它让我感到自己和那些正常的儿童有着相同的思想感情。既然我的身体有缺陷，就只能从大量的书籍中去寻找外部世界的信息。

　　实话说我并不喜欢《天路历程》和《寓言》这两本书。在最初读拉·封丹的《寓言》时用的是英文译本，只是简略地读了一遍，后来在大学时又读了法文的原本。我觉得这本书虽然故事算得上很生动，语言也十分简练，但依然无法激起我的共鸣。

因为我对动物拟人化的表达方式向来不感兴趣，所以也就无心多去领会其中的寓意了。

另外，《寓言》这本书和拉·封丹的其他作品一样，并不能真实生动地展现人类高尚的情操。在他的笔下，一个人最重要的东西是自爱和理性，在他的作品中也始终贯穿着这样一个思想内涵，即将个人的道德完全来源于自爱，用理性来驾驭和控制自爱，就能产生真正的幸福。但在我看来，自私的爱却是万恶之源。当然，也许我是错的，或许他对人类的了解和观察要比我丰富和细致得多。我这样讲并不意味着我反对或是讽刺寓言，而是在我看来，完全没有必要由猴子和狼来宣扬伟大的真理。

比较来说，在一些以动物为主角的寓言故事里，我更喜欢《丛林之书》和《我所知道的野生动物》这两本书，因为那里面的主人公，是真正的动物，而不是被拟人化的。我爱它们之所爱，恨它们之所恨。它们的滑稽逗趣引得我笑不可支，其悲惨遭遇有时也使我流下同情的泪水，其中也包含了许多深刻的寓意，但极为含蓄，使你若不细想根本就意识不到。

另外，我对历史方面的书籍也有一种特殊的偏好，比如在古希腊历史中，就似乎有一种神秘的诱惑力在吸引着我。在想象空间里，希腊的天神依然在地上行走，与人类面对面交流。在我思想深处的神殿里，仍然供奉着我最敬爱的神灵。希腊神话中的仙女、英雄和那些半神半人，我不仅熟悉而且还非常喜爱——不，也不完全都是如此，美狄亚和伊阿宋残忍且过于贪婪，简直令人无法容忍。有时我真是想不明白，为什么上帝让他们干了那么多坏事以后才去惩罚他们,直到如今我仍然疑惑不解。

魔鬼欢笑着爬出殿堂。

上帝却假装没有看见,无动于衷。

通过阅读荷马的《伊利亚特》史诗,让我对古希腊的历史有了进一步的了解。早在阅读原文前,我对特洛伊的故事就了如指掌了。后来通过学习古希腊文文法,得以对古希腊文宝藏一览无余。那些伟大的诗篇,不管是英文还是古希腊文,只要同你的心息息相通,是不需要别人翻译的。相反,人们常常用他们牵强附会的分析和评论扭曲了伟大作品的意义。他们要是能懂得这个简单的道理该有多好!我认为欣赏一首好诗词,根本就不需要清楚其中每一个字,也无须弄清其词法和句法的属性。那些有学问的教授们,从《伊利亚特》史诗中挖掘出的东西比我多得多,但我从不嫉妒。我并不在意别人比我聪明,他们纵有广博的知识,但也无法表达出对这首光辉的史诗究竟欣赏到了什么程度。当然,我自己也无法表达出来的。每当我读到《伊利亚特》最精彩的篇章时,都会感到自己的灵魂在升华,将我从狭窄的生活圈子里解脱出来,游荡于身体之外,飘然于广阔无垠的天上人间。

我也很喜欢《埃涅阿斯纪》,虽然这部作品要稍逊于《伊利亚特》。我在阅读时试着不去理会词典注释,独自来领会这部史诗,并试图把自己最喜欢的一些篇章翻译出来。维吉尔描绘人物的本领如此惊人,他笔下喜怒哀乐的天神和凡人好像蒙上了一层伊丽莎白时代的面纱。《伊利亚特》中的天神和凡人欢快地又跳又唱的,维吉尔笔下的人物柔美安静,好似月光下的阿波罗大理石像，而荷马则是太阳光下秀发飘动的俊逸而活泼的少年。

用不到一天的时间，我们就可以从《希腊英雄》到《伊利亚特》，在书本中穿梭，实在是令人欢欣鼓舞。对我来说，这其中的路程也并不都是令人惬意。当他人已经周游世界几遍时，我也许还在语法和词典的迷途里精疲力竭地徘徊，或者正掉进恐怖的陷阱。这陷阱名叫考试，是学校专门用来同那些寻求知识的学生作对的。类似《天路历程》最终可能会渐入佳境，但终究太漫长了，尽管途中也偶尔意外地出现几处引人入胜的美好景色。

《圣经》是我在很早以前就接触过的一本书，但当时并不能充分理解其内容。现在想起来觉得有些奇怪，曾有很长的一段时间，我的心灵无法接受它奇妙的和谐。记得在一个下雨的星期天早上，我无所事事，让表姐为我读一段《圣经》故事。虽然她认为我无法听懂，但依然在我手上拼写约瑟兄弟的故事。我听了确实一点兴趣也没有，奇怪的语言和不断的重复，使故事听起来显得很不真实，何况那更是天国里的事情。还没有讲到约瑟兄弟穿着五颜六色的衣服进入雅各的帐篷里去说谎，我就呼呼地睡着了。

至今我都没搞清楚的是，为什么古希腊故事要比《圣经》故事更能吸引我。或许是因为我最先认识的那几个希腊人的缘故吧。在波士顿，希腊人讲述的故事深深打动了我，因此，我觉得《圣经》故事中的名字和重复的叙述方式十分古怪，相反，却从未觉得希腊人的姓名古怪。

随着年龄的增长，我逐渐领略到《圣经》中所发出的耀眼光辉。许多年以来，每次读《圣经》，心中的喜悦和启发都会越积越多，使它渐渐变成一本我最珍爱的书。不过对于《圣经》我也并非全盘接受，因此也从未能把它从头到尾读完过。后来，尽管我更多地了解了《圣经》产生的历史渊源，这种感觉依然未减。

《圣经》中的《以斯帖记》我是倍加推崇的，整个篇章简洁明快，引人入胜。尤其是以斯帖在面对自己邪恶的丈夫时的场景，富有强烈的戏剧性。尽管她清楚地知道自己的生命系于对方之手，没有人能够拯救她，然而她克服了女性的懦弱，勇敢地走向她的丈夫。高尚的责任感鼓舞着她，在她心中只有一个念头："如果我死，我就死吧！如果我生，我的人民都生。"

另一篇关于路得的故事则极具传奇的东方色彩，书中所描述的乡村生活同波斯首都之间形成鲜明的对比，一个朴实，一个繁华。路得忠贞而柔情满怀，读到她与那些正收割庄稼的农民一起站在麦浪翻滚之中的情形，真是叫人心生怜爱。在那黑暗残暴的时代里，她的无私和高尚情操，如同暗夜里闪耀的星星，照亮了苦难的众生。

《圣经》给了我深远的慰藉："看得见的表面都是短暂的，唯有看不见的内在才能永垂不朽。"

另外在很早的时候，也可以说自从我喜爱读书时开始，就一直偏爱莎士比亚的作品。我记不清楚自己是从何时开始读兰姆的《莎氏乐府本事》的，但我记得第一次阅读便有很深的理解力和惊叹。印象最深的是《麦克佩斯》，虽然仅读过一遍，但其中的人物和故事情节却永远印在我的记忆里。很长一段时间里，书中的鬼魂和女巫总是跑到睡梦中纠缠我。我仿佛看见了那把剑和麦克佩斯夫人纤素的手——可怕的血迹在我眼前出现，就像那忧伤的王后亲眼见到的一样。

后来我又接着阅读《李尔王》。在读到格洛赛斯特的眼睛被挖出的情节时（这个情节我永远都无法忘记），浑身紧张起来，心中充满了恐惧。我害怕得根本就读不下去，心扑通扑通地跳，好长时间呆呆地坐在那里。这对于一个孩子来说，真是恐惧得不能再恐惧了。

也就是在那个暑假，我接触到了夏洛克和撒旦这两个人物，一个是狠毒的报复者，另一个是基督教中的魔王，他们在我的心目中总被联系到一起。我内心对他们充满了怜悯，我模糊地觉得，即使他们希望自己能够变好，也无法成为好人，因为没有人愿意帮助他们或是给他们一个改过的机会。甚至到现在，我还是无法把他们描写得十恶不赦，甚至有这样一种感觉：像夏洛克、犹大，甚至撒旦这样的人物，也都是好端端的车轮上的一根断了的车辐条，总有一天会修好的。

说来奇怪，我最初在阅读莎士比亚作品时，留下的往往都是一些并不愉快的回忆，也并没有感觉到那是传世之作。相反，那些欢快、温和而又富于想象的剧作最初并不怎么吸引我，也许是因为它们反映了儿童生活的欢乐。然而"世上最变幻莫测的就是儿童的想象了。保持什么，丢掉什么，都很难预料"。

莎士比亚的剧本我读过好多遍，并能背诵其中的一些片段，但却弄不清楚自己最喜欢哪一本。对它们的喜爱，往往如同心情一样变化多端。他的短诗和十四行诗与他的戏剧一样优秀，新鲜而独特。尽管我喜欢莎士比亚，但我却讨厌按评论家们的观点来读莎氏的作品。毕竟，一千个人的眼里就有一千个哈姆雷特。我曾经努力地按评论家们的解释来理解作品，但常常失望而止，甚至发誓不再这样读书了。一直到后来跟随基特里奇教授学莎士比亚，才逐渐改变了这个想法。今天，我终于懂得，不但在莎氏著作里，而且在这个世界上，有许多东西是我所不能理解的，而我十分高兴地看到一层又一层的帷幕逐渐被拉起，显露出思想和美的新境界。

我对历史也有浓厚兴趣，仅次于诗歌。我阅读了所能接触到的历史著作——从单调枯燥的各种大事记，更单调更枯燥的年表到格林所著公正而又生动的《英国民族史》，从弗里曼的《欧洲史》到埃默顿的《中世纪》，都是我阅读的范围。而第一本使我体会到真正历史价值的书是斯温顿的《世界史》。这本书是我在十二岁生日时收到的礼物。书现在可能已经破烂不堪了，但我依然像珍宝一样珍藏着它。因为它为我打开了世界的一扇窗子。从书中我认识到各民族如何在地球上逐步发展起来并建立起城市；少数伟大的统治者（他们是人世间的坦泰），是如何把一切置于脚下，把千百万人系于一人之手；人类文明如何在文化艺术上为历史的发展奠定基础，开辟道路；人类文明如何在文化上经历腐朽堕落的浩劫，然后又像不死鸟一样死而复生；伟大的圣贤又如何提倡自由、宽容和教育，为拯救全世界而披荆斩棘。

大学时我读了一些德国的文学作品。德国人无论在生活还是在文学上，都喜欢将自己的力量放在美之前，他们探求真理胜过传统。德国人做任何事都有一股强健的活力，他们张口说话不是为了影响别人，而是犹如骨鲠在喉不吐不快。这种爽快的风格一直被我所欣赏。

同时我十分喜爱德国文学的含蓄，我发现其宝贵之处就在于它对妇女自我牺牲的爱情伟大力量的承认。这种思想几乎渗透到所有的德国文学作品中，在歌德的《浮士德》中也有阐述，尽管只是隐晦的流露。

> 那昙花一现，
>
> 不过是象征而已。
>
> 人间的缺憾，
>
> 也会成为圆满。
>
> 那无法形容的，
>
> 这里已经完成。
>
> 啊……

女性的灵魂引导我们永远向上。另外法国文学中也有许多我喜爱的作品和作家。法国作家中我最喜欢莫里哀和巴尔扎克，梅里的作品很清新喜人，犹如阵阵海风袭人。至于雨果，天啊，那是多么伟大的作家呀！我十分欣赏他的才华，以及他那卓越的浪漫主义风格。

文学是我的乐园。所有伟大诗人、作家，他们都是人类永恒主题的表现者，是他们用自己非凡的伟大作品把我引入了真善美的境界。

第五章

拥抱生活，
亲近自然

我用整个身心来感受世界万物，一刻也闲不住。我的生命充满了活力，就像那些朝生夕死的小昆虫，把一生挤到一天之内。

亲近大自然

　　我的灵魂被唤醒了！一八八七年三月三日，这是我终生难忘的一天。在那一天，莎莉文老师走进了我的生命，后来又领我来到井房，在那里张开了心灵的眼睛。其间各种往事至今记忆犹新。我几乎整天用手去探摸我所接触到的东西，并记住它们的名称。我摸到的东西越多，对其名字和用途了解得越细，我就变得越发高兴和充满信心，越发能感到同外界的紧密联系。

　　炎热的夏季来临，莎莉文老师牵着我的手，越过原野，漫步在田纳西河的岸边，翠绿的田野，开满鲜花的山坡，人们正在田间地头忙着播种。我们在河边温软的草地上坐下，开始了人生新的课程。在这里，我第一次领悟到了大自然对人类的恩惠。我明白了是阳光雨露才让大地孕育出这些树木，在赏心悦目的同时还能果腹充饥；我知道了鸟儿如何筑巢，怎样生存，如何随着季节的变化而长途迁徙；知道了松鼠、鹿和狮子等各种各样的动物如何觅食，怎样睡觉休息的。我了解的事物越多，就越感到自然的伟大和眼前这个世界的美好。莎莉文老师先教会我从那粗壮的树木、那柔软的草叶，还有我妹妹的那双胖乎乎的小手领略什么是美，然后才教我算数和怎样画地球的形状。

她把对我的启蒙同大自然联系起来，使我同花同鸟结成愉快的伙伴。就在那些日子里发生了一件事，让我明白了其实大自然并不总是那么慈爱可亲。

那天，我和莎莉文老师散步到一个较远的地方。那天早晨风和日丽，让人感到无比愉快。但就在我们往回走的路上，天气渐渐变得闷热起来，我们不得不走走停停，找个凉快的地方休息一下。最后一次停在离家不远的一棵野樱桃树下。那棵树枝叶茂盛又好攀登，莎莉文老师用手一托，我就上了树，然后找个枝杈坐了下来。树上真是凉快舒畅，于是莎莉文老师提议就在这儿吃午餐。我答应她一定安静地坐在那里，等她回去把饭拿来。

我就那么静静地坐着，没想到天说变就变了，温暖的太阳完全消失，天空乌云密布，泥土里散发出一股怪味。我知道这是暴风雨来临之前常有的预兆。我感到一种不可名状的恐惧，一种同亲人隔绝、同大地分离的孤独感油然而生。我一动不动地坐着，紧紧地抱着树干，一阵阵发抖，心中祈盼着莎莉文老师快快回来，最重要的，是赶紧想办法把我弄下去。

一阵沉寂之后，树叶哗啦啦齐声作响，强风似乎要将这棵樱桃树连根拔起。我吓坏了，紧紧抱住树枝，唯恐被风吹走。树摇动得越来越厉害，落叶和折断的小树枝雨点般向我打来。我急死了，也想过从树上跳下来，但又不敢动弹。我觉得大地在一阵一阵地颤动，像是有什么沉重的东西掉到了地上，这振动由下而上地传到了我坐着的枝干上。我惊恐到了极点，正要放声大叫时，莎莉文老师赶到了，她抓着我的手，把我扶了下来。我紧紧抱着她，为又一次接触到坚实的大地而高兴得发狂。我又获得了一种新的知识——大自然有时也会向她的儿女开战，在她那温柔美丽的外表下面还隐藏着利爪呢！

在这以后很长时间我一想起爬树就怕得要命。经过这次惊险后，最终还是那繁花满枝、香味扑鼻的含羞树消除了我这种恐惧心理。

那是春天的一个晴朗的早晨，我一个人坐在亭子里，这时候一股奇香向我袭来，我立刻站起身来，本能地伸出手，仿佛"春之神"穿亭而过。"这是什么香味呢？"我琢磨着。但马上我就想到了那是含羞树花香。含羞树就长在篱边小路的拐弯处。我决定去看看，于是摸索到花园的尽头。啊，它果然在这里。在温暖的阳光照耀下，含羞树的那缀满花朵的枝条在阳光下微微颤动，几乎垂到长满青草的地面。世界上再没有比这更绝妙的景色了。那些美丽的花儿，只要轻轻一碰就会纷纷掉落。我穿过落英缤纷的花瓣，走近大树，站在那里愣了片刻，然后，我把脚伸到枝丫的空处，两手抓住枝干往上爬。树干很粗，抓不牢，我的手又被树皮擦破了，但我有一种美妙的感觉：我正在做一件奇妙的事。因此我不断往上爬，直到爬上一个舒适的座位。这个座位是很早以前别人造的小椅子，日久天长，已成了树的一部分。我在上面待了很长的时间，好像自己变成了云间仙女一样。从那以后，我常在这棵月宫仙桂上尽兴玩耍，冥思遐想，让自己在美妙的梦境中自由遨游。

难忘的圣诞节

　　莎莉文老师来到塔斯喀姆比亚后的第一个圣诞节成为我快乐的源泉。节日来临之前，所有的人都在为我准备一件能令我感到意外的礼物，而更有趣的是，我和莎莉文老师也在忙着为其他人准备圣诞节礼物。

　　我兴奋非常，一直猜想着别人会给我什么样的礼物。大家也都想尽办法逗引我，故意给我一星半点儿暗示，或者一句半句不连续的话语，让我猜测。我和莎莉文老师就玩着这猜谜游戏，从中学会了许多词的用法，比上课学到的还要多得多。每天傍晚，我们都围坐在暖烘烘的火炉前玩着猜谜游戏。随着圣诞节一天天的临近，我们也越来越兴奋。

　　圣诞前夜，附近学校的小学生们做好了一棵圣诞树，并来邀请我与他们一起欢度节日。在教室中间的那棵很漂亮的圣诞树上，挂满了色彩鲜艳的果子，在柔和的灯光下熠熠发光。那是一段很幸福的时刻，我兴奋得简直有些忘乎所以，围着圣诞树又蹦又跳。当我得知在场的每一个孩子都可以得到一份礼物时，高兴极了。那些善良的人们让我分发礼物。我忙得跑来跑去，甚至都没有顾得上看看自己的礼物。等到我打开自己的礼物盒时，我真巴不得圣诞节马上到来，我知道这些还不是家里人所暗示的东西，因为莎莉文老师说，那些礼物要比这些要好得多呢。不过她叫我耐心些，明天一早就会真相大白，知道是什么东西了。

那天晚上我把袜子挂好，躺在床上，我闭上双眼却久久无法入睡，因为我想看看圣诞老人什么时候来，他会做些什么？后来，我实在困得不行，抱着晚上新得到的洋娃娃和白熊睡着了。

不过第二天我还是比任何人都起得早，全家人都被我的"圣诞快乐"唤醒了。我不仅在袜子里找到了意想不到的礼物，在桌子上，椅子上，甚至门槛以及每个窗棂上，我几乎每迈出一步，都要碰到一件令我惊喜的圣诞节礼物。而当莎莉文老师送给我一只金丝雀的时候，我的高兴劲儿就更不用提了。

我为这只金丝雀取名"蒂姆"。小蒂姆既灵巧又温顺，常常在我手指上跳来跳去，吃我喂给它的红樱桃。莎莉文老师教会我如何喂养小蒂姆。每天早上吃过早饭后，我都要给它洗澡，把它的笼子打扫得干干净净，在它的小杯子里装满新鲜的草籽和从井房打来的水，然后再把一小绺青草挂在它的跳架上。

一天早上，我把鸟笼放在窗台上，然后去打水给它洗澡。回来一开门，就感到有一只大猫从我的脚底下钻了出去。起初我并没多想什么，可是当我把一只手伸进笼子，没有摸到小蒂姆的翅膀，也没有触到它尖尖的小嘴时，我心里便明白了，完了，彻底的完了，我再也见不到我那可爱的小歌唱家了。

波士顿之行

　　一八八八年五月，我与莎莉文老师及母亲一起，去波士顿旅行。这要算作我一生当中的一件大事。从做好出发前的各种准备开始，到与莎莉文老师、母亲一同登程，还有旅途中的所见所闻以及最后抵达波士顿的种种情形，这些都仿佛是发生在昨天的事情一样。

　　这次旅行和两年前的巴尔的摩之行相比，有着很大的差别。如今我已不再是当初那个动不动就乱发脾气一会儿也闲不住的小淘气了。我安静地坐在莎莉文老师身旁，专心致志地听她给我描述车窗外所见的一切：美丽的田纳西河，一望无际的棉花地，山丘和森林，还有那些火车进站后蜂拥而至的黑人。他们笑着向火车上的旅客招手，来到一节节车厢叫卖香甜可口的糖果和爆米花。

　　我将又大又破旧的布娃娃南茜放在我对面的座位上，出发前我特意为它穿上一件用方格花布新做的外衣，还找出一顶弄得很皱的太阳帽给它戴上。遇到莎莉文老师讲述得不那么吸引人时，我便想起了南茜，把它抱在怀里，当老师讲述的又能吸引我时，我就没办法照顾它了，只好当它已经睡着了。

对于这个我童年时期的伙伴——布娃娃南茜，以后恐怕再也没有机会提到了，所以在这里就多说几句。到达波士顿以后，南茜的样子简直是惨不忍睹，这全怪我——我用泥给它做了个小饼，逼迫它吃下去，可是它说什么都不肯吃，结果就弄了它一身的泥。柏金斯盲人学校的洗衣女工看到娃娃这么脏，便偷偷地把它拿去洗了个澡。可我那可怜的南茜怎么经得起用水洗呵。等我再见到它时，已成了一堆乱棉花，要不是它那两个用珠子做的眼睛以怨恨的目光瞪着我，我简直都认不出它了。

经过一路颠簸，火车终于到达波士顿站，我非常兴奋，仿佛一个美丽的童话故事变成了现实。那"很久很久以前"一下子变成了"现在"，"很远很远的地方"变成了"近在眼前"。

来到柏金斯盲人学校没多久，我就和那里的盲童交上了朋友。他们都懂得手语，真高兴我可以和他们直接对话了。在这以前，我一直就像生活在国外，每说一句话都得通过"翻译"转述给他人。而在这里——柏金斯盲人学校，我和那些孩子说的都是郝博士发明的手语，我好像回到了自己的祖国。

过了好一段时间，我才知道我新结识的那些新朋友也都是盲人。我知道自己看不见，但却从来没有想到那些围着我又蹦又跳、活泼可爱的小伙伴们也看不见。我至今还记得，当我发觉他们把手放在我的手上和我谈话，读书也用手指触摸时，我心里真是既惊奇又有一种说不出的痛苦！

虽然他们早已告诉我，而我也知道自己身体上的缺陷，但我一直模模糊糊地认为，既然他们可以听到，必然是有某种"第二视觉"，万万没有想到，原来一个又一个孩子也像我一样一点也看不见。但是他们是那么高兴，那么活泼，同他们一起沉浸在这种快乐的气氛中，我很快就忘掉了痛苦。

在波士顿，每一天我都是和盲童们一起度过的，使我感到好像在自己家里一样。时间过得飞快，每天我都在热切地寻求着下一个快乐的经历。当时在我看来，波士顿就是整个世界的开端，也是世界的末尾，我几乎不能相信，除此之外还有其他更广阔的世界。

我们还去了克邦山，在那里，莎莉文老师给我上了第一堂历史课。当我知道这座山就是当年英雄们激战的地方时，真是激动万分。我数着一级级台阶，越爬越高，心里面想象着英雄们奋勇攀爬，居高临下向敌人射击的情形。

第二天，我们乘船去普利巴斯。这是我第一次海上旅行，也是第一次乘轮船。海上的生活真是丰富而又热闹！但机器的隆隆声，使我感到像是在打雷，给我的感觉特别强烈，如同常人听到的打雷声，我也真的把那声音当作雷声了，心想假如下起雨来，那我们还怎样在户外野餐呢？

普利巴斯最令我感兴趣的是当年移民们登陆时踩过的那块大岩石。用手摸着这块岩石，仿佛当年移民们艰苦跋涉的伟大事迹栩栩如生地展现在我眼前。在参观移民博物馆时，一位和蔼可亲的先生送给我一块普利巴斯岩石的模型。我时常把它握在手上，抚摸它那凸凹不平的表面、中间的一条裂缝以及刻在上面的"一六二〇年"字样，脑海里浮现出早期英国移民的一桩桩可歌可泣的事迹。他们的辉煌业绩在我幼小的心灵里是多么崇高而伟大呵！在我心目中，他们是在异乡创建家园的最勇敢、最慷慨的人。他们不但为自己争取自由，也为其同胞争取自由。

在波士顿我认识了不少新朋友，其中有威廉·韦德先生和他的女儿，他们的仁慈和热情使我至今不能忘怀。有一天，我们到贝弗利去拜访他们的农场，当我们穿过美丽的玫瑰园时，两只狗跑来迎接我们，大的叫利昂，小的长着一身卷毛，奔拉着两个长耳朵，名叫弗里茨。农场里有许多马，跑得最快的一匹叫尼姆罗德，它把鼻子伸进我的手里，要我拍拍它，给它一块糖吃，这些都给我留下了美好的回忆。

我还记得，那个农场靠近海边，我生平第一次到海边的沙滩上玩耍。沙子又硬又光滑，同布鲁斯特海滨的松软而尖锐、混合海草和贝壳的沙子完全两样。韦德先生告诉我，许多从波士顿起航开往欧洲的大轮船都要经过这里。以后，我又多次见到他，他永远是那么和蔼可亲。说实在的，我之所以把波士顿称为"好心之城"，就是因为有他在那里的缘故。

拥抱大海

　　早在学校放暑假之前，莎莉文老师便已经做好了安排，到时我们将一起到科德角的布鲁斯特海滨度假。我高兴极了，这以后的好多天脑海里全是即将到来的愉快日子，还有那些关于大海的各种神奇和有趣的故事。

　　那一年的夏天，给我印象最深的就是大海。这以前我还一直没有过接近海洋的机会，甚至还不知道海水是咸的。我只是通过一本厚厚的叫作《我们的世界》的书中，读到过一些有关大海的描述，使我对海洋充满了好奇，渴望有一天能够真实地接触到那茫茫的大海，感受一下那汹涌澎湃的波涛。当我知道我的夙愿终于就要实现时，心里怎么会不兴奋呢?

　　来到海边，老师刚替我换好游泳衣，我便迫不及待地在平整的沙滩上奔跑起来，不管不顾地跳进冰冷的海水中。我感受到海浪的冲击和沉浮，令我快乐得有些不能自制。突然间，我的脚不小心撞上了一块岩石上，而就在此时，一个浪头打在我头上。我伸出双手，拼命想要抓住点什么，但是除了海水和一些缠在脸上的海草外什么都没有，无论我如何努力都无济于事。浪花好像故意要和我开玩笑一样，把我推来拽去，弄得我晕头转向，真是可怕极了。在我的脚下，早已经没有了广大而坚实的土地，除了这陌生、四面八方向我涌来的海浪外，似乎整个世上所有的一切都已不复存在了，没有生命，没有空气，没有温暖，更没有爱。

到后来，大海好像对我这个年轻的新手有些厌倦了，终于又把我抛上了岸边。莎莉文老师立即赶过来紧紧地把我抱在了怀里。哦，那时我在心里感慨着，这是多可亲、多温暖的怀抱啊！当我从恐惧中恢复过来后，第一句话就是："是谁把盐放在海水里的？"

大海一上来便给了我一个下马威。从那以后，我便不再下海了，只能穿着游泳衣，坐在大岩石上去感受海浪打着岩石，感受那溅起的骤雨般的浪花，向我迎头袭来。我可以感觉到浪花在猛烈地拍打海岸，小鹅卵石在滚动，狂怒的海浪似乎在摇撼着整个海滩，空气也随着海浪在颤动。海浪打在岩石上破碎了，退了下去，随后又聚拢来，发起更猛烈的冲击。我一动不动地死死扒着岩石，任凭愤怒的大海冲击和咆哮！

我面对大海流连忘返，海边那种纯净、清新的气味，可以使人变得更清醒、更冷静。还有那些贝壳、卵石、海草以及海草中的小生物，都对我有着非常大的吸引力。

有一天，莎莉文老师在岸边沙滩上捉到一个正在晒太阳的家伙。那是一只长得很大很奇怪的马靴蟹，我以前从未听说过这种东西，就好奇地去摸它。我真是纳闷，它怎么会把房子背在背上呢？我突然想若是把它拿回去喂养该多有意思啊！于是我抓着它往回拖。那螃蟹又大又重，我拽着它在地上拖，费了好大的力气，才将它拖回到一里半路远的家。

　　到家以后，我让莎莉文老师把它放在井旁的一个我认为安全的水槽里。但是没有想到的是，等第二天早上我们再来到水槽边时，那只丑螃蟹已经不知去向！没有人知道它在哪里，也没有人知道它是如何溜走的。那时我非常懊恼，但是，渐渐地我认识到如果把那可怜的不会说话的东西圈在这里，是既不仁不义又不明智的。后来我一想到它或许已经回到大海里去了呢，心情便又开朗起来。

感悟：

　　一种向往，让平生第一次和大海接触的海伦有了一段别样的经历。她用身体去感受大海，用鼻子去呼吸迎面而来的纯净气息，用手去触摸海边那些奇特的生物，再一次用心去感受了这个让她向往的世界。

　　人的记忆会在人的生命中遗留下一些留恋，那些曾向往、渴望过的感觉也会停留在心间，恋恋不舍，每一次的想念都会让人重温一遍那些还残留在记忆中的感触。

秋天纪实

不知不觉中，秋天来了。我满载着美好的回忆，回到了南方的家乡。每当我回想起这次在北方的旅游，心中便充满了欢乐。

这次旅行似乎是我一切新生活的开始。我亲身感受到了一个全新、美丽的世界，毫不吝啬地把它所有的宝藏置于我的脚下，让我尽情地从中获取新的知识。我用整个身心来感受人世间的一草一木，一刻也闲不住。我的生命充满了活力，就像那些朝生夕死的小昆虫，把一生挤到一天之内。我遇到了许多人，他们都把字写在我手中来与我交谈，由此思想得到了交流，充满了快乐的共鸣。这难道不是奇迹吗？我的心和其他人的心之间，原来是一片草木不生的荒野，现在却花红草绿，生气勃勃。

回到家中不久，我便和家人一起来到距离塔斯喀姆比亚大约十四英里的一座山上，那里有我们家的一座避暑用的小别墅，它有一个奇怪的名字，叫"凤尾草石矿"，因附近有一座早已被废弃的石灰石矿而得名，高高的岩石上有许多泉水，泉水汇合成三条小河，蜿蜒曲折，遇有岩石阻挡便倾泻而下，形成一个个小瀑布，像一张张笑脸，欢快地欢迎着客人。所有空旷的地方长满了很高的青草，把石灰石遮得严严实实，有时甚至把小河也偷偷地藏在了下面。山上的树木非常茂密，其中有高大的橡树，也有枝叶茂盛的常青树，它的树干挺拔得仿佛长满了苔藓的石柱，树枝上则垂满了常青藤和寄生草。那些柿子树散发出的香气弥漫在树林的每一个角落，沁人心脾，令人神魂飘荡。有些地方，野葡萄从这棵树上攀附到另一棵树上，形成许多由藤条组成的棚架，彩蝶和蜜蜂在棚架间飞来飞去，忙个不停。傍晚时分，在这密林深处的万绿丛中，散发出阵阵清爽宜人的香气，所有的这一切，怎能不叫人陶醉，不令人心旷神怡呢？

那座被叫作"凤尾草石矿"的别墅就坐落在山顶上的橡树和松树丛中，看上去十分简陋，但它周围的环境相当优美。房子盖得很小，分为左右两排，中间是一个没有顶盖的长长的走廊。房子四周有很宽的游廊，风一吹过，便会被从树上散发出的香气笼罩起来。我和莎莉文老师每天的大部分时间都是在游廊上度过的，在那里上课、吃饭、做游戏。后门旁边有一棵又高又大的白胡桃树，周围砌着石阶。屋的正面也有很多树，我在游廊上就可以摸到树干，可以感觉到风在摇动树枝，树叶一片片瑟瑟而落。

有许多朋友跑到这深山里来，探望我们并和父亲一同出去狩猎。到了晚上，一大群人围在篝火旁打牌、聊天、做游戏，其乐融融。他们各自炫耀着自己打野禽和捉鱼的本领多么的高超，不厌其烦地讲述打了多少只野鸭和火鸡，捉住多少凶猛的鲑鱼，怎样用口袋捉狡猾透顶的狐狸，怎样用计捉住灵敏的松鼠，如何出其不意地捉住跑得飞快的鹿。他们讲得绘声绘色，神乎其神。我常常在想，在这些计谋多端的猎人面前，豺狼虎豹简

187

直连容身之地都没有了。最后，当大家恋恋不舍地散开去准备睡觉时，讲故事的人总会这样对大家道晚安："明天猎场上再见！"这些父亲的朋友就睡在我们屋外走廊临时搭起的床铺上。屋里的我在夜里总能听到猎狗的叫声和猎人的鼾声。

每天天一见亮，我便总会被咖啡的香味、猎枪的撞击声以及猎人来回走动的脚步声唤醒，他们正在准备出征。我还能感觉到马蹄的声音。这些马是猎人们从城里骑来的，拴在树上过了一整夜，到早晨便发出阵阵嘶鸣，急于想挣脱绳索，随主人上路。猎人们终于一个个纵身上马，正如民歌里所唱的那样：骏马在奔驰，拉紧缰绳，猎犬在前，猎犬啊，你们现在开始出征。

天大亮以后，我们便开始准备野餐——烤猪肉或者是烤牛肉。在地上一个深坑里点燃木柴，坑上方架起又粗又长的树枝，用铁丝穿着肉串在上面烧烤。火坑旁蹲着几个黑人，挥动长长的枝条赶苍蝇。烤肉散发出扑鼻的香味儿，餐桌还未摆好，我的肚子就叽里咕噜地叫开了。

就在这时，猎人们三三两两地陆续回来了。他们疲惫不堪，马嘴里吐着白沫儿，猎犬耷拉着脑袋跑得呼哧呼哧直喘，问有什么收获，哎呀，别提了。什么也没有猎到！

用餐时，每个人都自称说看见了一只以上的鹿，而且是近在咫尺，眼看猎犬要追上，举枪要射击时，却突然不见了踪影。他们的运气真好像童话故事里的小男孩，那男孩说，他差点儿发现一只兔子，其实他看见的只是兔子的足迹。很快，猎人们便把不愉快的事统统丢到了脑后，大家围桌而坐。不过，端上来的不是鹿肉，而是烤牛肉和烤猪肉，谁让他们打不到鹿呢？

没有野味只好用家畜代替吧。

有一年夏天，我在山上养了一匹属于自己的小马。我叫它"黑美人"，这是我刚看完的一本书的名字。这匹马和书里的那匹马很相似，长有一身黑油油的毛，脑门上有颗白星。我骑在它的背上度过了许多快乐的时光。马温驯时，莎莉文老师就把缰绳松开，让它自由漫步。马一会儿停在小路旁吃草，一会儿又咬小树上的叶子。

假如我没有心思骑马时，吃过早餐我就和莎莉文老师到树林中散步。兴之所至，便故意让自己迷失在树林和葡萄藤之间，那里只有牛马踏出的小路。遇到灌木丛挡路，就绕道而行。归来时，我们总要带回几大束桂花、秋麒麟草、凤尾草等等南方特有的花草。

有时候，我会和米珠丽及表姐妹们去摘柿子。我不爱吃柿子，因为它太涩，但我喜欢它们的香味儿，更喜欢在草丛和树叶堆里找它们。我们有时还去采摘各种各样的山果，我帮她们剥栗子皮儿，帮她们砸山核桃和胡桃的硬壳，那胡桃仁真是又大又甜！

山脚下有一条铁路，火车常在我们跟前疾驶而过，有时它发出一声凄厉的长鸣，把我们吓得连忙往屋里跑。妹妹却会紧张而且兴奋地跑来告诉我，有一头牛或一匹马在铁路上到处行走，却丝毫不为尖锐的汽笛声所动。

离我们家大约一英里的地方，有一座高架桥，横跨在很深的峡谷上，枕木间的距离很大，走在桥上提心吊胆，就仿佛踩在刀尖上一般需要特别小心。我从来不敢到上面去行走。

后来有一天，莎莉文老师带着我和妹妹在树林中迷失了方向，转了好几个小时也没有找到路。突然，妹妹用小手指着前面高声喊道："高架桥，高架桥！"其实，我们宁愿走其他任何艰难的小路，也不愿过这座桥的，无奈天色将晚，眼前就这么一条近道，没有办法，我只好踮着脚尖，试探着去踩那些枕木。起初还不算很害怕，走得也还很稳，猛然间，从远处隐隐约约地传来了"噗噗、噗噗"的声音。"火车来了！"妹妹喊道。要不是我们立即伏在交叉柱上，很可能就要被轧得粉身碎骨，葬身于车轮之下了。好险呵！火车喷出的热气扑打在我脸上，喷出的煤烟和煤灰呛得我们几乎透不过气来。火车奔驰而去，高架桥剧烈地摇晃，人好像要被抛进万丈深渊。我们费了九牛二虎之力才重新爬了上来。回到家时，天已经黑透了，屋里空无一人，他们全都出动搜寻我们去了。

感悟：

人的生活就如同一本书，一段段经历是书中的每个不同的情节，而我们，是经历的主人公。生活为我们铺垫了一个个不同的情景，我们去演绎一段又一段不同的生活。只是这本书真实，充满好奇，让人一直坚持前行，品尝生活中的不同滋味，在平淡或跌宕的经历中去寻找一个个问号背后的答案。

这个冬天有点冷

在第一次去波士顿旅行之后，每年冬天我都会去北方。有一年冬天，我们到新英格兰的一个小村庄去过冬，在那里，我见到了封冻的湖泊和白雪皑皑广阔的原野。我第一次领略到了冰雪世界无穷的奥秘。

我的内心充满了好奇。原来枝繁叶茂的树木经过大自然这双神秘的大手，竟然被剥去了色彩艳丽的外衣，只剩下零星的几片枯叶。鸟儿飞走了，光秃秃的树上只留下堆满积雪的空巢。高耸的山岭和广漠的原野一片寂静，到处是一派萧瑟的景象。冬天使整个大地僵化麻木，树木的精灵已退缩到根部。在那黑洞洞的地下蜷缩着睡熟了的一切生命，似乎都已消失。甚至当太阳大放光明时，白天却仍然是萎缩寒冷的，仿佛它的血管已经枯萎衰老，它软弱无力地爬起来，只是为了蒙眬地看一眼这个冰冷世界的毫无生机的野草和灌木丛。

一天，天空阴沉沉的，冷得出奇，我知道一场大雪即将来临。我和莎莉文老师跑出屋外，用手去接住那最早飘落下来的雪花。雪花无声无息、纷纷扬扬地从天空中飘落到地面，一连几个小时地飘啊飘。原野变得平整起来，白茫茫的连成一片。一眼看

191

上去,几乎分辨不出村庄的原貌了。所有的道路都被白雪封盖住,再找不到一个可以辨认道路的标志来,眼前那无边无际的雪地里唯有光秃秃的几株老树矗立着。

到了晚上,突然刮起了一阵东北风,狂风把积雪卷起,雪花四处飞扬。外面是冰天雪地,屋里却温暖如春,大家围坐在熊熊的炉火旁,讲故事、做游戏,完全忘记了自己正处于与外界隔绝的孤独之中。夜里,风越刮越猛,雪越下越大,我们惊恐万分。屋檐嘎嘎作响,屋外的大树痛苦地左右摇摆着,树枝不停地敲打着窗户并发出可怕的声音来。东闯西撞的风真是发怒了,我恐惧万分。

那场大雪一直下了三天。太阳总算从云层中探出头来,照耀在一望无际辽阔起伏的白色平原上,到处是大雪堆积而成的奇形怪状的雪丘。

村里的人在雪地里铲出一条狭窄的小路,我披上头巾和斗篷走出来。空气冷飕飕的,脸颊被风刺得生疼。我和莎莉文老师一会儿在小路中间走,一会儿走到积雪中,深一脚浅一脚地来到了一片松林旁,过了那片松林就是一大片宽阔的草场。

那些松树威严矗立在雪地中,身上披着银装,像是大理石雕像一样,一动不动,再闻不到松叶的芬芳了。阳光照在树枝上,就好像钻石般熠熠闪光,轻轻一碰,积雪哗哗洒落下来。雪地上强烈的阳光反射,几乎穿透了蒙在我眼睛上的那一层黑暗。

没多久,积雪开始慢慢地融化,在它还没有完全消失前,另一场暴风雪又来了,整个冬天,几乎踩不着土地。树木上的冰凌偶尔会融化,可是很快又会披上一件相同的白衫;芦苇和矮草丛早就枯黄了，躺在阳光下的湖面也变得又滑又硬。

我和莎莉文老师最喜欢玩的游戏是滑雪橇。湖岸上有些地方非常陡峭，我们就从坡度很大的地方往下滑。大家在雪橇上坐好，一个人在背后用力一推，雪橇便往下猛冲，像一只发怒的野兽，穿过积雪，越过洼地，径直向下面的湖泊冲去，用不了多一会儿便滑到了湖的对岸。真是好玩极了！多么有趣的游戏！在那风驰电掣的一刹那，我们似乎离开了地球，与整个世界也完全脱节了，迎风而驰，飘飘欲仙。

感悟：

在海伦的笔下，我们领略了冬日的大雪纷飞，狂风肆虐，即使整个世界被寒冷紧紧包围着，可仍旧能体会到海伦心里那种兴奋。大雪，狂风，阳光，树木，雪橇，孩子们……组成了冬日里最丰富的一幅图画，大自然的美妙尽显其中。

一个善于发现生活的人，他（她）才会发现生活中的精彩之处，他（她）才会懂得如何去享受生活，才能从中发现生活的真谛。

假如给我三天光明

享受生活

　　读过我前面几章的读者想必心里已经有了一个结论，那就是我的乐趣全在书籍和阅读上。其实不然，除了书籍和阅读带给我无穷的乐趣以外，我从广泛的爱好中所获得的乐趣是非常多的。

　　我经常到田野中去散步，适量地做一些户外运动。记得在我很小的时候，我就学会了划船和游泳。夏天时，我几乎每天都要到船上去。在我看来，没有什么能够比得上和朋友一起出去划船更有趣的事情了。虽然通常我并不能平稳地驾驭船只，我只是通过辨别水草和睡莲以及岸上的灌木的气味来掌握方向，然后朝着那固定的方向划。桨是用皮带固定在桨环上的，我从水的阻力来感知双桨用力是否平衡，用同样方法，我还可以知道什么时候是逆水而上。我喜欢同风浪搏斗，驾驭坚固的小船服从于我的意志和臂力，它轻轻地掠过那波光粼粼的湖面，水波不停地使它上下颠簸。此情此景，令人心旷神怡！

　　我还喜欢在夜晚划独木舟。听我这么说完以后您不会笑话我吧？毫无疑问，我不可能看见月亮悄悄爬上天空，悬挂在中天。但我心灵的眼睛好像能够看到月亮就在那里。当我累了，我就

194

躺到垫子上，把手放进水中，我好像看见那将大地照耀得如同白昼的月光正从我脸部上方掠过，我伸出手就能够触摸到她的衣裳。时常会有些令人愉快的事情发生，比如一条大胆的小鱼从我手指间滑过，一棵睡莲含羞地亲吻我的手指。

我独自驾驭的小船从小港湾的荫蔽处驶出时，我的心里会骤然感到开朗了许多，一股暖气将我团团包围住。我不知道这股热气究竟是从树林中还是从水面上蒸发出来的。在我内心深处也常常升起这种奇异的感觉——在风雨交加的日子里，在漫漫暗夜中，这种感觉总是会不经意地袭来，仿佛如温暖的嘴唇亲吻在我的脸上。

我还非常喜欢乘船远航。我第一次出海是在一九〇一年夏天，莎莉文老师和我在伊万杰琳的故乡住了好多天。在乘船经过斯科舍半岛时，我第一次领略了大海的波澜壮阔。我们还去了海港城市哈利发克斯，差不多整个夏天都是在那里度过的。在这里我们玩得非常痛快，简直像进入了极乐世界。我们乘船去了好多地方，那种感觉真是太奇妙了。一些庞大的船舰静静地停泊在海港里。夜里，我们悠闲地在舰侧划着船，真的是有趣极了！这些令人愉快的情景，现在回想起来还都历历在目。

提起划船就不能不说一下我们遇到的那个令人惊心动魄的事情。那天，海湾里举行划船比赛，参赛者均是各艘军舰上派出的小艇。好多人都乘帆船前来观看，我和莎莉文老师乘着一条帆船也夹在当中。比赛很热闹，让人很兴奋。那时海面上还算得上是风平浪静。比赛结束后，大家掉头转航，自行散去。

就在这时，一块黑云从远处飘来，越来越多，越来越厚，不一会儿就遮满了整个天空。一时间，狂风大作，波涛汹涌。我们乘坐的小船面对风浪张满帆，拉紧绳，我们仿佛坐在风口浪尖上，忽而在波涛中打转，忽而又被推上浪头，然后又跌落浪底。风吼帆鸣，我的心怦怦直跳，手臂在颤抖，但这些表现不是精神紧张，也不是畏惧，而是激动。我们把这些当成是一次冒险经历，想象着自己就是北欧的海盗，也完全相信船长最终能化险为夷。他凭着坚实的双手和熟练的技巧，稳稳地驾驭着船只。其他的船只在驶近我们船旁时，都鸣笛向我们致敬，水手们欢呼，向这艘帆船的船长致意。最后，当我们终于驶抵码头时，我感到又饿又冷，浑身像散了架一样，疲惫不堪。

就在去年夏天，我和莎莉文老师一同前往新英格兰一个风景如画、迷人可爱的幽静乡村避暑。或许马萨诸塞州的伦萨姆真的和我有着很深的缘分，我一生当中几乎所有的欢乐和烦恼，仿佛都与这个地方有着千丝万缕的联系。那座靠近菲利浦王池畔的红色农庄成了我的新家。每每想起那一个个与好些亲朋挚友共同度过的快乐时光，以及他们对我的帮助，心里就不禁充满了感激之情。没多久我便与他们家的孩子结成为好伙伴，我们一起玩各种游戏，手拉手在林中散步，或是到水中嬉戏。几个年龄小一些的孩子常常围着我说个不停，我也常给他们讲一些诸如小妖精、侏儒、英雄和笨拙的狗熊的故事，一切至今还回味无穷。

乾布林斯先生还引导我逐渐地认识自然，去探究那些树木和野花的秘密世界。后来，我仿佛能侧耳倾听橡树中树液的奔腾流动，看见阳光挥洒在树叶上的光辉。我觉得每个人身上都存在着一种潜能，每个人潜意识里都还保留着对绿色大地、淙淙流水的记忆。即使是像我这般的盲聋人，上天也无法剥夺那种从先代遗传下来的天赋。这种遗传智能是一种第六感觉——融合了视觉、听觉、触觉于一体的灵性。

在这里我有好多朋友，现在介绍其中的这位朋友是一棵树，一棵橡树。它是我心中的骄傲。每当有朋友来访，我就会把他们带到那棵树旁，它矗立在菲利浦王池塘的陡峭岸上，据说它的年龄在八百岁至一千岁之间。传说中的菲利浦王——一位英勇的印第安人首领，就死在了这棵树下。

我还有另外一个树朋友，它比那棵大橡树要温和可亲一些。那是棵生长在我居所庭园里的菩提树。有天下午，电闪雷鸣，风雨交加，后墙传来巨大的碰撞声，后来有人告诉我说是菩提树倒了。我马上跑出去看个究竟。果然，那棵经受了无数次狂风暴雨的英雄树，终于伤心地倒下了，真叫人痛心疾首。

伦萨姆幽静的乡间留给我的记忆是美妙的。这里有三个著名的湖，我们居住的小别墅就坐落在其中一个湖的边上。在这里，我们尽情享受充满阳光的日子，所有的工作、学习和喧嚣的城市，全都暂时抛到一边。然而想要真正做到与世隔绝也不是件容易的事，我们知道了在遥远的太平洋彼岸，正在发生着残酷的战争以及资本家和劳工的斗争。在我们这个人间乐园之外，人们忙忙碌碌，丝毫不懂得悠闲自得的乐趣。我认为尘俗之事转瞬即逝，不必过分地去太在意。还是珍惜眼前的一切吧，湖水、树木，还有到处漫山遍野长满雏菊的宽广的田野，以及沁人心扉的草原，它们都是永恒存在的。

正常人一般都会这么认为，人类的知觉都是由眼睛和耳朵传达的，因此他们或许会觉得很奇怪，我不但能区分开城市街道和乡间小道，而且还能分辨别的。乡间小道除了没有砌造的路面以外，同城市街道是没有什么两样的；但是，城市的喧闹刺激着我面部的神经，同时我也能感觉到路上我所看不见的行人急促的步履。各种各样的不和谐的吵嚷，扰乱我的精神。载重车轧过坚硬的路面发出的隆隆声，还有机器单调的轰鸣，对于一个需要集中注意力辨别事物的盲人来说，常常无法忍受。

在幽静的农村，人们满眼皆是大自然的杰作，根本不必为喧嚣城市里的那种相互倾轧而整天忧心忡忡。在城市里，我曾多次访问过那些住在又窄又脏的街道上的穷人。想到有钱有势的人住在高楼大厦里悠闲自得，而另一些人却住在暗无天日的贫民窟里，变得越来越干瘪、丑陋，深深感到人与人之间所存在的不平等。至今我还记得，在那肮脏不堪且又狭窄的小巷子里，挤满了衣不蔽体、食不果腹的孩子。他们骨瘦如柴，当你向他们伸出友好的手时，他们却纷纷躲避，还以为你要打他们呢。使我更为痛苦的是，一些男人和女人被贫困折磨得不成人形。我抚摸着他们粗糙的手，眼泪禁不住流了下来。对于他们来说，生存真是场无休无止的战斗。他们的努力和机遇形成了巨大的反差。

这真是令人难忘的触目惊心的一幕。平时我们总说上帝把阳光和空气毫不吝啬地赐给一切众生，但真的是这样吗？在城市肮脏拥挤的小巷里，空气污浊，整天见不到什么阳光。善良的人们啊，你们不但不珍惜自己的同胞，反而还摧残他们。当你们在每顿饭前祷告"上帝赐给我面包"时，可知道你们的好多同胞还在无衣无食。我真希望那些穷人能够下决心远离城市，抛开辉煌灿烂、喧嚣嘈杂、纸醉金迷的环境，返回到森林和田野之中，过着简朴的生活，安心地让他们的孩子吃饱肚子健康茁壮地成长，让他们的思想能像路旁的花朵一样芬芳纯洁。这些都是我在城市生活一年后，回到乡村所产生的感想。

在乡间，除了悠闲地散步以外，我还喜欢和莎莉文老师一起骑上双人自行车四处兜风。凉风迎面吹来，使人感到十分惬意。特别是迎风快骑时，会让人感到既轻快又有力量，飘飘然而心旷神怡。

每次外出时，只要有可能，我都会把我的小狗带在身边。我曾有过很多犬友，它们是我的好伙伴甚至好帮手，因为这些狗似乎都很了解我生理上的缺陷，每当我孤独时，总是会寸步不离地陪伴着我。

赶上天气不好不能外出时，我也会和别的女孩子一样，待在房间里用各种办法消磨时间。说来您或许会不相信，我喜欢编织，虽然编的东西不是很出色，但也有模有样。除了看书和编织以外，偶尔我还会和朋友们下一两盘棋。我的那个棋盘是特制的，格子都凹陷下去的，棋子可以稳稳当当地插在里面。为方便我识别，黑白棋子各不相同，大小也不一样，白棋比黑棋略大些，这样我可以用手抚摸棋盘来了解对方的棋势。当棋子从一个格移到另一个格时会产生震动，我就可以知道什么时候该轮到我走棋了。

在独自一人无事可做时，我便玩单人纸牌游戏。我玩的纸牌也很特别，在右上角有一个后加上去的盲文符号，可以轻易分辨出是张什么牌。

我最喜欢做的事还是同孩子们一起做游戏，即使是再小的孩子，我也喜欢和他们一起玩。我打心眼儿里喜欢他们，看得出他们也都很喜欢我。他们愿意为我当向导，牵着我的手到处走，一路上把他们感兴趣的事情告诉我。小孩子们不能用手指拼字。有时唇读也未必能弄明白他们的话的意思，只好依赖手势。每逢我误解了他们的意思，干错了事，他们就会大声地笑话我，于是哑剧就得再次从头做起。我也常给他们讲故事听，或者教他们玩新游戏，和他们在一起总是很愉快，无聊的时间也就很快打发掉了。

另外我还非常喜欢到博物馆和艺术馆去参观，那里也是我乐趣和灵感的来源。或许会有人提出疑问，我什么都看不见，只能用手去触摸就真的能感觉出那些冰凉的大理石所表现的动作、感情和美吗？回答是肯定的。我从抚摸这些高尚的艺术品中获得真正的乐趣。当我的指尖触摸到这些艺术品的线条时，心里感受着艺术家们所要表达的内涵。正如我能从活人的脸上摸出人的情感和品格一样，我从神话英雄雕像的脸中，能感觉到他的内心世界。从狄安娜雕像的神态上，我体会到森林中的秀美和自由，足以驯服一头凶猛的狮子，克服最强烈的感情的精神；维纳斯雕像的安详和优雅的曲线，使我的灵魂充满了喜悦，而巴雷的铜像则把丛林的秘密显示出来。

至今在我书房的墙上，还挂有一幅荷马的雕像，我伸手就能摸到。我常以崇敬的心情抚摸他英俊而忧伤的面庞。我对他庄严的额上每一道皱纹都了如指掌——如同他生命的年轮，刻着忧患的印迹。在冰冷的灰石中，他那一双盲眼仍然在为他自己心爱的希腊寻求光明与蓝天，然而结果总是归于失望。那美丽的嘴角，坚定、真实而且柔和。这是一张饱经忧患的诗人的脸庞。啊！我能充分了解他一生的遗憾，那个犹如漫漫长夜的时代："哦，黑暗、黑暗，在这正午刺眼的阳光下，绝对黑暗、全然黑暗，永无光明和希望！"

　　有时我甚至会冒出这样一个古怪的想法：手对艺术品特别是雕塑的欣赏是否比眼睛更敏感些呢？以我自身而言，触觉比视觉更能对曲线的节奏感体会入微。不论我的想法正确与否，我自认为自己可以从希腊的大理石神像上感觉到古希腊人情绪的起伏波动。

　　抚摸着荷马的雕像，我似乎听到他正在歌唱，或者想象中的他正从一个营帐行吟到另一个营帐，摸索着前行。他一边走着一边歌唱生活、爱情甚至战争，颂扬着一个英雄民族的光辉业绩。那些伟大而不朽的歌，使这位盲人赢得了不朽的桂冠和后人的敬仰。

　　去剧院欣赏歌剧也是我比较喜欢的一种娱乐方式。我喜欢舞台上正在上演时，有人在旁边给我讲述剧情，这种身临其境的感觉比读剧本要有趣味得多。我曾有幸和几位著名的演员近距离接触过，他们每个人都有着高超的演技，很容易就能让你忘记身边的一切，随着他们的表演一切都漫游到罗曼蒂克的古代去。我现在还清晰地记得第一次看戏时的情景。说起来那还是 12 年前的事情，莱斯莉正在波士顿，莎莉文老师带我去看她演出的《王子与贫儿》。最令我无法忘记的，是剧场里所充斥的喜怒哀乐气氛，随着剧情的发展，观众一会儿喜，一会儿悲，这位小演员也演得实在是太逼真了。演出结束后，我被允许到后台去见这位穿着华丽戏装的演员。她站在那里向我微笑，一头金发披散在肩上。虽然刚刚结束演出，她一点也没有疲惫的样子，也不曾摆出名演员的架子。那时我刚学说话不久，之前我曾反复练习说出她的名字，直到我可以清楚地说出来。当她听懂了我说出的那几个字时，竟高兴地伸出手来拥抱我，表示很高兴能与我结识，我也高兴得几乎要跳起来！

不能改变的是，我的生命中有很多缺陷，但我可以有如此多的方式接触这个多姿多彩的世界，还有什么不满足的呢？世界是美好的，甚至黑暗和沉寂也是如此。我不时地提醒自己：不管处在什么样的环境之下，最重要的是要不断努力，要学会满足。

有时候，当我在无声的黑暗中孤独地坐着等待生命之门关闭时，一种与世隔绝的酸楚就会像冷雾一样将我完全笼罩起来。命运之神无情地将光明、音乐和友谊挡在了门外。我真想大声地提出抗议，因为我的心仍然充满了热情。但是每当那些尽管犀利但毫无益处的话刚到嘴边就又被我生生咽了回去，犹如泪水往肚里流，沉默浸透了我的灵魂。然而用不了多久，希望之神便会微笑着走来对我轻声说："忘我就是快乐。"所以我又重新振作精神，把别人眼睛所看见的光明当成是我的阳光，把别人耳朵所听见的音乐当作我的乐章，把别人嘴角的微笑当作我的面庞。

第六章

用爱及感恩的心态面对生活

忘却自我中有着快乐——因而，我要努力将别人眼中的光明当作我的太阳，将别人耳中的音乐当作我的乐曲，将别人唇边的微笑当作我的欢乐。

感谢那一双双托满阳光的手

　　我有一个非常好的想法，如果能够把曾经帮助过我的人都一一写出来，该是一件多么愉快的事呀！在前些章我已经写过一些人，或许大家对他们有所熟悉了。但依然还有好多善良的人可能不为人知。即使这样，他们善良的举动将永远活在那些因为他们而变得丰富、愉快的生命中。

　　在我一生当中，最值得我庆幸的事情就是认识了好多给我带来帮助的益友，在我看来，他们犹如一首首优美的诗歌那样能打动人心，和他们握手时你能通过他们的掌心感受到那不可言喻的同情，和他们在一起，他们幽默有趣的话语，会把你的不快、烦恼和忧虑一扫而光，使你一觉醒来，耳目一新，能将腐朽化为神奇，重新看到真实世界的美与和谐。有这样的善良的人在身旁，会令你心情舒畅。或许与他们的相会非常短暂甚至只那么一小会儿，但是他们平静的脸，温柔的性格，让凝固在我心头的冰块逐渐得以消融，犹如山泉灌进海洋，淡化了海水的浓度。

　　也遇到过有人这样问我："你碰到过使你厌烦的人吗？"我并不能完全明白这句话的意思，我觉得那些有过多好奇心的蠢人，尤其是一些新闻记者是不太讨人喜欢的。另外对于那些自以为是喜欢说教的人我也心存反感，他们的同情让你明显感觉是故意弄出来的夸张，那种虚伪多少让人心里很是别扭。

通过我和别人握手这件事就很能说明问题，有的人握手时漫不经心，显得高人一等；有的人心事重重，和他们握手仿佛是握着一块冰一样；而有些人则是充满了热情，他们的手就像阳光一样温暖了我的心。或许那不过是一个孩童的手，然而它确实会给你活泼快乐，就像日常生活中含情的一瞥所给你带来的感受一样，通过那些热情的握手或是一封友善的来信，我感受着无比的欣慰。

我接到过许许多多远方朋友的来信，我和他们从未谋过面，由于人数实在是太多了，以致我不能一一写信回复他们，这让我时常感到内疚。借此机会我要感谢他们的亲切问候，虽然我知道有些东西光凭一句感谢是远远不够的。

我常常暗自庆幸能够有机会结识那么多有名望的人物，并且还和这些智慧的人们一起交流。我觉得只有近距离地和布林克斯主教待在一起，你才能真正领略到他人格的力量。很小的时候我就喜欢坐在他的大腿上，一只手紧紧握着他的大手，听他生动有趣地讲解有关上帝和精神世界的事，再由莎莉文老师拼写到我另一只手上。他的话让我感到既惊奇又喜欢，虽然我还不能完全理解他所说的，但却使我对生命的内涵产生了兴趣。随着年龄的增长，我逐渐对他的话有了更深一层的理解。

我曾这样问过他："世界上为什么要有那么多的宗教派别呢？"他回答说："孩子，其实世界上只有一种无所不在的宗教，那就是爱的宗教。这种宗教会使你用整个身心去爱你身边的每个人,尽你所能去帮助上帝的每个儿女。孩子你要好好记着,善的力量有时远不如恶的力量强大,进天堂的钥匙在你自己的手中。"其实他整个的一生就是他所说这话的最好的例证。在他高尚的灵魂里,爱与渊博的知识以及信仰融合成一种洞察力,他看见:上帝使你得到解放,得到鼓舞,使你谦卑、柔顺并得到慰藉。

布林克斯主教并没有特意灌输给我什么信条之类的东西,但他却把两种伟大的思想铭刻在了我脑海中——上帝是万物之父,每个人都是兄弟姐妹的关系,这是一切信条和教义的基础。上帝是爱,上帝是父,我们是他的儿女。乌云总是要被驱散,正义永远会战胜邪恶。

我无忧无虑生活在这个世界上,很少去想自己死后会怎么样,只是不免常常想起几位故去了的好友。时间过得很快,虽然他们离开这个世界已有好多年了,但仿佛依然同我近在咫尺,如果他们有一天突然拉住我的手,像从前一样和我亲切地交谈,我不会感到有什么惊奇。

布林克斯主教去世后,我特意把《圣经》从头到尾读了一遍,同时还掺杂着读了几部从哲学角度论述宗教的著作,其中就有斯韦德伯格的《天堂和地狱》、德林蒙德的《人类的进步》等,但我依然觉得,最能慰藉我灵魂的还是布林克斯主教那博大精深的爱。

我认识亨利·德林蒙德先生,他那热情而有力的握手令我感激不已。他是一位待人热情、知识广博而健谈的朋友,只要有他在场，周围的一切总会充满了欢声笑语。

　　我至今还清晰地记得同霍姆斯博士见面时的情景。那是在一个星期日的下午，他邀请莎莉文老师和我一起去见他。那时我刚学会说话不久，一进门我们就被带进他的书房。他坐在壁炉旁边一张扶手椅上。炉火熊熊，柴炭噼啪作响，他说自己正沉浸于往事的回忆当中。

　　"还在聆听查尔斯河的细语。"我补充道。"是的，"他说，"查尔斯河引起我许多美好的联想。"

　　在他的书房里，有一股很好闻的印刷油墨的气味，我知道这里一定到处都是图书。我本能地伸出手去寻找它们，手指落在一卷装订精美的坦尼森诗集上。莎莉文老师告诉我书名，我就开始大声朗诵起来："啊！大海，撞击吧，撞击吧，请撞击那些灰色的礁石……"

　　读着读着，我突然感觉到有泪水滴在我的手背上，大感惊讶，就停了朗诵。真没想到这位著名的诗人竟然听得流下了眼泪，我觉得不安起来。后来他让我坐在靠背椅上，拿来好多有趣的东西让我鉴赏。我应他的要求，还朗诵了自己最喜欢的一首名为《被禁闭的鹦鹉螺》的诗。

　　后来我又同霍姆斯博士见了几次面，我不但喜欢他的诗歌，更喜欢他的为人。

　　在结识了霍姆斯博士后不久，我同莎莉文老师一起又去拜见了惠蒂尔。那是一个晴朗的夏日，是在梅里迈克河边他幽静的家里。惠蒂尔是个温文尔雅、谈吐不凡的人，给我留下了非常深刻的印象。他自己有一本凸字版诗集，我在那里面读到了一首题为《学生时代》的诗歌。他对我能如此准确地发音非常高兴，说他听起来一点不困难。我问他许多关于这首诗的问题，并且把手放在他的嘴唇上来"听"他的回答。他说，那首诗中的小男孩就是他自己，女孩子的名字叫萨利，还有其他一些细节，现在我已记不太清楚了。

接着我又朗读了其中的《赞美上帝》，当我读到最后一行时，惠蒂尔在我的手中放入了一个奴隶的塑像。从那蹲着的奴隶身上掉下两条锁链，就好像天使把彼得带出监牢时，他身上的镣铐脱落下来的情形一样。后来，我们到他的书房里去，他为莎莉文老师亲笔题字，表达对她工作的钦佩，而后对我说："幸运的孩子，莎莉文小姐是你心灵的解放者。"

惠蒂尔一直送我们到大门口，临别前他温柔地吻了我的前额。我答应第二年夏天再来看望他，但是没等到这个约定实现，他就离开了这个世界。

我还有许多忘年交朋友，爱德华·埃弗雷特·黑尔就是其中一位。我在八岁那年就认识他，随着自己一天天长大，我越来越敬重他。他是个特别博学并非常有同情心的人，是我们在艰难时的最好益友，他用自己坚强的力量帮助我们度过了许多艰难险阻。不仅仅对我们，他对任何处境困难的人都是如此。他用爱来给旧的教义赋予新的内容，并教导人们如何去信仰，如何去生活，如何去求得自由。他言传身教，以身作则，爱国家，爱人类，追求勤勤恳恳不断向上的人生。他宣传鼓动，而又身体力行，可以说算得上是全人类的朋友。

愿上帝保佑他！

在前面的章节中，我曾提到过与贝尔博士初次见面的情景，后来，或者是到华盛顿，或者是在布雷顿角岛中心他宁静的家中，我曾同贝尔博士一起度过许多愉快的时光。在他的实验室里，在伟大的布烈斯河岸的田野上，我静静地听着他讲述自己的实验，心中充满了喜悦。我们还一起到田野中去放风筝，他告诉我，他希望以此能发现控制未来飞船的方法。

贝尔博士是个博学多才的人，而且十分善于用生动有趣的语言向你描述自己研究的每一个课题，一些深奥枯燥的理论知识经他一讲变得兴趣盎然。他能让你建立起这样的信心：哪怕只用一点点时间，你都可以成为发明家。平时的贝尔博士还表现得十分幽默和富有诗意，对孩子满怀爱心。当他抱着一个聋哑孩童时，常常表现出天真的快乐。他为聋人作的贡献会留存久远，并造福后世的孩子们。因为他个人的成就和感召，我们将对他满怀敬爱。

在纽约两年当中，我见过许多知名人士。虽然我已久闻他们的大名，但以前却从未想过会同他们谋面。同他们大多数人的第一次见面，都是在好友劳伦士·赫顿先生的府上。我十分荣幸能够到赫顿夫妇优雅宜人的家里做客，参观他们的藏书室。许多富有才华的朋友都为他们夫妇题词留念，表达自己对他们的钦佩之情。对我来说，能在图书室中亲自阅读到这些留言，真是莫大的荣幸。

赫顿先生能唤起人们内心深处的美好思想与情操。人们不需要读《我所认识的男孩》，就可以了解他。他也是我所认识的最慷慨、待人宽厚的人。赫顿夫人是一个患难与共的真诚朋友，我思想中许多最可宝贵的东西的获得，都要归功于她。在大学的学习过程中取得的进步，也得益于她的引导和帮助。当我因学习遇到困难而气馁时，她的信会使我振奋，重新鼓起勇气。她使我真正体会到，用毅力去征服一个困难，随后而来的事就会变得简单而容易。

赫顿先生给我介绍了许多文学界的朋友，如著名的威廉·狄思·霍尔斯先生和马克·吐温先生。我还见过李察·华生·吉尔德先生和艾德豪德·克拉伦斯·惠特曼先生并也结识了查尔士·杜德里·华纳先生。华纳先生是个善于讲故事的人，深受朋友们的喜爱，同时他对人非常富有同情心，大家都说他爱人如己。有一次，华纳先生带着森林诗人——约翰·柏洛夫先生来看我。他们和蔼可亲，在散文和诗歌创作上的才华令我钦佩不已，如今又切身感受到他们待人接物的魅力。这些文学界名流，谈天说地，唇枪舌剑，妙语如珠，令人望尘莫及。就好像小阿斯卡留斯以不对称的脚步跟着英雄阿留斯向伟大的命运进军一样——他们对我说了许多至理名言。

吉尔德先生同我谈起，他是如何穿越大沙漠在金字塔做月光之旅的。有一次他写信给我，在签名下做出凹下去的印迹，以便我能够轻松摸出来。这让我想起，赫尔先生给我的信也都会把签名刺成盲字。我用唇读法听马克·吐温为我朗诵他的一两篇精彩的短篇小说。他的思想和行为都与众不同，我在与他握手时，能感觉到他的眼睛炯炯有神地闪光。甚至，当他以特有的、难以形容的幽默声调进行讽刺挖苦时，使你觉得仿佛他就是那个温柔、又有人类同情心的伊里亚德的化身。

　　我在纽约还见了许多有趣的人物，《圣尼古拉斯报》受人尊敬的编辑玛莉·玛普斯·道奇女士、《爱尔兰人》一书可爱的作家凯蒂·道格拉斯·威格因女士。他们送给我颇富情意的礼物，包括反映他们思想的书籍、暖人心窝的信函以及一些照片。

　　我不可能在这有限的篇幅里把朋友们都一一尽述。事实上他们那些高尚纯洁的品质也非笔墨所能充分表达的。甚至要讲到劳伦斯·赫顿夫人时，我的心中还犹豫不决。这里我只能再提两位朋友，一位是匹兹堡的威廉索夫人，在林德斯特时，我常去她家中拜访。她总是为别人着想，认识她多年来，她总是不厌其烦地提出自己中肯的意见。另有一位朋友卡内基先生也使我受益匪浅。他强而有力的企业领导才能无人能及，他英明果敢神奇的能力，博得了大家的尊敬。他对每一个人都很仁慈，默默行善。由于他的地位，我是不应该谈到他的，但是应该指出，如果没有他的热情帮助，我进大学是不可能的。

　　也可以这样讲，是那些善良的朋友们创造海伦的一生。他们费尽心思、绞尽脑汁，把我的缺陷转变成美好的特权，使我能够在已造成的缺陷阴影中，安详而快乐地向前迈进。

怀念贝尔博士

　　我现在已经不怎么记得在华盛顿演讲的具体时间了，但我永远无法忘记的是，在华盛顿我和贝尔博士一起度过的那段最愉快的时光。

　　其实在华盛顿期间还不能算是我第一次与贝尔博士同时站在讲台上，早在我十岁时，就曾与贝尔博士一起出席过聋哑教育促进大会。在一般人眼里，只要提起贝尔博士，马上就会联想到那位电话的发明者，或者是一位致力于聋哑教育的大慈善家。可是对我个人来说，他还远远不止这些，在我眼里，他更是一位至亲至爱的好朋友。真的，在所有的朋友当中，贝尔博士与我的交往历史最为长久，感情也最好。

　　或许我如此喜欢贝尔博士，是因为他在我的生命中比莎莉文老师出现得更早的缘故吧。前文我已经说过，在我仍生活在黑暗之中时，父母领着我找到了贝尔博士，他向我伸出了温暖的友谊之手。也正是由于有了他无私的帮助，后来安那诺斯先生才会把莎莉文老师介绍给我做家庭教师，因为贝尔博士从一开始就非常赞赏莎莉文老师的教育方式，他曾经钦佩地对她说："你对海伦的教育方式，完全可以当作所有教育家们最宝贵的参考资料。"

他对聋哑教育的热心可以说是众所皆知，按说这种热心还有些历史原因呢！贝尔博士的祖父正是口吃矫正法的创始者，而他的父亲梅尔·贝尔先生则发明了聋哑教育上的唇读法。梅尔·贝尔先生也是个相当幽默的人，他从不因为自己对聋哑人的贡献而沾沾自喜，反而轻描淡写地对儿子说："告诉你吧，我的这种发明一点都不会赚钱。"贝尔博士则一本正经地答道："可是这种发明却比电话的发明更重要。"

从这对话中我们不难看出他们父子间的感情有多么融洽。贝尔博士是个非常孝顺父母的人，只要有一两天没有见到父亲，贝尔博士就会说："我得去看看我父亲了，因为每次跟他聊天都会有所收获。"在这一点上大家都对他很是敬佩。博士那幢典雅美观的住宅正好位于波多马克河入海口的河畔，那里风景很优美。我曾见到他们父子二人并肩坐在河边，边抽着烟，边望着过往的船只，十分悠闲。偶尔有清晰的鸟鸣声传来，贝尔博士就会问："父亲，您觉得这种鸟声应该用什么记号来代表比较好呢？"于是父子二人便就这一问题展开热烈讨论，开始探讨发声学。他们俩仔细分析每一种声音，然后寻找将之转换成手语表达的可能。或许由于他们专门研究声音，因此父子二人的发音都非常清晰，也极为动人，倾听他们的谈话对我来说真是一大享受。

对待母亲贝尔博士也是非常孝顺。在我认识贝尔博士时，他的母亲就患有严重的听力障碍，已经几乎听不到任何声音了。有一天，贝尔博士驾车带我和莎莉文老师到郊外去玩，采了许多漂亮的野花。在回来的路上，他忽然想到要把野花送给他的母亲。贝尔博士俏皮地对我们说："现在我们要直冲进大门，让我父母吃上一惊。"

当然，后来车子并没有直接冲进大门，不过当我们下车后正要登上门前的台阶时，贝尔博士忽然抓住我的手说："他们老两口好像都在睡觉，我们都轻轻地走进去好了。"

我们三人踮着脚悄悄走进屋，把花插在花瓶里后就又回到屋外。那时，贝尔博士的父母安详沉睡的神态给我的印象十分深刻。两张并排的安乐椅上，博士的母亲伏在椅子的靠手上，因此看不到脸，只见到一头银白色的头发；而他的父亲则仰头靠在椅背上，神态庄严，就像是一位君王。

很庆幸我能结识这样好的一家人，所以常常去拜访他们。老太太喜欢编织，尤其擅长编织花草的图案，她经常手把手耐心地教我，我的那点编织技巧都是从她那里学来的。贝尔博士有两个女儿，年龄和我都差不多，她俩待人很热情，我每次去贝尔博士家，都像是回到了自己家一样。

众所周知，贝尔博士是一位非常出色的科学家，平时有许多知名的科学家常常是他家的座上宾，如果我正好也在场的话，他就会把他们的对话很耐心很仔细地写在我的手上。贝尔博士认为："世界上的事情无所谓难易，只要你用心去学习，就一定可以弄明白。"我用心倾听，乐此不疲，也不管是否真听懂了那些深奥的理论。另外他还是一个地地道道的雄辩者，只要他在房间里，用不了几分钟，所有人的注意力就都会被他吸引过去，大家都喜欢听他讲话，这也是他异于常人的魅力所在。

即便如此，他并不喜欢将自己的主观意愿强加于他人，相反的，他是个非常谦虚的人，对于不同的意见，往往会很客气地说："哦，或许你的想法是对的，请容我再好好考虑考虑。"

贝尔博士也有近乎固执己见的时候，那就是在聋哑教育问题上，他坚持口述法比手语法更好，理由是当一个聋哑人以手语来表达时，必然引来一般人异样的眼光而产生隔阂，也因此使他们很难达到普通人的知识水准。也有人不同意这种意见，但相信每个从事聋哑教育的人一定都不会不敬仰贝尔博士在聋哑教育上所作出的伟大贡献。他在这项事业上不存在任何野心，更不图任何回报，只是本着科学的态度，大力推广聋哑教育事业。他曾自费从事各种研究，还一度创办过学校，现在英国的聋哑教育促进协会就是他一手创办的。因为发明电话贝尔博士得到了一笔钱，但他把这笔钱用来作为了聋哑者的奖学金。为了使聋哑的孩子们能像正常人一样说话，他尽了自己最大的努力。

贝尔博士祖籍是苏格兰人，后移居美国。他为人热情诚恳，开朗且又善良，深受大家的信赖和爱戴。即使是在平时的闲谈中，他也会有意无意地将话题转移到与科学相关的方面上。有一次他告诉我们说："从我很小的时起就设想着能够铺设一条海底电缆，不过这一愿望直到一八六六年才得以实现。在这之前，我失败过的次数已经记不得有多少次了。"他说这话时，我才仅有十二岁，所以把他的话当成神话故事般听得入了神，尤其听到他说人们将可经由深海里的电缆与遥远的东方通话时，给我留下的印象极为深刻。后来他曾多次带我到首次把电话应用在日常用途上的那栋建筑物里去，他是这样告诉我的："如果没有助手汤玛斯的帮忙，也许电话的发明不会像目前这样顺利。"

　　在那间屋子里，一八七六年三月十日，一个伟大的发明在此诞生。贝尔博士对在另一个房间工作的华生先生说道："华生，我有点事找你，请你过来一下。"

　　这句话现在看起来再寻常不过了，但无可置疑的是那是人类历史上第一次启用电话时所说的话。当时突然听到这句话的华生，当场吓了一大跳。

　　我听完了贝尔博士精彩的描述后，说出自己的看法："第一次通话应该说些更有意义的话才对呀！"他马上回答我说："你错了！海伦，这个世界必将越来越繁忙，利用电话来传送的应该是像'我有事，请你来一下'这类有实际需要的话。"

　　后来除了电话之外，贝尔博士还发明了诸如对讲机、感应天平等许多有用的东西，为人类的发展进步做出了巨大贡献。

　　一提起贝尔博士，我总有说不完道不尽的话，因为有关他的事情实在是太多太多，不可能一下子说得完，更何况他留给我的都是些最美好的回忆。现在我仍然能够清楚地回忆起和贝尔博士与他的女儿们一起坐在游艇的甲板上赏月的情景。那天晚上，与我们同行在船上的还有一位名叫纽康博士的人，他兴致勃勃地对我们大谈月食、流星及彗星等天文现象，让我眼界大开。

　　贝尔博士对我的关心一点都不比我的父母差，他总是这样对我说："孩子，你现在还年轻，未来的日子还很长，路也很远，所以应该考虑一下你自己的婚姻问题了。莎莉文小姐总有一天会结婚，到那时，又有谁会来陪伴你呢？"我总是这样笑着回答他："可是我觉得自己目前很幸福，何况有谁愿意和我这样的人结婚呢？"

他说的话我虽然不是完全赞同，但我可以感受到他是真心地在为我的未来担忧。在莎莉文老师与梅西先生结婚的典礼上，他又一次提起这件事："你看，我不是早就对你说过吗？不过现在还不算迟，你应该听我的话，赶快建立一个家庭了。"

我说："您的好意我完全可以理解，不过若是有一个男人娶了我这样的人当妻子，那不是太可怜了吗？我根本不能做任何事，只会徒增对方的负担。"

他说："也许你不能做很多家事，但我相信会有那么一位善良的男孩子喜欢你的，如果他不计较这些而同你结婚的话，你可能会改变主意吧？"

后来也正如贝尔博士所说，我确曾动过心，这些暂且不谈。

我最后一次见到贝尔博士是在一九二〇年，当时他刚从苏格兰回来，我还记得他对我说的一句话："虽然应该算是回到故乡了，可是内心里却总有一种身处异国的落寞。"

后来他好像还谈到飞机，满脸感兴趣的样子，而且表示下一步要研究飞机的制作。他预测，不出十年，纽约与伦敦之间就会开辟航线，而且在大建筑的顶上会有小型飞机场，就像现在家家有汽车库一样，用飞机当交通工具的时代即将到来。他断言说，下一次世界大战将会以空中为主要战场，而潜水艇在海上的作用将比其他舰只更为重要。

此外他的另一个大胆预言是："在不久的将来，科学家们会发明出冷却热带空气的方法,或者是使热气流到寒冷地带去,然后让南、北极的冷空气流到热带来调节冷热，使地球上的每个地方都适合人类居住。"我每次听到这种乐观的科学预言总是倍感兴奋，不过我没想到一些预言会实现得那么快。因此，当我在六年后听说法国的科学家们真的利用海洋来调节气候时，还着实吃了一惊呢！

谁也没有想到，那次会面竟成了我和贝尔博士的最后一面。当我与他挥别时或许就有种预感，竟感到非常依依不舍。令人伤心的是，我的预感竟不幸成真！

贝尔博士在一九二二年八月三日去世，遗体就葬在本市雷山顶上，说起来这个地方还是他自己选的，记得有一次他指着山顶对我说："海伦，你知道吗？那里就是我以后长眠的地方。"

他是笑着说完上面那句话的。后来他还特意为我朗诵了一段布朗宁的诗句。没多久，当我从报纸上得知贝尔博士去世的消息后，我清楚地意识到，我一生当中最珍贵的友人已经离我而去了。

失去了贝尔博士这么一位好朋友，我和莎莉文老师都感到很伤心。我们匆匆结束了演讲旅行，疲惫不堪地回到连杉的家。一时间我们都对未来感到茫然而不安，不知道以后会怎样。那时我们的经济状况已经很糟糕了。过去有洛奇先生定期资助我们生活费，生活还算得上无忧无虑，可是自从莎莉文老师结婚之后，这笔生活费便减少了一半。原本我们寄希望于稿费来弥补，但是最终也未能如愿。

约翰·赫慈

对于圣经故事，除了关于可爱的拿撒勒人的故事外，我并不很热衷。那些创世故事，亚当、夏娃因偷吃了伊甸园的一种果子而被逐出天堂的故事，洪水以及一切《圣经·旧约》中的恩怨复仇的故事，对我来说好像同希腊罗马神话没什么区别——没有哪位男神或女神让我崇拜。

在姨妈给我的神圣的《圣经》中，我没有找到一个我心中那样的仁慈、美丽、辉煌的神，这令我失望。姨妈给我讲《启示录》中的故事，但我仍感到一种莫名的空虚。在神与龙以及长角兽的战争中我看到了什么？我怎么能将被投入火海的痛苦同耶稣所讲的仁爱的神联系起来？我感到困惑，天堂应该是充满美妙的东西——山川、田野、海洋、果实累累，走也走不到尽头的大地，可为什么神的城被描绘成用黄金铺着地，用宝石镶着墙呢？耶稣救死扶伤，让聋哑人讲话，给盲人带来光明的故事让我深思，可我怎么能同时崇拜三个人——圣父、圣子和圣灵？这难道不是在《圣经·旧约》时代被严重惩罚的那种错误的信仰吗？

这些令人困惑、不尽如人意的想法困扰着我，在这时我遇见了我一生中最喜欢的一位朋友——约翰·赫慈。他长期以来一直在华盛顿特区任瑞士总领事。后来担任华盛顿沃塔局总监。沃塔局是贝尔博士用他发明电话而获得的沃塔奖金创办的。主要目的是收集和发布关于聋哑人的信息，并为他们的利益出版了一份杂志《沃塔评论》。

我在一八九三年第一次见到赫慈先生，那时我十三岁。这正是这段我将永远珍藏在记忆中的真挚友谊的开始。赫慈先生对我所做的一切总是很感兴趣——我的学习，我小女孩的欢乐与梦想，我奋力读完大学以及我为盲人所做的工作。赫慈先生双耳几乎失聪，他是为数不多的知道并肯定莎莉文老师的人之一。称她的工作不仅对我，而且对全世界都有重要意义。赫慈先生知道莎莉文老师对我来说意味着光明——黑暗中的一丝光明。他经常到波士顿和剑桥来看我们，而我和我的老师在每次回家途中都到华盛顿拜访他，这种相聚让人快活。

我和老师在马萨诸塞州瑞恩萨姆定居以后，赫慈先生每年夏天都要和我们一起待六个星期，这样一直到他去世的前一年。他喜欢在草叶上浮着露珠、空气中荡着鸟语的清晨带我出去散步。我们徜徉在静静的树林里、芳香的草地间，走过瑞恩萨姆画一般的石头墙，他带着我走向美，走向更深层的自然。我们谈着，整个世界放着光芒。赫慈先生激起我对自然的爱，而这种爱如此的珍贵，仿佛是我寂静生命中的歌声、我黑暗世界里的光明。回忆那些鲜花、欢笑的小河，和我们一起度过的那些闪亮、馨香的时光可真好。每一天我都能从他的眼睛里看到一种神圣的美。时而我们停下来，感受那摇曳的树木、低着头的花儿和那招着手的谷物。这时候他就会说："给万物带来生命的风儿，它是神奇妙的灵。"

在我十四岁生日时，赫慈先生将自己用了三十多年的金表送给我。从那时起，除了一次送回瑞士去修理以外，这块表一直伴随着我。有趣的是，它最初并不是为盲人设计的。它最初的主人是位德国大使，让人做了这块表来保证他能准时出席重要约会，因为他要不时去拜会德皇的特使，而在会面时经常看表或滞留时间过长都是不礼貌的，所以这位大使找到珠宝商并指点他制作了这块表。有了它，他可以把手伸进兜里来"感觉"时间。

这块表是水晶表盘，表的反面有个金制表针与分针相连，表的周围有金制的刻度来表示时间。我总是把表戴在胸前，它嘀嗒嘀嗒地走着，像赫慈先生一样忠诚地帮助我，爱着我。赫慈先生已经离开我许多年了，可我总是很高兴地感到，伴着这嘀嗒声，我正一步步地走近他。这一无价之宝，它连着时空和永恒。

赫慈先生与我通信好多年，他学会了布莱叶盲文使我能自己读他那些长信。这些信蕴含着一种崇高的亲情，当我渴望他的爱抚、渴望他那给我以激励的充满智慧的话语时，这些信给我带来安慰。赫慈先生始终想着如何来减轻我所面对的困难。他很快了解到我渴望读书，而能够得到的盲文书又是如此的有限。八年中每一天他都为我摘录一些他认为会带给我快乐的内容——故事、人物传记、自然科学等。

通过我们之间的许多交流，赫慈先生了解到我对文学的渴望。他自身的聋哑使他能够体会我看这个感性世界时被扭曲了的视角。他告诉我说，如果我能将自己置身于那些健全人中间，想象他们对事情的表情，这样他们的感觉就能融入我自己的感觉中来，这使我更加热爱外部世界。赫慈先生给了我一把能进入健全人生活的钥匙，同时也给了其他人了解我的机会。他带给我一本斯韦德伯格的《天堂与地狱》并告诉我说，开始时可能读不懂，但这对我的头脑却是很好的锻炼，并且我能从中看到我想象中的神。

刚开始读《天堂与地狱》时，我没有料到它会带给我如此奇妙的快乐，这快乐就如同多年前我站在回廊里盼着老师的到来一样。带着一种爱读书的女孩的好奇心，我翻开了这本大书。我的手指接触到这样一段文字：

斯韦德伯格书中美丽的真理给这位盲人带来了光明。她相信这种光明远远超过尘世的光明，她深信在尘世中的躯体之外存在着一种精神生命，这种生命拥有完美的感觉，经过一段黑暗的岁月后，精神的双眼将看到一个无限完美、精彩、令人满意的世界。

我的心欢快地跳着。这就是我强烈感受到的——灵魂和躯体的相互独立以及我所描绘的世界与我不健全的感官时时遇到的支离破碎、不合理的世界间的不同。我继续读着，带着一颗健康、快乐的心，努力地去思索这位瑞典哲人长长的话语、重重的思想。读《天堂和地狱》使我感到神就在身旁，就像布鲁克斯牧师给我讲耶稣的故事时一样。

字里行间"爱"和"智慧"两个词好像在抚慰着我的手指，

这两个词给我一种新的力量，激励着我固有的一种秉性，让我不断前进。我不时地重读这本书，这一行，那一段，乍一看，好像它们只是些格言训诫，但接下来就会看到藏在文字间的圣言。一旦明白了所读的一切，我的灵魂似乎就在延伸，使我充满信心地面对周围的重重困难。书中对另一个世界的描绘令我心旷神怡，使我沉浸在一种广阔的、超凡而又奇异的境界中。在那个精神世界中黑暗因伟大的生命和创造性思维而发光，那里没有武力搏斗，神的微笑点亮了黑夜。

我在这种灵魂世界的氛围中兴高采烈地读啊读啊，看到许多品质高贵的人们列着队庄严地走过。我第一次明白了永恒的含义，世界仿佛也增加了几抹可爱与壮观。

我很高兴地知道神的城并不是那种所谓的水晶般的街道、镶着宝石的墙，而是一个井然有序、富于智慧、爱心和崇高力量的国土。渐渐地我开始能够读懂从前令我困惑的《圣经》了，它帮我发现其中宝贵的真理。

许多朋友都给过我不尽的帮助，但只有赫慈先生，他在自己沉静的年月里从不间断地与我分享着心中的阳光和静谧。年复一年，我不断地走近赫慈先生，他日复一日的来信不断增多。后来，巨大的痛苦降临——与我最爱的朋友永远地分别。那一次是在我探望母亲返回瑞恩萨姆的路上，像以往一样，我到华盛顿去看望赫慈先生，他到车站来接我。他高兴地拥抱我并抱怨说车怎么来得这么迟。在领着我下车的时候，赫慈先生突发心脏病离开了人世。

在生命的最后一刻，他握着我的手，至今当我想起那痛苦的一幕时，仍能感到他当时的快乐。如果说这样一位亲密、和蔼的朋友将永远地离我而去，那我将难以承受这一事实。相反，赫慈先生高尚的品德和对生活的信念，使我也坚信：在另一个我做梦也想不到的更美、更快乐的世界里，我们还会重逢。先生去了，留给我的是他无私的帮助，难能可贵备感孤独寂寞的难耐滋味的人格。

　　赫慈先生品格高尚，拥有一颗温和、纯洁的心，总以宽容的双眼来看待周围的人们，总是为别人做一些让人感到亲切的事情。无论做什么，他都恪守着这样的誓言："爱人如己！"八十岁时，他有着一颗常青的心，他的生活乐趣使之超乎常人，几乎与青年人一样的年轻。他对我来说永远不会老，我对他来讲也从未是盲人、聋人。他写起字来很吃力，因为听力不好加上我蹩脚的发音，有时我一句话得重复好多遍他才能听懂。尽管困难重重，但我们之间的交流值得彼此做的每一分努力。

感悟：

　　岁月匆匆，又有几人能真正在自己的生命中驻足呢？总有一些人会走进我们的生活，他们与我们一起分享快乐，分担灰暗、冰凉、忧伤……那是因为他们怀着一颗诚挚的心，而彼此之间，进行的是一场心与心之间的对话，没有任何距离，两者相互敞开心扉。

　　海伦的一生中有幸邂逅了如赫慈先生这样的人，赫慈先生给她留下的不仅是感动，更是一种很纯粹的真情。

遇见马克·吐温

　　早在很久以前，确切一点说是在一八九四年，在我还不太懂事时，就听过马克·吐温先生的大名。后来有幸与他相识相交，他对我的影响也越来越深刻。他让我深刻体会到人情的温暖、生命的可贵。除了贝尔先生与莎莉文老师以外，我最敬爱的就要算马克·吐温先生了。

　　记得第一次见到马克·吐温先生是在纽约的劳伦斯·克登先生家里，当时我只有十四岁。当我第一次跟他握手时就有一种直觉："呀！这肯定是个能给我带来帮助的人。"那天，他的风趣谈吐令我非常开心。之后，我又分别在荷登先生与洛奇先生家中与他见过几次面，后来一直保持通信联系。

　　马克·吐温先生是一个思维敏捷、心地善良的人，他能充分体会残障者的心情。和他在一起时，他经常为我讲述一些感人的小故事，有些还是他亲身经历过的有趣的冒险片断，从这些故事中他启发我多去看人生光明的一面，并以此来鼓励我。

　　那天晚上，马克·吐温先生在克登先生的书房里对许多社会名流发表演说，听众当中还包括日后的威尔逊总统。演说的内容是有关菲律宾局势的，他说："大约有六百名菲律宾妇孺躲在某座死火山的火山口中，而范史东上校竟把他们悉数围杀了。几天后，这位上校竟又命令部下假扮敌军，逮捕了菲律宾的爱国志士阿基纳多等许多人。"马克·吐温先生越说越来气，义愤填膺地痛责这位嗜杀的残酷军官，并且很感慨地表示："如果不是我亲眼见到，亲耳听到，我真不敢相信世上会有这种毫无人性的家伙。"

无论是政治事件或战争，也不管是世界各国什么地方什么民族的人，马克·吐温先生反对一切不人道的事情。他疾恶如仇，不习惯于沉默，一定会大声地四处呼吁并加以抨击，这是他一贯的作风。他瞧不起那些自吹自擂的人，也看不上没有道德勇气的人。在他看来，一个人不但要能够辨别出大是大非，而且要毫不畏惧地指责那些伪善者的恶行。因此，他常常毫不留情地向恶势力挑战。

马克·吐温先生一直很关心我，不论大事小情，只要和我有关，他肯定会非常热心。并且在所有认识我和老师的人当中，他是最推崇莎莉文老师，也正因为如此，他一直是我们最亲密的朋友之一。

马克·吐温先生与他的夫人感情非常好，但不幸的是他的夫人过早辞世了，为此他悲痛不已，一下子觉得生活中失去了许多宝贵的东西。他常对我说："每当来拜访我的客人离开以后，我总是一个人孤独地坐在火炉前，倍感孤独寂寞的难耐滋味。"有一次谈话中他还特别提到："过去的一年是我有生以来最悲伤的一年，如果不是因为我有许多工作可以消磨时间，我几乎就活不下去了！"此后，他也常为了没有更多的工作而觉得遗憾。

我也曾经这样安慰过他："不要再想那么多了，如今全世界的人都尊敬您，您必会名留青史的。萧伯纳把您的作品与伏尔泰的文章相提并论，而评论家吉卜林也把您誉为美国的塞万提斯，您还有什么不满意的呢？"听了我的话，马克·吐温先生回答说："你不必说这些话来安慰我，海伦，你知道吗？我所做的一切事情只有一个目标，那就是引人们发笑，因为他们的笑声令我感到愉快。"

谁都知道，马克·吐温先生是一位在美国文学史上占有重要地位的文学家。在我看来还不仅如此，他还是一个真正伟大的美国人，因为他具有美国先民开疆拓土的精神，他崇尚自由、平等，个性豪迈爽朗，不拘小节，而且十分幽默。

总之，他具有开国时代美国人的一切优点。他在看过我写的《我生活的世界》一书后不久，写了一封令我们又惊又喜的短信，信上写道："请你们三位马上到我这里来，与我一起围坐炉前，生活几天如何？"

接到信后不久，我们一行三人非常高兴地整装出发，到达当地火车站时，马克·吐温先生派来接我们的马车早已等在那儿了。马车缓缓地行进在曲折的山路上。时值二月，眼前大小山丘都覆盖着一层白雪，沿途的树枝上也挂满了晶莹的冰柱，松林里吹来的风带着淡淡的清香。

过了一段时间，前方出现了一幢白色的建筑物，接我们的人告诉我，说马克·吐温先生正站在阳台上等着我们。我们终于进入那扇巨大的石门，这时又有人告诉我："快看，吐温先生在向我们招手呢！"莎莉文老师向我这样形容马克·吐温先生："他身穿雪白的服装，银白的头发在午后的阳光下闪闪发光，就像浪花拍打着岩石时激起的白色泡沫，充满了活力。"

傍晚，我们围坐在熊熊的炉火前，室内飘着浓浓的松香味，我们一边喝着热腾腾的红茶，一边品尝着涂了奶油的吐司，心里感到无比的舒适。吐温先生对我说，这种吐司如果再涂上些草莓酱就会更好吃。休息过后，马克·吐温先生又领我们到宅内各处去参观。

通往主卧室的过道旁边，有一个走廊状的阳台，在那里阳光可以直射进来，据说是马克·吐温先生经常独自一人享受安静的地方，那里有许多美丽的盆景和栽培的花草，充满了田园气息。通过走廊，就是饭厅，然后又是另一间卧室。走着走着，我们来到一间有桌球的娱乐室，据说这是马克·吐温先生最常逗留的地方。他领我们走近球台，亲切地对我表示要教我玩球，我听后就笑了："打桌球必须用眼力，我恐怕没有办法玩。"

他略微想了一下后说："你说得很对，不过如果像洛奇先生或荷马先生这样的高手的话，我估计他闭上眼睛也照样可以玩得很好。"说完这话我们就往楼上走去，参观主人的卧室，欣赏起那些古色古香的家具和床铺。

太阳即将西沉时，我们就在大落地窗前眺望外面的景色。

马克·吐温先生对我说："海伦，你不妨想象一下，我们站在这儿可以看到些什么景象。我来替你描绘一番：我们的眼前是一片白色的世界，再远处有一大片辽阔的松林，左右两侧是连绵不绝的大小山丘，其上有些苍老的岩石，头顶是略带灰暗的天空。整个景象给人的感受是自由的，因为它相当原始，令你觉得无拘无束。你闻闻看，那阵阵的松香是不是很美妙呢？"

　　我和莎莉文老师的卧室挨着马克·吐温先生的卧室，室内壁炉上摆着一对烛台，烛台旁放着一张卡片，整齐地列出房间内贵重物品所在的位置。想起来还令人忍不住发笑呢，马克·吐温先生这么做是有原因的，以前这里曾遭小偷光临，他为了避免在三更半夜再受干扰，也怕小偷将室内的物品翻得乱七八糟，干脆明白地指出各种物品的放置地点，想偷的人就自己去拿好了。我想也只有马克·吐温先生能做出这样的事来。

　　吃晚饭时，我们大家唯一的任务就是安心吃饭，而马克·吐温先生则担任起娱乐宾客的角色。我们常感到吃了一顿丰盛的饭菜后，不向主人道谢会于心不安。可是吐温先生的想法不同于一般人，他唯恐客人们在用膳时气氛太沉闷，因此常说些笑话来逗我们发笑，他在这方面确实很有天赋，每句话都那么生动有趣。他甚至常站起身来四处走动，一会儿在餐桌这头，一会儿到餐厅那头。有时一面说着故事，一面走到我身后，问我最喜欢什么。心血来潮时，就随手摘朵小花，让我猜猜是什么花，如果我正好猜中，他就高兴得又笑又叫，像个孩子一样。有时为了测验我的警觉性，马克·吐温先生会忽然偷偷地潜到另一个房间，弹奏风琴，并观察我，看看我对琴声所引起的振动是否有反应。后来莎莉文老师对我说，马克·吐温先生一面弹琴一面观察我的样子非常可爱。

　　马克·吐温先生家铺的是瓷砖地板，所以一般的声音对我来说都没有什么太大感觉，但是音乐的振动会沿着桌子传给我，因此我有时会很快就察觉，这时，马克·吐温先生就会比我还要兴奋。

吃过饭我们就坐在壁炉前聊天，那是一天中最快乐的时光。每天早上十点钟左右会有仆人来叫醒我。起床之后，我就去向马克·吐温先生道早安。这时他多半是穿着漂亮的晨衣，半靠在枕头上，口述文章，再由秘书速记下来。有一天，他一看到我进房就对我说："今天午饭之后，我们一块儿出去散步，看看这附近的田园风光好吗？"

记得那天的散步非常愉快。先生穿着毛皮厚外套，戴着皮帽，他亲切地牵着我的手，一面在曲折的小路上走着，一面向我讲沿途的景色。根据他的描述，我知道我们是行走在一条介于岩壁与小河的小径上，那里空气新鲜，景色优美，令人心旷神怡。

走了一段不算短的山路，马克·吐温先生感到有些疲倦了，决定由梅西先生先行回去叫马车来接我们。梅西先生走了之后，马克·吐温先生、莎莉文老师与我打算走到山腰上的大路上去等马车。

可是从我们所在的地方到山腰的大路仍有一段距离，其间要经过一段满是荆棘的窄路，以及一条冰冷的小溪，最后是一片长满青苔的滑溜地面，有好几次我都差点儿摔跤。

"从草丛穿过去的路越来越小，你一直沿着它走，就会尾随松鼠爬到树上去。"马克·吐温先生虽然走得很疲累，仍然不失其幽默的本色，谈笑风生依旧。可是路确实越来越窄，后来几乎要侧身而行。我真的开始担心是否迷了路，然而马克·吐温先生又安慰我说："不必担心，这片荒野在地图上找不到的，换句话说，我们已经是走进地球形成之前的混沌中。而且，我发誓大路就在我们视线可及的那一边。"

他说得不错，大路就在离我们不远处，问题是，我们与路之间横着一条小溪，而且溪水相当深。

"到底要怎样渡过这条小溪呢？"正当我们彷徨无计时，梅西先生与马车夫的身影出现了。

"你们稍等一下，我们来接你们。"

梅西先生与马车夫立刻着手拆除附近的一道篱笆，搭成一座临时的小桥，于是我们得以顺利通过。

日后，我再没有经历过如此愉快的散步了。当时我曾一度为我们的冒险感到担心，继而一想，只要马克·吐温先生在场，即使真的迷了路也很有趣。这一次散步就此成为我生命中一段珍贵的回忆。

我们在马克·吐温先生家盘桓数日后，临走的前一夜，先生为我朗诵《夏娃的日记》。我伸手轻触他的嘴唇，清楚地感受到他的音调犹如音乐般悦耳感人，每个人都听得入神。当他念到夏娃去世、亚当站在墓前的那一幕时，大家都流下了眼泪。

欢乐的时光总是感觉过得特别快，我们不得不整装回家了。马克·吐温先生站在阳台上目送我们的马车远去，一直走了好远好远，还看到他在频频挥手，马车上的我们也频频回首，望着那幢在视线中逐渐变小的白色建筑，直至它在暮色苍茫中成为一个紫色的小点为止。

"不知道什么时候才能再见到他？"车上的人都不约而同地这样想。谁也没有料到的是，这竟是我与马克·吐温先生的最后一次会面。

马克·吐温先生去世之后，我曾又去过那所楼宅，但已物事全非，那间有大壁炉的起居室内,已显出乏人整理的冷清凌乱,只有楼梯旁的一盆天竺葵兀自开着花，似乎在怀想过去的那段令人难忘的时光。

感悟：

　　马克·吐温先生是我们所熟悉的伟大的作家，他与海伦的友谊也让我们感动，文中到处弥漫着温馨的气氛，让读者心里也感受到了温暖。这是一个充满爱心的世界，能有个像马克·吐温先生这样的朋友真的是一件幸福的事情。

爱的福音

爱的科学

　　宗教被定义为我们与神与其他人以及与我们自己关系的科学。诚然，对基督教的正确理解是，它是爱的科学。神在世间的时候，他对两条戒律断言说，爱神和爱邻人"是律法和先知一切道理的总纲"。

　　不论基督从哪个角度出发，他没有把世界的重建寄托于财富、地位、权力和学识，而是托付于人类更好的本性，托付于人们高尚的理想和情感，托付于爱，它是意志和行为强大的动力。他从不同角度来阐述，做一切可能的工作，来使心存疑虑的人们相信——爱，是好是坏，都是他们的生命，是他们思想的源泉，他们呼吸的空气，是他们的天堂或导致他们的毁灭。这毫无例外地存在于神圣、威严、至高的爱的福音中。

关于爱的简要历史回顾

　　两千年来，所谓的信徒们重复着"神就是爱"，却没有感觉到这几个字中蕴含的亘古真理及其中令人振奋的力量。事实上，自从人类开始认真地思索生命以来，这一最高尚的主题就面临着一种沉寂。爱的历史，就是一种悲剧性的启示，神来到我们中间，向我们展示他的本性，然而我们却不认识他："他在世界里，世界也是借着他造的，世界却不认识他。"

公元前五世纪，希腊哲学家、医生恩培多克勒首先认识到爱的本质，并认识到它在人类事物中的地位。他企图找到构成世界的元素，以及它们是如何组合在一起的。他指出了四大元素：火、水、土、气，然后他提到了"爱"，并这样说：

"在它们中，爱同样重要。她应该成为人类的一部分，进而使得人类的思想、行为变得善良。人们称这是快乐和真正的爱。她没有具体的形象，但她却存在于世界万物之中。"

一个世纪后，在希腊哲学的最繁荣时期，恩培多克勒的论述激起柏拉图的义愤，他奋起反抗当时智者们的无情：

"多么奇怪，其他的神有诗篇来赞美，却没有歌颂光辉、伟大的爱！人们歌颂赫克李兹和其他的英雄，甚至将此当作论述的主题，以为人们对此将极感兴趣，直至今天没有人能去赞美爱的荣耀，这一伟大的神灵彻底被忽视了。"

我想是在他对勇气的论述中，柏拉图说，将对一切人，甚至最让人蔑视的奴隶有害的是，违背将神、人和友情等相统一的神性。

神圣的爱的声音对于那些被仇恨充塞了双耳的人来说毫无意义，二十多个世纪过去了，偶尔有位勇敢的人能够听到天堂的消息，并试图将它们传达给人类。圣·奥古斯丁，托马斯·阿奎那，托马斯·亚堪培斯，斯宾诺莎，雅可布·波姆和其他一些神秘主义者，他们勇敢地站在时代的前沿，凝视着奔流在尚未被理解的言论之下的巨大的未知的思想海洋。他们已经开始关注爱——神的爱，他人的爱和自己的爱。

只有当斯韦德伯格在十八世纪冰冷的理智时代崛起的时候，爱才重新成为生命的核心，成为一切事物美之所在和守护者。在《圣经》的指导下，他在《天国的秘密》及更完整、更系统的《神圣的爱和智慧》中将这一学说做了进一步的扩展。他将人类的一切经历解释为爱——爱的状态，爱的活动、力量和作用，有益的、保护性的、令人鼓舞的爱的指示。

另外，这位智者发现，爱在最高意义上讲是与神圣相等同的，"主流入每个天使中，每个精神和每个人中"，物质世界是神的爱转化为适合于人的生命的形式。正确地理解《圣经》，它揭示了神圣人类全部的、神奇的爱。这样，一条微弱的光线，穿过神伟大的灵魂，照耀聋哑人、盲人的思想。

盲人中的智者

为了他的这一爱的学说，斯韦德伯格必须找到一种特殊的词汇。事实上，他似乎在独自学习一种完全不同的语言。人们习惯于依赖感官的习惯使他受挫，这需要巨大的勇气去改变，人们被感觉围困。这对他来说像是透过玻璃，朦朦胧胧感觉一种维系生命的精神力量，并且要他去追寻它美好的源泉——爱心，然后传递给那冰冷的理智时代，纷争的各个派别，去面对怀疑者的质问。

关于斯韦德伯格所面临的困难，我能做的就是将之与盲人在他想要去帮助其他残疾人时所遇到的困难相比较。他们必须全力使健全人理解失明的人们的特殊需要，以及如何恰当地用友情、工作和快乐来弥补那些残缺的生命。

令人吃惊的是，即使在博学的人们中，也普遍存在着对盲人情感渴望和能力的无知。健全人倾向于认为盲人——尤其是既盲又聋的人的世界与他们自己那充满阳光、花朵的世界截然不同，残疾人的情感与感觉也与自己的不同，他们的意识受到疾病的严重影响。健全人更错误地认为盲人与颜色、音乐、形状无缘。这些人应该知道，盲人可以感觉到美、秩序、形式和对称，美和节奏高于感觉，它们来自于精神。然而，有多少人认识到这一点了呢？又有多少人肯去想想：盲人、聋人从感觉健全的人类那里继承了自己的头脑，灵魂使自己黑暗的世界里充满阳光与和谐。

斯韦德伯格作为先知，在向同时代那些感官为外物所蒙蔽的人们传授他的感知时，遇到了大量类似的困难。谁知道，也许盲人和聋人的缺陷正是一种向人类的无知与麻木传递神的消息的一种途径。绝不带有一丝冒昧，我希望能够用我在黑暗中的生命经历，正像斯韦德伯格用自己在精神世界中的经历来阐述《新约》、《旧约》中的潜在意义一样。我很高兴能够运用处于我和那种孤寂之间的神的爱，以及它的产物——人类的爱，这种爱使我的不幸成为帮助他人和祝福他人的一种途径。

爱是人内在的本质

人们都知道有一种东西叫作爱，但他不知道爱是什么，所以在形成关于它的观念的时候，他会说它一无所是，或者说它是一种从视觉、听觉、触觉或是与他人的交流那里来的什么东西，从而影响他。他全然不知，爱是他的生命，不仅仅是躯体及思想的生命，也是一切特质的生命。

问题是，人们误将爱的每一个细节都认为是爱自身。就像假如我误认为大脑能够思考是出于自身的能力，躯体自愿地行动，声音和舌头自己引起振动，或者是手能独立地感受任何东西；而实际上，身体的各个部分都是服从于意志和思想。同样，我可以把手放在美丽的莲花上，嗅到它的芳香，我可以说这种感觉和气味在于花自身，而实际上是我接触花的皮肤产生了这种感觉。这种现象，在我们讨论到爱、生命及精神活动时应该注意。

对于爱的一般认识就是，它是我们外在的东西：一种模糊的情感、一种不可言喻的抽象的事物，无法形成清晰的观念。但是斯韦德伯格认为，爱不是一种没有原因、主体和形式的抽象事物。它不是随着对物体的感觉而潜入人的灵魂和躯体。它是我们最内在的本质，基于此形成了我们的精神系统，我们感受到的爱只是这一本质的一点象征。爱使我们充满活力，如同空气赋予触觉、嗅觉、味觉、视觉、听觉以及知觉的生命。

我来列举一下爱和它的特征间的区别，对此我们常常犯错误。只有我们鲜明地感觉到爱的实在，否则，我们将无法接触到它，改变加深或净化它，进而使我们的情感更高尚，并增加我们的快乐。我们常常感受到爱，我们围绕着它循环往复，企图改变自己的倾向，重建自己和他人，而爱却因被遗弃而哭泣，或者如果那是一种罪恶的爱，它就会幸灾乐祸地讥笑我们。

在与语言的斗争中，我有这样一个不恰当、间接的弥补残缺的方法。单靠运用气流来改进我的发音是不切实际的，我必须锻炼自己的发音器官。但除非我改进我内在的对语言的观念，否则这也是无用的。声音并不是完全是外在的，声音来自于思想。它形成于思想，受思想的调节。我竭力用内在的耳朵获得声音和词语的形象，因为我躯体的双耳被紧封，越是恰当地将思想作为语言工具，别人越容易理解我所表达的意思。

说这些似乎与爱这个话题相差太远，但实质是一样的。我们的生命，所有的情感，喜好、憎恶和兴趣，以至于一切的变更，都形成于我们内在的爱，受我们内在的爱的控制。所以，如果我们希望获得高尚的情感，更好的理想，满足我们对幸福的祈求，我们就要全力去认识爱的精神实质，将它作为一种活跃的、有创造性的、有指导作用的力量。

我们不应该认为爱是灵魂、器官、某一技能或某一功能的效力。爱涉及一切思想——意向、目的、拼搏、动机及冲动，虽常被压抑，却总是潜藏着，随时将在行动中体现出来。它通过各种技能和器官全面表现出来；它表现在人们的言谈中，一旦爱确定了目标，任何外界因素都无法阻止它。爱，这一最重要的信条，不是一种模糊的、毫无目标的情感，而是一种智慧结合在一起的对善的渴望，它在良好的行动中得以实现。

可见的爱

对于那些遭遇失明不幸的人们，斯韦德伯格的话语带来一种安慰。他的思想令人喜悦，带给人以启发。现在，我们的不幸无法挽救。我们为他人的服务受到限制。我们对更多的活动的渴望不能得以满足。人类伟大的工作者们——科学家、诗人、艺术家，他们拥有更多的才能，常常会为灵魂的强大感召——一种重负于他们身上的想要表现力量、热情丰富的想象力及人性的冲动的渴望而震撼。那么，精彩的是，我们带着那受限的感觉和微弱的力量却渴望做出更多的贡献。在我们的路途中，失明带来的困难是令人痛心的。我们遭遇了许多的障碍，和其他人一样，我们像是命运的错误。那种倔强的根深蒂固的本能使我们感到残疾给人类带来的辛酸。如果健全人需要惬意的信仰来面对一切责任和痛苦的话，想象一下，盲人将会需要多少呢？

盲人深爱斯韦德伯格的思想，因为它们鼓舞着我们去工作、去战胜困难、去拥有一种精神的生命。斯韦德伯格告诉我们，爱使我们自由。我可以作证，它将我们从那种似乎不能逃避的孤寂中带出来。当一种活跃的、控制一切的爱拥抱着我们时，我们成了善的主人和创造者，成了人类的援助者。似乎是黑暗带给我们一颗明星，带我们走向天堂。我们发现自身有许多未发掘的意志和思想的源泉。受到压抑、妨碍，一次次的失败，我们从束缚自己的困难中站起来；我们的生命便更加伟岸。在爱中间，我们感到自己从躯体、精神的盲目中解放出来。我们见不到光明使得我们无法从事许多高尚的艺术活动，但爱却向我们敞开着。正像斯韦德伯格所说的，爱教给我们最高尚的艺术——生活的艺术。从斯韦德伯格的著作中，我们知道了应如何培养、管理并运用使人重生的爱，这种具有建设性，显示着智能的信仰，那是人类对神的渴望。对于黑暗中的生命来说，爱是最可靠的向导。

爱体现在我们为他人的奉献中，在奉献中，我们听到来自于爱和虔诚的一种声音，它将最终说出永恒的生命。当那一天的黎明到来的时候，我们将伴着爱的阳光，只要我们彼此顾及，阳光就会永远闪耀。因为爱的阳光是世间一切事物的实质和生命。一切事物的未来都在其中。智能来自于爱的阳光，从它那儿，我们获得了遵循精神规律的本性。

感悟：

　　海伦对爱的阐述很透彻，可见她的内心充满了爱。一个内心充满爱的人才懂得什么是真正的爱。

友谊和生命

　　科学告诉我们，人体的每一个部分为其他部分而存在。各种矿物质的协调一致服务于植物，植物供养我们人类，这样，矿物和植物一起帮助人类。这种个体对整体，整体对个体的互益的法则将主宰人类。

　　许多人背离了这点，占用别人思想劳动的成果，但他们迟早会遭到报应，他们必须服务于整体利益，或是摒弃那种等级观念。这种服务可体现为以下三种形式：体力劳动、智力劳动或是一种情感上的服务。

　　我相信，友谊随着事物的变化和它的稳固性的存在将会恒久延续。因为人生来会对感到的思想和情感进行润色。在世间我倾向于强调相同之处而忽略差异，朋友们彼此互不相同，但他们就像日出美丽的光辉一样互相补充调和。他们看到对方，并彼此付出和接受对方最好的东西。

　　所有人生活在一起互相学习，无论是好是坏，他们互相交流大量的思想，这些思想若在世间，得需要很长时间才能理解。我们继续前行，选择适合我们的同伴，不断地变得更加兴致盎然，理智、高尚，并且永远快乐。

假如给我三天光明

对于精神的翅膀被尘世束缚的人们来说，这是一种怎样的前景！对那些渴望高尚的友谊和陪伴的人们来说，这是一种莫大的安慰。

当我意识到这一点时，不禁感到惊喜。我得到了一种少有的友谊，我的老师给了我一种能力，而这对于许多人来说，在黑暗与寂静之中似乎不可能。我们生命中有些美好的时刻超越了尘世，向我们展示了天堂。对于永恒的感知使我清楚，友谊的永恒及它的含义。

当然，如果我们主观地看待人类，情况可能会不同。自私会影响我们，但事实是，生活及环境教给我们处世的原则，它们是使我们意识到正确目的的最好途径。我们应该学会将那种原则作为指导。我们要探索实施这一原则的可能方法，使得每个人都能选择一种称心如意的，与他人利益相一致的工作。这样我们就会找到我们在永恒生命中的位置，这是此生和来生唯一正确的生活方式。

当我们意识到自己的精神才能的时候，我们内部开始变化，真正的重生就开始了，这种变化不仅仅发生在痛苦和沮丧之后，还会出现在我们能感觉到的一些经历之后。有一天，我们的眼前将异常清晰，我们看到了自己，当时的环境以及他们的未来。自私自利将被抛弃，我们将正视自己的生命。

关于重生的论述多得令人吃惊，但几乎没人能够涉及实质。自我修养被鼓吹为足以实现自身完美。但我们听听他人的见解，答案将是决然否定的。

一些博学的人，他们会说科学将会找到治疗许多罪恶的良方。但是科学却无法医治最严重的一种病症——人类的冷漠。有人这样说，人类若未受爱和同情心的教化，将比野兽更可怕。人将是一种无角、无尾的动物，人不食草，却能无所顾忌地用思想破坏一切。

我们发明了可怕的武器在战争中伤害同胞们；我们为了游戏或是追赶潮流而伤害动物；我们热衷于挑拨中伤。除此以外，人类毫无疑问还有许多罪恶。没有好的渴望，只通过自我修养来获得拯救是不可能的。

还有些善意的人们认为，很大程度上我们可以通过环境的改变来获得更新，认为这种看法有充分的论据来证明它的合理性。但是，这种看法却是过于夸张，并且是错误的。并不是环境改变了人，而是人自身的内在驱动力。不管环境怎样，盲人、聋哑人、囚犯，从良心上讲，就连最粗劣的人，只要他有完好的思想，就能够创造一种自己更渴望的生活。

因为我们自身的幼稚，我们常会变得不耐烦，并对自己说："哎，如果我能像我的邻居一样走运，我将会生活得更好，更快乐，更有益。"

常常我会听到年轻人说："如果我有我老板儿子那样的机会，我将获得巨大的成功。"也有人这样说："如果我能摆脱那些庸俗的人，我将变得伟大。"还有人叹气道："如果我有那位有钱朋友那么多钱，我将很乐意为社会的进步尽力。"

现在，我也和其他人一样在与逆境抗争，但同时，我相信，人类经验告诉我们，如果我们在目前的地位上不能成功，在其他的条件下也将同样。除非我们能够像荷花一样"出淤泥而不染"，除非我们能为我们所处的世界做些什么，否则在别处我们也将碌碌无为。

最重要的一点不是我们所处的环境，而是我们的所思所想，是我们所追寻的东西。一句话，也就是我们是怎样的人。

感悟：

人们最不陌生的就是友谊所带来的安慰、交流、寄托、信赖、精神的资助等。可是人们很少想到，友谊能阻止与生俱来的、也是生命后来所附加的一切哀伤、哀痛。

第七章

创造奇迹的人：
影响海伦一生的
莎莉文老师

个人的修养虽然只是小的进步，推而广之，可以影响整个国家，美化这个世界。

初次见面

当安妮·莎莉文读完了凯勒上尉的信后，心情非常沮丧。想到自己将待在南方一个古老小镇上，那么人生还有什么希望和情趣可言呢？

安妮在房间里踱来踱去，思来想去，她真的有些不甘心，但除此之外还有什么其他选择呢？毕业以后，这是唯一能糊口的就业机会。第二天，她坐下来写了一封回信。

亲爱的安那诺斯先生：

谢谢校长的培育和关怀。经过慎重考虑后，我诚心接受您所提供的职位……

安妮

去教那个又聋又哑又盲的学生之前，安妮要求回柏金斯一趟，她需要回去仔细研究萝拉的学习资料作为参考。

整整一个秋天和冬天，她都忙于翻阅关于萝拉所有的记录，加以细心研究。收获令她兴奋不已，但她还是没有信心去接受这个职位。她知道要与聋哑盲者沟通是一件困难无比的事，然而她并不十分清楚事实到底有多困难。

安妮深信郝博士是位天才，否则他不会取得成功。当时也有许多人试验教类似萝拉的残障儿童，都告失败了。她何必明知故犯，去自寻失败的苦果呢？

记录里有一段让安妮读得心寒，它记载了萝拉早期的老师伯乐小姐的故事。伯乐小姐担负起教导萝拉的责任，日夜与萝拉共处了三个月，日久生情，她非常喜欢萝拉。有一天她去找郝博士，希望让她不再教导萝拉了，她说："萝拉真是个好女孩，但是我再也无法忍受那可怕的沉默了。"

读到这一段，安妮不禁打了一个寒噤。她自问："我受得了吗？"

一八八七年三月三日，这是令人永生难忘的一天。亚拉巴马州的一个小镇塔斯喀姆比亚，火车站广场停了辆马车，两个满脸倦意的人坐在车子里。他们是来接安妮·莎莉文的凯勒太太和她的继子詹姆斯。

詹姆斯打破沉寂："如果她根本没来呢？"

"她会来的。"凯勒太太信心十足，"她来信说她要来。安那诺斯先生说她诚实可靠，她只不过迟了两天罢了。"她叹了一口气，"也许她坐的火车出了毛病，唉！詹姆斯，她该来的……如果她不来，海伦怎么办？"

詹姆斯听到远处传来隆隆的火车声，他说："六点半的火车要进站了，这是今天最晚班的火车了。"

凯勒太太紧张得喘不过气。"上天保佑，"她在心中默默祈祷，"上天保佑她能来！"

车厢里走出几个人，有一个人看起来好像就是那个年轻的女家庭教师。

"她像一只落汤鸡。"詹姆斯在心中对她品头论足。

詹姆斯说的没错，安妮看起来的确狼狈不堪，三天三夜她穿同一件厚毛料衣服，历尽折腾。她双眼布满红丝，精神萎靡不振，长途跋涉使得她困顿不已。

她买了直达快车票来此地，没想到愚蠢的售票员划给她的票竟是从波士顿到塔斯喀姆比亚中间每站必停的慢车。终于到达了，她挺着胸，勉强挤出一丝职业性的笑容，对着面向她走来的年轻人。

他问："您是莎莉文小姐吗？"

他打招呼的口气令安妮的微笑停住了，安妮一向善于察言观色辨认别人的轻蔑语气。她在心里想："我不会喜欢他的。"

她面无表情地回答："是的。"

"请过这边来，"他轻狂的语气依旧，"我的继母在马车里等着你。"

当安妮见到凯特·凯勒后才放下高悬半空的心，两个年轻的女人相视微笑着。

"她看起来比我大不了几岁！好像很善良的。"她们一见如故。

几分钟后，马车驶入凯勒家的庄园。这是一栋绿色窗帘点缀的白屋，屋前一片花园，百花锦簇。

安妮兴奋万分，根本没有注意到眼前的大房子。她急切地问："海伦呢？她在哪儿？"这时，凯勒上尉走过来。

"你好！安妮小姐，我是海伦的父亲。"上尉和安妮打招呼。

安妮以点头作答，继续问："海伦呢？"

"她在那里。"他指着门口，"她觉察到这几天大家都忙着一件非比寻常的事，惹得她发脾气。"

安妮看到了海伦。海伦站在门口阴影处，绿色的爬藤遮住她，她的头发像黏成一把的干稻草垂在肩上，上衣纽扣没有一个扣对；咖啡色的鞋子沾染了尘土和泥巴，一双肮脏的小手死劲地揪着藤叶，一片一片撕碎。

海伦感觉到马车开进门来。她全神贯注地等候，思量着从哪一边跳上去。

"怎么没有人关心这个小孩？"这是安妮的第一印象，后来才知道海伦太调皮捣蛋了，根本不听任何人的管教，只要有人靠近她，她便狂暴发怒。

安妮压抑着心中的沮丧，踏上台阶。她的脚一触到台阶，海伦马上转过身来，她知道有人从大门口向她走过来，她感觉穿过脚底增强的振动频率。

海伦等待着妈妈！这几天妈妈经常出门，海伦无法用言语表达她的喜怒哀乐，她张开双臂，跳进怀里，安妮接住了她。

不是妈妈！她像一只被网罗的困兽，用力挣脱出陌生人的怀抱。安妮一紧张，把她环抱得更紧，这一下惹火了海伦。

"快放手！"詹姆斯大叫，"她会伤着你的。"安妮吃了一惊，赶紧松手，心有余悸地问道："为什么？难道我做错了？"

"不，安妮小姐，她不要人家抱她。"凯勒太太向她解释，"自从病了之后，她就不曾亲过人家，也不让人家亲她、抱她、哄她。"

"有时只让她妈妈亲一下。"凯勒上尉补上一句。

249

詹姆斯坐在台阶上，幸灾乐祸嘲弄着往下看着安妮。"现在你总该明白了吧！你是来教一只小野兽，是一个小野兽的家教。"

"詹姆斯，闭嘴。"凯勒太太厉声地责备。

"说够了没？进去。"凯勒上尉严厉下令。

凯勒太太看出安妮有些疲惫，便对自己的丈夫说："亚瑟，请先带莎莉文小姐到她房间，其他的事待会儿再说吧！"

安妮感激地向凯特微微一笑，随着凯勒上尉走上楼梯。

安妮在上尉的背后说："海伦该不会受惊吧！我看她愣了一下，就想挣开，我想没有吓住她，看来……她好像天不怕，地不怕。"

"是的，她天不怕，地不怕，问题就出在这里。"凯勒上尉苦笑着回答。

凯勒家腾出一个房间，粉刷装潢成淡雅的白色，作为安妮的房间。上尉放下皮箱。"好吧！你慢慢整理。"他和蔼地说。海伦一直跟着他们走上来，进到安妮房间。凯勒上尉做了一个手势，示意带她走。

安妮说："让她留下来吧！她不会烦我的，我们迟早要互相认识的。"

安妮自顾自地打开皮箱，开始整理东西，她不去刻意讨好海伦。海伦对这个陌生的客人的一切充满了好奇，她的小手跟着安妮的动作上上下下，黏糊糊的脏手无数次打开又关上皮箱，安妮说："你真是顽强的小东西！"

海伦摸到安妮的旅行便帽，好像知道这是什么东西，她拿了帽子戴在头上笨拙地在颚下打了结。她摸索着站到镜子前面，昂头、偏左、偏右侧视，又上下打量。

安妮不禁大笑。"你这个小顽皮，学得可真不错。你看过妈妈这样照镜子，是不是？"她忽然愣愣地停住笑声。她竟忘了海伦又聋又盲，一直对着海伦喋喋不休。海伦慧黠灵巧，令人忘记她是听觉、视觉全无的残障小孩。

安妮犀利的眼光盯住正在解开帽子结的小手指，肮脏的小手已东抓西摸，另寻新的花样去了。

"你已经学会了很多东西了，我敢打赌你能够用你的手充当你的眼睛，你可以用手做很多事，是不是？哈！这些都是小意思，好戏在后头哩！过几个星期你就要用手学习读和写，你的手会帮你打开枷锁，让你自由。"

夜晚早早来临，屋内寂静，安妮筋疲力尽，一上床就睡着了。如同往常一样，一下子进入了无梦的睡乡。而在另一边的主卧房里，凯勒上尉辗转反侧不能成眠，凯特被他吵醒了。

她问："怎么回事？亲爱的。"

他沉默片刻，说："凯特，那个女孩这么年轻，她担当得起吗？"

凯勒太太微笑着拍拍枕头："放心吧，亚瑟，她可以胜任！"

早餐会战

　　安妮和海伦斗智斗勇的战斗开始了。她们有时针锋相对，有时各自保留，做些试探性的偷窥。安妮还是满怀希望："再给我一些时间，我相信她会有一点良性反应。"

　　后来发生了一场大会战，谁也不能再含糊装傻，不计较成败了。

　　饭厅是她们的战场。在饭桌上，海伦向来没有规矩。她明知如何使用刀叉和汤匙，却不肯如法使用。她宁愿用手去抓取食物，更糟的是，她也不肯安分守己，只抓自己盘子里的东西。她先吃自己盘子里的食物，然后站起来，绕着桌子巡回各席。她的鼻子十分灵敏，能辨别他人盘子里的不同菜肴的香味。对此安妮不得不佩服感叹。但她看到海伦污秽的小手伸到别人盘中，恣意抓起自己所喜欢的菜时，觉得很不是滋味。如果海伦没有侵犯她的盘子，事不关己，她也许不愿惹是非。

　　一天早上，海伦走到安妮椅子旁边，她闻到香肠诱人的香味从陌生人的盘子里腾腾四溢。香肠是海伦最爱吃的，但那是陌生人的盘子，她不敢贸然靠近。

　　海伦又仔细地闻一闻。嗅觉告诉她其他人的盘子里香肠已经没有了，她又走到陌生人旁边。香肠的气味令人垂涎，令人无法抗拒，不过她心里还在犹豫，值得招惹陌生人吗？她又闻了闻，戒心已经动摇，最后海伦把心一横，飞快地伸出手。

"啪"的一声，安妮按住海伦的手，吓得她赶快抽回手。但为时已晚，安妮紧紧地把它按在桌上，无法动弹，安妮将海伦的手指慢慢地从香肠上挪开。

凯勒上尉问："你这是什么意思？"

安妮冷冷回答："我拿回我的香肠。"

"莎莉文小姐，你又不是不知道她是个可怜的残疾孩子。我们总该有些雅量容忍她一点吧！"凯勒上尉好像把安妮当作不通情理的白痴。

安妮深深吸了一口气，镇住将要爆发的怒气。为什么凯勒家里的人老爱插手管事？

"凯勒上尉，我知道海伦残障、受挫折、自暴自弃、可怜……但是你有没有想过，她被宠得无法无天了。让她再这样子下去，会毁了她的。"

凯勒上尉愤愤地站起来。"在我家里，不准剥夺我孩子的食物。"

安妮非常生气。她不甘示弱地顶回他："我也不准我管教下的孩子，乱动盘子里的食物。"

詹姆斯忍住笑，向安妮投以赞赏的眼光。

"詹姆斯，你有话要说吗？"凯勒上尉凶横地问他。

"没有。"这个年轻人缩着脖子回答。

凯勒上尉继续打官腔。"莎莉文小姐，请你搞清楚，只要我在饭厅，不准任何人去干涉海伦。"

安妮冷笑道："如果这样，那就请你回避吧！"

"莎莉文小姐，我很抱歉……"凯特听到丈夫威胁的口气，赶忙丢下餐巾，站到他旁边向他耳语："亲爱的，你答应过莎莉文小姐可以按照她自己的方式教育海伦的，是不是？我知道她很尽心地教、尽力地做，我可以保证。"

凯特通情达理的话，使得安妮不便再发作。凯特接着说："其实这都是为海伦好，只是表面上看起来残忍些，事实上也不是什么了不起的事。我们到门口去，让我来向你解释。亲爱的，我们出去一会儿吧！詹姆斯也一起来。"她温和地带着家人走出餐厅。

现在，屋里只剩下安妮和海伦，面对着面。

安妮起来锁了餐厅的门，把钥匙放进口袋。她跨过在地上发脾气打滚的海伦，回到自己的座位。

当她拿起叉子，看到香肠，心想："简直难以下咽。"为了让海伦体会到，不管她发多大的脾气都与别人无关，日子照样得过，安妮只好慢条斯理地嚼着自己冰凉的早餐了。

半个小时过得真慢。安妮只顾自己吃，海伦仍然在地上打滚。到最后她终于自觉无趣，突然想到其他人呢？为什么大家都没有理睬她，也没有人像以前那样哄她？好奇心起,怒气稍歇，忘记了发脾气。

海伦提起劲，走过去想看看那个陌生人到底在干什么。啊，原来她在吃东西呢！海伦一手拍拍安妮的手臂，另一只手偷偷伸到盘子里。安妮把她的手推开。海伦饥饿难忍，又快速伸出手来，安妮又用力推开。

海伦生起气来，伸手狠狠拧了安妮的胳臂。安妮马上用力一巴掌打回去，一点也不客气，闪电般反击，使海伦倒抽一口气，痛彻肺腑。她知道传遍感官的痛楚，她再拧，安妮以牙还牙，又毫不犹豫地还击海伦，火辣辣的一巴掌就从黑暗中飞了过来。

海伦改变战略，绕桌子一圈，发现座位都是空的。她冲到门边，用力拉了拉门，门一动也不动，她的手指摸索着寻找钥匙，门被锁上，钥匙也被拿走了。她第一次体验无依无靠，与陌生人独立相处，筋疲力尽而与敌人同困一室的感觉。

安妮看到瘫在地上的海伦，不忍心地说："哎！海伦，不要怕，我不会伤害你。"只要安妮靠近一步，海伦就退缩一步。她的自卫本能使她也尽量与陌生人保持距离。

安妮痛苦地把头埋在两手中，叹了口气。也许她不应该把门锁住，也许期望值太高……不，不！不应该心软。无论如何，应该要有坚定的信心。安妮做此决定后便装腔作势，重新拿起叉子继续吃她索然无味的早餐。

片刻已过，海伦觉得很饿，陌生人依然坐在餐桌旁，她不敢靠近。又过了一会儿，海伦饿得无法忍受，站了起来，不敢靠近陌生人，绕道回到自己的座位上，开始用手抓麦片。

"不，不行。"安妮又叹道，"顽强的东西，我以为一切就绪，你又来这一招。其实你心里有数，又故意来招惹我。我可不能放纵你，不！绝不轻易放弃。"安妮起身，拿了汤匙给她。

海伦拿了汤匙后，把它丢在地上。安妮把她从座位上揪起，押着她捡起地上的汤匙，让她坐正。安妮的手刚强有力，不让海伦挣脱，强迫她一口一口喝入口中。

一口……两口，很好！安妮松了手。但是她太天真了。松手的一瞬间，海伦把汤匙掷向安妮。

安妮急忙闪开，汤匙落地，铿锵作声，整个程序又得重来。海伦怒叫、踢打，安妮又得使用武力抓紧她，逼她规规矩矩地吃完早餐，最后安妮放手时，海伦才乖乖就范。她实在精疲力竭，饿得发昏，只好顺从地尽快吃她的早餐。

安妮看着她几乎吃完，心里盘算着："快结束了，快结束了。"哪里知道海伦桀骜不驯，舀完盘中的最后一口，用力拽下餐巾，把它丢在地上。

"老天，你可真刁蛮。丢吧！你倔，我比你更倔；你有力，我比你更有力，更有耐心。谢天谢地，我比你强一点。你恨吧，你怨吧！我们的成败在此一举，我还不能让你这样就过关，你还得捡起餐巾把它叠好。"

为了叠好餐巾，她们又经历了一场耗去一个小时的奋战。她们互不相让，最后海伦一阵抽搐，瘫软不支了。海伦的手指循着安妮的指挥，把餐巾对角折一遍，又再折一遍，终于把餐巾叠好。海伦长叹一口气跌回座位，她上完了最重要的一课。

"时候不早了。"安妮非常懊丧。

她打开锁，带海伦来到花园，太阳已高高升到头上。"大好晨光就这样耗费在餐厅里。"安妮听到厨房里传来准备午餐的忙碌声音。

"真是倒尽了胃口，哪里吃得下午饭？"安妮无精打采地坐在板凳上感叹不已。

　　安妮留下了海伦，独自走向屋里，她拖着疲乏的脚步爬上楼梯走进房中，深深舒了一口气，迫不及待地脱下裙子，一头倒在床上，泪流满面。四周一片空寂，悄无声息。

感悟：

　　从安妮身上我们是否学到了些对子女的教育方法？溺爱多数情况下不是爱，而是在害孩子。

单独训练

　　凯勒太太独自坐在大门口的藤棚阴影下。她身旁摆着一篮旧袜子，可是心乱如麻，根本无心缝补。

　　整个早上，从饭厅传出来的碰撞声令她胆战心惊。难道雇用安妮来教育海伦错了吗？难道她只能站在一旁，袖手旁观可怜的海伦受尽折磨？

　　亚瑟说，他受不了餐厅传出来的声音，他坐立不安，不愿待在家里，到现在还没有回来。她料定他回来后一定会说："让她走！"

　　好在詹姆斯并不跟他爸爸站在同一阵线上。安妮初来时，詹姆斯对她颇有偏见，他怀疑这个初出茅庐的女孩做得了什么？如今他已另眼相看，重新评估这件事情了——她是管教海伦的最佳人选。只有安妮能挽救海伦，全家应该尽力留住她。

　　身为海伦的妈妈——凯特自己的想法呢？

　　"真不知道该怎么办？"凯特内心充满了矛盾，十分绝望。整个下午都心不在焉，不知被缝针戳了几百次。

　　当她把篮子推开一边，安妮正好出现在门口。

　　"凯勒太太，我到处找你。我们可不可以谈一下？"

凯特说："好啊，我也正想和你聊一聊呢！"

安妮没有耐心听她的话，抢着说："凯勒太太，我在房里左思右想，要教海伦只有一个方法，那就是海伦得离开家人，否则我帮不了忙，最后怕会两败俱伤。"

"你说什么？"海伦妈妈吓呆了。

安妮搜索枯肠，寻找温和一点的话来表达自己的想法和做法。最后，逼得她没办法，只好实话实说。

"凯勒太太，在来这里之前，我曾研究过萝拉的病历和学习过程。那时我太单纯，以为一来就可以教诲海伦与人沟通的种种方法。来了以后才知道她像一匹脱了缰绳的野马。现在最重要的工作是要好好收服她这五年来习以为常的刁蛮、任性、不讲理的恶习，要驯服她的野性。"

不待凯特开口申辩，安妮继续说下去："凯勒太太，我知道你们都觉得她很可怜，每次都让着她、纵容她，不分青红皂白，一切都听她的。我很抱歉，这种方法是完全错误的。你们惯坏了她，这是她不听长辈、撒泼不驯的原因。请您明白一点，你们这是害她。现在我要她服从，否则让我从何教起？

"像今天早晨这种事情，一定还会发生。现在有两条路：一条是不管她、随她去，她不明白我的用心，而我又要违背她的意愿，她不再让我接近。这样子下去，她比一只家畜好不了多少。她的存在，充其量像凯勒家的一匹不驯的马罢了！另一条路是……"

凯特伤心地哭起来："叫我怎么办？难道一点希望都没有吗？"

"凯勒太太，请不要灰心，她还有一线希望。"安妮柔声说道，"如果我们离开这里，就会有转机，会有点希望。如果继续留在这里，她有所依靠，会继续和我争斗下去，然后她会怀恨我。这样子会毁掉她，我也只好卷起铺盖回老家了。

"凯勒太太，请你答应我，让我带她离开家，单独相处一阵子，让我和她能够冷静地互相沟通。让她了解我、信赖我，事情就会有转机。请你答应吧！"

安妮坐在椅子上，身体不自觉地往前挪，只差没有跪下来恳求凯特。

凯特信疑参半，怔怔地看着她。

"凯勒太太，这是唯一的出路。"

最后，凯特勉强点头答应。"好吧！"她绷着脸说，"海伦的父亲一定不会同意的，一定会愤怒不平，由我来说服他吧！"

"谢谢你，凯勒太太，我保证一切顺利。我们去哪儿住呢？"安妮兴高采烈。

"也许可以住到花园里的小屋子。就在附近，也很方便，虽然只有一间房子，但很整洁。"

"只要有一间就够了，海伦和我可以同住一间。"

一如凯特所料，凯勒上尉听到这个提议后非常不高兴。他急急忙忙赶回家来，要开除这个顽固的北方女孩。

凯特一再重复安妮所说的："这是最后的一线希望，这是唯一的一条出路……"她提醒丈夫别无他法。何况花园小屋环境幽静，又近在眼前，让海伦去住一阵子又有什么关系呢？凯勒上尉虽然百般不愿，但拗不过太太的劝说终于答应了。

"只准去住两个星期，听到没有？以两个星期为限。除此之外，要让我们每天能够见到海伦。"凯勒上尉坚持两个星期之内要有成果。

安妮想："两个星期怎么够？"但她怕上尉变卦，不愿拂逆他。

安妮和凯勒上尉同样固执，各不相让。最后，安妮通融凯勒家人可以每天偷偷观看海伦，但不能让孩子知道家人就在身边。他们只能从小屋的窗户窥望，不准走进屋里。

第二天，新的试验开始，乍看好像没有什么成果。每一回合，海伦都斗到精疲力竭才停下来养精蓄锐，准备下一场战斗。过了三四天后，模式稍有改变。海伦倔强的脾气依旧，但发作的次数渐渐减少。她开始注意周围的事物，同时每天模仿学一些字。有一天，竟然整天没有发脾气。安妮伸手抚摸她也没有抗拒，这是多么令人激动的事情啊！安妮的试验总算有一点眉目。

凯勒上尉把一切看在眼里。一天早上，他从窗外看进去，看到女儿在串一粒粒珠子。第一粒大而粗糙，接着两粒小而光滑，第三粒有三个棱角。海伦依着顺序串成串，小心翼翼丝毫不含糊。她兴致勃勃地串着，丝毫没有一点错误。

"多么安静啊！"凯勒上尉感触良多，"难道我太小看了这个北方女孩？她对自己的所作所为真的很有把握吗？愿上天保佑她！"

这个"小野蛮人"学会了服从。在学习过程中，海伦向前迈进一大步。安妮稍感宽慰，但没有沾沾自喜。她们的目标移到第二个阶段：引导海伦和外面的世界接触，建立关系。

安妮坐到海伦旁边，不断地在海伦手里拼字，时时日日，从不间断。过后，海伦把这些字形重拼在等待着的安妮手掌中。海伦聚精会神一心一意地学习，终于能拼出二十一个字、十八个名词，加上三个动词了。她会拼洋娃娃、杯子、钉子、水、帽子等等。她越学越快，只是不明白这些字眼有什么特殊意义。

"快快学会吧！海伦，求求你。"安妮诚心祈求。花园小屋的两周期限马上就满了，她多么希望海伦能脱颖而出，学有所成啊。她渴望海伦能体会字中所含的意义。

花园小屋的最后一个下午很快来临了，凯勒上尉走进屋里。"安妮小姐，我们回家吧！动作快的话，我们还可以赶上晚餐的时间哩！"

海伦正在屋子另外一个角落的火炉旁边玩耍。她突然感觉到空气中不同的振动频率，她抬头嗅一嗅，那是爸爸的气味！她惊喜地叫了一声，纵身投到爸爸怀抱里。

爸爸将女儿紧紧搂着。海伦偏着头来闻一闻，另一种她很熟悉的气味。爸爸带了他的猎狗来！

海伦在房中摸索，终于双手抱住毛茸茸的一团——她的老朋友贝利。

安妮转向凯勒上尉，恳求他："请你再给我几天吧！你看得出来她多么惬意，你一定不能相信她学得有多么快。让她集中精神再学几天就可以告一段落了。"

"再说吧！"凯勒上尉不置可否。

安妮心中肯定，他会答应的！安妮愉悦地去分享父女重聚的欢乐。

　　这时凯勒上尉迷惑地问："安妮小姐，她在干什么？"

　　海伦屈膝坐在地板上，把贝利的一只前脚托在手上，她的另一只手在狗掌上来回蠕动，原来她在贝利脚掌上一个接一个地拼着字。

　　安妮不停地笑说："她正在教贝利拼字呀！"

　　凯勒上尉不禁开怀畅笑。"多么可爱！狗怎么学英文？"然后，他如梦初醒喟然叹息，"你是说我们的海伦？"

　　他让她们整理行李一起回家。

神奇而美妙的水

回家后的一天早上，海伦和安妮并肩坐在卧房地板上。安妮抓牢海伦的手，在她手中拼字，一遍又一遍不停地描画着。

她拼写"杯子"，然后把一个杯子递到海伦手里让海伦触摸。海伦顺从地在安妮手中拼出"杯子"。今天她有些心不在焉——她对这种单调的游戏已经心生厌烦毫无兴趣了。

外面百花竞艳、草木青翠，浓浓春意从窗户悄悄渗入。海伦轻轻牵动安妮衣袖，她求安妮带她出去。

"不行，"安妮继续拼着，"等一下，等上完课，我们才能出去。"

海伦只感觉到安妮在她掌心拼出一连串东西，但她不明了这些字的含义，更不懂它们连接后所构成的连带意义。这些日子以来，在她心底深处体会到这个陌生人要她掌握一些东西，而她始终疑惑不解，无法勾勒真相。不知如何回应陌生人的心声，令她沮丧万分。哦！除了这些原因外，窗外花儿吐蕊芬芳，草儿散发清香，春天正在呼唤呢！她用力猛拉安妮的手。

安妮看出她的神色不对，似乎又要发脾气了，便说："好吧！好吧！我还没准备好跟你斗哩！"

安妮带着海伦出去，晒着暖暖的春天阳光，海伦在草地上轻巧地跳跃。她快乐无比，早把功课抛到九霄云外了。

她们漫无目的地在花园里游荡。海伦偶尔停下来嗅一嗅小花儿，或在草地上打滚。春暖花香，美好的大自然引发了她们的闲情逸致，但顽固的安妮还执着于早上未做完的功课。

她们信步走到花园角落的古井小屋。海伦开心地连跑带跳，进入小屋，她喜欢天热时这里潮湿的凉意。安妮深深吸了一口气，也跟着进去。

安妮拿起抽水筒把手，用力上下重复压缩。水从龙头哗啦哗啦冲出，水花四溅。她急忙抓了海伦的手，浸在冰凉的流水中，同时用手在她湿淋淋的掌中拼写："水"。

海伦挣扎要抽出手，安妮紧握不放，一次又一次，不厌其烦，把"水"字写了又写。

突然海伦触电似的停住挣脱，停住呼吸，她全神贯注于手掌中的拼字。"水"从她掌心输入脑海，烙印心眼。水！刹那间，她脸上闪耀出顿悟的光辉。

"水"，她在安妮手中拼写着。她混沌初开，过去模糊不清的一切意境，在手指的挥动中逐渐清晰，现出轮廓，豁然领悟。"水"，此时此刻，在手上涓涓滴滴的流体，所谓万物本具，只是被无知蒙蔽罢了。

海伦的生命似从梦中惊醒。她坐在地上笑着、叫着，用拳头捶地。安妮蹲下把她拥在怀里。时光宝贵，海伦匆促地挣脱，用手再度拼着，她要求"快拼"，要求安妮快快教她。

海伦停下一会儿，记忆着新知。她手舞足蹈，碰着水龙头。

安妮在她手中拼了几次"水龙头"。海伦集中精神学习，第三个字花去她好几分钟，她点头示意，第三个已输进脑中，加入她的词汇里，她在古井小屋内来回行走要求教她所摸到的一切东西的名称。几个字以后停下来，她突然抬起头，眉头紧锁。安妮知道她碰上了难题。海伦愁眉苦脸，看来好像又要撒野了。其实不然，她正在苦苦思索，以至于不断用拳头敲打自己的头。

安妮不禁笑得前仰后合。"你终于想到了。小捣蛋，来吧！把手伸出来！"

她慢慢地在她手里拼出"海伦"。

此时海伦面对安妮，静静站着，双眸渐渐明亮闪烁，她知道了"海伦"这个名字就是她自己。

她又拉起安妮的手，轻柔地拍着。安妮以为她表示"谢谢"，但是海伦继续轻拍。

"原来如此！"安妮在海伦身旁弯下腰，在她手里写了"老师"。好！现在两个人都有名字了。

几分钟后，两个全新的人从古井小屋并肩走出。"老师"取代了"陌生人"，"海伦"驱除了不言不语在黑暗中游荡的精灵。

初尝知识果实，海伦继续央求"老师"教她认识新字。临睡前，海伦已拼会了三十个字。她在这一天所学的，比过去五个星期所学的总数还要多，最难得的是她理解了这些文字所代表的含义。

海伦的手指因疲乏而抖动，她的眼皮深垂，手指却还在拼画。安妮轻轻嘘着："够了，够了。"她抱起海伦放到两人共睡的床上。

海伦舒服地躺着，手指还在不安分地挥动。安妮不禁莞尔一笑，轻声说："宝贝，还有明天呢！明天可以学得更多哩！"她轻轻按下被窝里蠕动的小手。

安妮站在床边舒了一口气，才发现自己是多么的累。她赶快套上睡衣，脸也没洗，牙也没刷，爬上床躺在海伦身旁，一切等明天再说吧！

"多么美妙的一天！"在凉爽的被单里，她把脚伸直，放松全身。

美好的一天还未落幕，海伦还没有睡着。她溜下床偷偷绕到安妮身边，亲吻安妮的面颊，又回到床上，依偎在安妮的手臂里呼呼酣睡。

安妮拥着熟睡的孩子静静躺着。她侧弯身轻轻地回亲了海伦。

感悟：

成功并不是一个简单的过程，它的背后总需要付出辛勤和汗水，只有当真正体会了过程中的艰辛，成功的喜悦才能让人更觉得宝贵和来之不易。而真正的成功，也是建立在长久的坚持之上，只有这样，才有资格迈向成功。

学会道歉

往日被锁在空茫黑暗中的小女孩不再孤单寂寞了。她虽然不能看到多彩多姿的世界，不能听到人世间的纷扰声音，但她学会了沟通和参与。

她很快就学会用凸出来的盲文阅读了，她用手指拼字代替谈论，用手掌感触代替倾听。不久安妮就要教她如何使用铅笔写字了，她将学习盲哑者救星的布莱尔盲文。通过令人兴奋的读书和写字，她便可以以文字来表达自己的思想了。

安妮知道周围自然环境的重要性——教育应该包括活生生的实际体验。海伦和老师不像老学究，整日弯腰驼背埋在书里。

一只小鸡啄破蛋壳，打开微妙的生命之门；一只花蝴蝶在海伦手掌中疯狂地扑翅振翼；五只小狗在马厩地板上跑动，翻滚嬉戏；猫儿叫春时，发出恼人的奇特频率；垂钓时鱼儿轻咬鱼饵的间歇抽搐，提收钓竿时拉紧的钓线……在户外，安妮将生命跃动的旋律让海伦抚摸触觉。

每天早餐以后，她们俩就从家中走出来，目的地是凯勒码头。码头在田纳西河畔，已经完全废弃不用了。码头虽然离家只有两里远，却经常耗去她们很久的时间才能往返。没有人能算准她们是否能赶上中饭时间。锦绣河山，步步生机，海伦充满了好奇，无所不问，安妮也有问必答。

为了解释海伦心中的疑问，安妮常常弯腰伸手抓出甘蓝菜下跃动的青蛙，交给海伦抚摸。抓出藏在草堆中的蟋蟀，让海伦感触蟋蟀后腿震动时的声音。

海伦摸着纤细轻柔的棉花球，安妮教她那是"棉"。棉花曾经是美国南方赖以为生的主要农作物，并且成为美国南北战争的主因之一。海伦抚摸、记忆着野花儿的形态，至于花草的缤纷色彩，只得听安妮的仔细传述了。她们采撷太阳底下熟透的野葡萄，闻着它的芳香，品尝舌上甜甜酸酸的滋润感。她们共享阳光烘晒草堆的香味；共享抚摸萤火虫柔软无骨的触感。

一天早晨海伦在田纳西河的岸边，第一次学习"地理"。

老师蹲在泥巴里挖空这里，堆高那里，造出几个奇形怪状的大深坑、一条平坦地、一些高丘。安妮弯腰舀了河水灌满低洼的地方。

海伦一直发问："老师，这是什么？"

安妮只回答她："海伦，等一等。"

海伦只好用手观察安妮的每一个动作，耐心地等待着解释。安妮终于做完了，她用泥沙做了一个缩小的世界地图。

安妮讲解爆发的火山，喷出火焰的山顶，奔流而出的熔岩埋下的城镇；冰河曾经慢慢移动，盖满地球表层，冰冻所有的生物；古地质时代巨大的怪兽，它们有尖尖的头，庞大的身体，在沼泽地互相扑斗……海伦听得又怕又爱。

海伦从来没有刻意去学习很多困难的问题。后来，当她听到一些人说地球本身的历史平淡乏味时，她疑惑了："怎么可能？"在她看来，地球是个奇异、瑰丽而壮观，有着许多险恶不可思议的星球。老师用田纳西河的泥塑启发了她智慧的奇妙世界。

海伦最大的发现不在于蝴蝶扑翅，也不在于浩瀚的地球，她的最大发现是找到"自我"。

海伦已经七岁，在过去的五年里，她生活在暗无天日，浑浑噩噩的世界里，对自己一无所知。自从生病以后，她从来没有开怀欢笑过。

有一天，安妮大笑着进入房间，她拉起海伦的手，让海伦触摸她笑吟吟的嘴形、颤抖的喉咙和摇动的身体。海伦面露惊讶，十分奇怪。安妮在她手上写了"笑"字，安妮不容海伦发问，马上把海伦按在床上呵痒。

老师笑着，逗着被扭按在床上的小孩子，老师不停地写："笑"。

海伦露出微笑，先是笑容满面，咯咯笑出声音，最后哈哈畅笑。看到一幕快乐的闹剧——听到大笑声，凯特几乎不能相信眼前情景。她听到了海伦在欢笑！她高兴得热泪盈眶，幸福地倚在丈夫宽厚的肩膀上。"亚瑟，亚瑟，我真不敢相信，我们又可以听到海伦的笑声了！"

在海伦的许多回忆录中，她对初获数学概念的一刻铭刻在心。那一种理念，不是实质上的长短尺度或形态的大小，它无法用手指头探寻。

问题起自老师问海伦一个简单的加减数目。"海伦，如果你有一块钱，我再给你两个三块钱，你总共有多少钱？"

"十……七。"海伦心不在焉，胡乱作答。

"错。"老师马上拼写，"不要瞎猜，不要这么懒。来吧！用心想一想，一加上两个三，就是这么简单。"

海伦眉头紧皱，集中精神思考答案。

这时老师往前斜倚，轻轻地敲了敲她前额，适时地在她手掌写出"想"字。海伦恍然大悟，原来此刻在脑子里来回的无名念头就是"想"。她把这个新学来的字和意义珍藏贮备起来。海伦的思想领域逐日扩大。

不是所有的课程都顺利愉快。事实上，学习的过程遍地荆棘，令人痛苦万分。有一天，安妮听到一楼厨房里发出可怕的尖叫声，安妮知道准是海伦惹了祸。她想："老天，发生什么事了？"

海伦受了重伤？她急急忙忙地冲下楼。在厨房的通道，她遇见迎面而来的凯勒太太。

海伦不是受伤——她发怒了，正怒火中烧，向厨娘薇妮大发雷霆。多么可怕！过去的几个月来，她已经变得驯服善良，此时又故态复燃，疯狂地抓着、踢着薇妮，好像要把她撕成碎片吃掉她。

安妮用力拉开海伦，想拥抱她，安抚她的情绪。然而海伦太激动了，一点反应也没有。于是，安妮拿起她的手。"海伦为什么生气？快告诉老师。"

海伦开始哭泣，她颤抖的手指断断续续写出："薇妮……坏……薇妮……坏。"

安妮向着嘈杂的厨房喊道："薇妮，到底怎么回事？"

"我也搞不清楚啊！"厨娘回答，"她拿着平常玩的那些小圆石，堆满那片玻璃，我怕她弄破玻璃伤到她，就去拿玻璃，她拉住我，不让我拿开，我用力拿，然后她就……"薇妮对在地上滚叫的海伦摇着头。

　　安妮无可奈何地叹了一声，她抚慰海伦回到房里，思考着这件事。

　　另一个小女孩的一幅情景突然涌上安妮的心头。那个小孩捣毁周围的一切，把面包摔在地上，故意打破父亲刮胡子用的镜子，甚至在一个圣诞节，将世上最美丽的洋娃娃撕毁……

　　安妮想着，当时我做错事，如果有人关心我，告诉我这样做不行，事情应该会有所转变。如果有人真心关爱，坚持原则，疏导愤怒，谆谆诱导，人生该又是另一条康庄大道。

　　海伦悄悄走进房里，她爬近老师身旁贴着脸要亲老师。安妮轻轻捺住她，在她手上写下："不，老师不要亲顽皮的女孩。"

　　海伦反驳："海伦是好女孩，薇妮坏。"

　　"但是海伦打了薇妮，又踢她，海伦伤害了她。"然后她幽幽地接着写，"抱歉，我不要亲顽皮的女孩。"

　　海伦满脸通红，一动不动地站着，安妮看穿了她内心的矛盾和挣扎。海伦很生气地抓起安妮的手写道："海伦不喜欢老师，海伦喜欢妈妈，妈妈会打薇妮。"

　　安妮平静地带着海伦坐在椅子旁边，给她一个洋娃娃，并告诉她："海伦，坐一会儿，自己想一想，事情究竟是怎么发生的？好好想一想，现在什么都不必说。"

　　两人分开度过了懊恼的晨光。午饭时，安妮吃不下任何东西。海伦用手摸，发现安妮没有吃，也心烦意乱地一直追问："为什么不吃？"

"我不饿。"

"为什么？"

"我没有胃口。"

"我叫厨师泡茶给老师。"海伦用心拼写后跳下了椅子。

"不。"安妮阻止她，"我伤心，我太难过，喝不下。"

看到这个手语后，海伦流泪啜泣，悲伤心碎，安妮深受感动。

安妮大声自责："可怜的海伦，原谅我吧！我一直逼你、督促你，原是求好心切啊！我早就该想到，你那坏脾气不可能说改就改，大家都应该体会得到。"她把泪眼汪汪的小女孩揽到身边。

她在海伦手上写："来吧，海伦！让我们忘记早上不愉快的事情，老师答应你，没事了，我们到楼上去，去看一种很奇怪的昆虫，叫'枝节虫'，我把它装在瓶子里，我们来研究它。"

两人手拉手来到楼上，安妮立刻发现海伦满怀心事，根本无心顾及昆虫。

海伦问："昆虫知道谁是顽皮的女孩吗？"她双手抱住安妮的脖子抽抽噎噎，她保证："明天我要做个好女孩，以后海伦要做个好女孩。"

安妮想："好吧，就此结束这一堂课吧！"

海伦面露笑容："薇妮不会拼写。"的确是！薇妮没有学过手语，她们无法直接沟通，安妮可不让她找借口，轻易脱身。

安妮写道："跟我一起去找薇妮，我会告诉薇妮，你向她道歉。"

海伦点头答应，她们手牵手走到薇妮面前。当安妮拼写道歉的字在海伦手里时，海伦一直点头表示她的歉意，虽然海伦没有亲薇妮，但她接受薇妮亲了她的面颊，一切又重归于好了。

海伦如释重负地舒了一口气，跑到楼上卧房爬上床，很快就进入了梦乡。

凯特和安妮看着熟睡的海伦，凯特说："她看起来多么恬静快乐啊！午饭时不用吵醒她，晚一点再给她一份三明治和一杯牛奶就够了。"

安妮点头同意。"这个小战士，今天斗得多么辛苦啊！也该歇一会儿了。"

凯特语重心长地加上一句："她终于战胜自己的暴戾习气了。"两人会心一笑，静静地退出房间。

感悟:

对于孩子，教育的成功之处就在于他能领会教育者的意思，并从实际中得到证实。以情感人，以理服人，才是真正的教育方法。在安妮对海伦的教育中，正是以自身的一种情感去感化她，让海伦明白自身的错误，并加以纠正，同时也明白了在与人交流中的另一种方式——道歉。这也是安妮的成功之处。

柏金斯盲人学校

　　第一个夏天即将结束了，安妮收到萝拉从柏金斯写来的一封信。她带着信下楼，午餐时念给大家听。还未念完，凯特就兴冲冲打断她："老师，现在海伦写得跟她一样好呢！"

　　此时是七月三十一日，自从海伦学会"水"这个字以后还不到四个月。她快速地进步从不停顿，到八月底，海伦学会六百二十五个字。十月份，她可以用盲文写信给柏金斯的盲孩子们了。年底，安妮带她去看马戏团。对于马戏团里的动物，海伦问了千百个细微独特的问题，使得安妮夜以继日，到处寻找这些答案。

　　要满足海伦旺盛的好奇心，可真把安妮忙得团团转。

　　第二年六月，安妮收到柏金斯校长安那诺斯先生的来信。这些日子以来，他随时注意着海伦的进步。在信上他说，如果安妮答应带海伦去参加毕业典礼，他将引以为荣。

　　她读完信，锁眉深思。海伦准备好了面对如此多的陌生人吗？不错，在过去的一年里，她收获丰硕，但是大众会不会因此把她当成天才儿童或畸形儿呢？太多的同情会不会毁了她？

安妮终于做了最后决定。海伦现在能读，又能写，她能回答人们提出的问题，能够独当一面，而且绰绰有余。她们第一年度的学习探讨到此结束，该是迈进新里程的时候了！

　　月底将到，安妮和海伦整装起程，搭上北去的火车来到波士顿。一到波士顿，她们就直接前往柏金斯。海伦和安那诺斯校长礼貌地打过招呼后，便迫不及待地转向安妮，问道："那些小朋友们呢？她们在哪里？"几个月以来她们之间互相通信，在海伦的心目中，她们早就是自己的好朋友了，她急切地想着见她们！

　　安妮莞尔一笑："来吧！就带你去。"她带海伦来到一个大游乐室。"她们在这儿等着你。"她把海伦向前一推，海伦热切地融入了新玩伴们的环绕中。

　　第二天，安那诺斯先生请安妮到办公室私下聊一聊。

　　"你们俩以后有何打算？"他想知道。安妮慢吞吞地说："还没有计划，我还没有时间考虑到将来的事。过去的这一年，像一阵旋风，吹得我晕头转向。"

　　"安妮，你有没有考虑过，把海伦留在这里一段时间？"

　　安那诺斯先生看到安妮皱眉头，他急忙解释："哦，当然你也得留下来。安妮，不要担心，你很会教育孩子。"

　　安妮淡淡地回答："谢谢您，我们不打算留下来。如果您邀请我们做短暂的拜访，我们会很乐意接受。"

　　"为什么不留下来呢？"

　　"海伦盼望拜访萝拉很久了，她想她们同是又盲又聋又哑的残障者，该是知己的好朋友，今天早上我带海伦去找萝拉，您知道吗？精力旺盛的海伦，差一点把萝拉吓死。海伦一亲近她，她就莫名其妙地紧张、急躁起来，一直等到海伦离开以后才平静，稳住情绪。原因不外乎萝拉的生活圈子太狭窄了，她只活在自己的小房间里，那不是海伦所要的小池塘，我不能把她困在那里。"

"安妮，对于她们，你还能期盼什么？"

安妮的雄心大志，安那诺斯校长觉得荒谬又困惑。"海伦的健康情形不可能恢复正常，安妮，你应该面对现实，不要蒙住眼睛，自我欺骗，这样子到头来只是一场空，只会令人伤心罢了，她和平常人不一样……"

安妮了解他的诚意，他的担忧，但她得说服他。

"我知道她不可能完全康复，我也知道她眼盲、耳聋，又是哑巴。这些生理上的缺陷逼得她与正常人的生活分开，可是……"安妮目光炯炯满怀希望地说，"您说她与正常人不一样，也许您说对了，但我却要说，她与正常人一样，我也绝没有说错。她身体残障，但是她和你我一样，都具有她本身的内在性。就如同您是安那诺斯先生，我是安妮，而她是海伦。她和其他正常人一样各具品性，各怀心志，请不要担心，我相信天无绝人之路，有志者事竟成。"

华年似水

接下来的几年，安妮和海伦的奋斗获得了辉煌的成果。一次又一次的非凡成就，给海伦带来了社会各界人士的肯定和声誉。一八九〇年春天，她成为历史上第二个能使用嘴巴讲话的聋哑者。她可能终生盲而不见，聋而不闻，但他不再哑而无语。

当海伦十二岁的时候，她十分坚定地宣布："我将来要上大学，我要上哈佛大学。"

多半人对她上大学都深表怀疑，而且要挑此名校。她如何能够与那些视听正常的俊才英杰竞争？只有一个人毫不犹疑地支持她的挑战。安妮说："海伦，那是男孩读的大学呀！不要去上哈佛大学，另外选一个学校吧！"

一九〇〇年秋天，海伦进入哈佛大学拉德克利夫学院。安妮和她形影不离，陪她上课，用手语给她翻译教授的讲课。四年以后，她与其他九十六个女孩一同站在毕业生的行列中，接受大学毕业文凭——一张无价之宝——向全世界宣称："海伦·凯勒从举世闻名的拉德克利夫学院光荣毕业了。她也是全世界受过最完整教育的盲聋者。"

名声与日俱增，成了家喻户晓的人物。只有少数朋友注意到在她身旁，经常有一位纤细瘦小的女士如影相随。安妮心甘情愿、默默无闻地隐身幕后，从不抱怨。一位专栏记者请安妮写一些有关她自己的文章。她不屑一顾地回答："我的生活是我自己的私事，不必大家费心。"她不要自己曝光，永远要扮演"老师"的角色。

"老师"和海伦都过着充实的日子。海伦成了作家，她在书、杂志、报上讲述盲聋生活形态、心理演变过程。她写了很多关于盲者、聋者面临的种种困难。她和老师在美国巡回演讲，启发大众了解残障者的困境。

时光流逝，年华似水。一向精神抖擞的安妮，随着海伦奔波，日渐感觉力不从心。一九二〇年，她向海伦说："这一次演讲我没有办法跟你一起去了，请另外再找一个人去吧！"

海伦·凯勒的老师渐渐老去，如今她的双眼也失明了。

"再开一次刀吧！"安妮自忖。她去找医生，医生和蔼地告诉她："请不要伤心，以往你用眼睛过度，该让眼睛休息的时候，你没有休息，为海伦拼命地读那么多书，现在恐怕要付出代价了。好在你受过盲人教育，你那突出的盲文知识就够你读个心满意足了。"

安妮心如刀割。"好个心满意足！我痛恨盲文，我不能接受，我要我的眼睛。"

这一次，安妮的努力徒劳失败。垂暮老境，安妮的两眼完全失去了光明。

为了海伦，安妮尽量提起精神。悦己悦人，她向朋友诉说："这些日子以来，欢笑是一件多么痛苦的事，我真痛恨这个老朽无用的身体。我心里想的是步履自如、骑马涉水、熬夜不倦，能观看一切景象的安妮·莎莉文，事实上我却是骨架松垮、瞎眼、疲惫。我自欺、自瞒，已经没有能力再背负这一具老包袱了。"

她的朋友劝道："安妮，您怎么可以这样呢！您不能离开我们。海伦不能没有您。"她斩钉截铁地说："果真如此的话，我的努力将全盘失败。"她毕生献身于帮助海伦·凯勒脱离枷锁，追寻心性的独立、自由、返璞归真，海伦岂可执着不放，眷念依赖老师。

一九三六年十月十九日，安妮·莎莉文与世长辞。

她留下海伦独自面对现实，海伦得自己调度身、心、语、意和生活起居，老师不再随侧关照了。海伦几次想放弃孤军奋斗，每当懈怠、沮丧时，有一个柔声的告诫就会提醒她："海伦，老师可不喜欢你这种样子。"

慈祥的耳语支撑着海伦忍受痛苦，一点一滴慢慢重建她的意愿，修整她的生活目标，辛勤地工作。她开怀欢笑，珍惜生命奥妙的禀赋。她耕耘不辍，点燃闪烁的生命火炬，照亮残障者的灯塔。

安妮·莎莉文没有白费心血，她培育了二十世纪不朽的传奇——海伦·凯勒。

感悟：

时光流逝，华年似水，却见证了两个女子之间一段非同寻常的经历。安妮无私地陪伴在海伦身边五十年，毫无怨言。也正是安妮为海伦所做的努力，才换得海伦最后的成功，让她变得更加坚强、独立，让她更加珍惜生命，以满腔热情投入生活。

第八章

假如给我三天光明

　　我的身体虽然不自由，但我的心是自由的。就让我的心超脱我的躯体走向人群，沉浸在喜悦中，追求美好的人生吧！

我们都读过一些扣人心弦的故事，在这些故事里面，主人公面临着死亡，只剩一段有限的时间能活在世上，有时候是一年，有时候只有一天。我们常常很迫切地想知道这个难逃死劫的主人公将以怎样的方式来度过所剩不多的时日。当然，我说的主人公是有人身自由的人，不是那种被判有罪，活动范围受到严格限制的囚犯。

读这样的故事会激发人的思考：要是我们自己面临类似的情形时将会做些什么。哪些事件，哪些经历，哪些联想将会在生命的尽头涌现？回顾已逝的岁月，我们会为哪些事情感到幸福，又会为哪些事情觉得遗憾？

有时候我想，把每一天都当作生命的最后一天应该会是一种很好的生活规则，抱着这样一种生活态度，我们才会真正看重生活的价值。我们会对每一天的生活感到亲切、热心，并且会对生活有一种敏锐的欣赏力，而这种对生活的敏锐欣赏力常常会在日复一日的生活中失去。当然也有一些人抱着伊壁鸠鲁的享乐主义信条"吃，喝，及时行乐"，不过大部分人则会被死亡来临的必然性所折磨。

故事里面本来注定死亡的主人公常常会在最后的关头受到幸运之神的眷顾而得救，而他的价值观念也往往因为与死神邂逅而改变。他更懂得欣赏生活的意义和生活中永恒的精神价值。常常会看到一些正在经受死亡威胁或者曾经与死亡擦肩而过的人，他们对自己所做的每一件事情都注入醇美的心愿。

但是我们很多人认为生命是理所当然的。虽然我们知道总有一天死神会降临到我们头上，但是那一天仿佛遥遥无期。在我们年富力强的时候，死亡是一件永远不会出现在我们头脑中的事情，我们很少会去思考它。日子一天天地来了又去，延伸到了无穷之处，于是我们整天关心那些微不足道的事情，在琐碎无聊当中消磨时光，从不会意识到我们对生活的态度是多么的倦怠和麻木。

对我们所具有的感官能力和其他天赋，我想我们同样是倦怠和麻木的。只有失聪者才知道拥有听力是多么幸福；只有目盲者才知道能看见阳光是多么庆幸。那些在成年以后丧失了视觉和听力的人最能体会这一点，但是那些从未遭受视听障碍的人却几乎不懂得如何去利用这种珍贵的天赋。他们的眼睛粗枝大叶地扫过身边的世界，耳朵则模模糊糊地接受周围的声音，从不会集中起来，带上哪怕是一点点欣赏的意味。失去了才知道珍惜，生病了才想起健康的好，这都是老生常谈了。

我常想，要是能让一个人在即将成年时失明失聪几天就好了，黑暗会让他更加珍惜光明，寂静会教他如何欣赏声响。

我会不时地问问那些看得见的朋友，想发现那些他们看得见的东西。最近，有一个好友来访，她刚从树林散步归来，我问她看到什么没有。她回答说："没什么特别的。"在很久以前我就相信了有视力的人看见的很少，要不是我对朋友这种熟视无睹的情况已经习以为常，我可能会纳闷呢。

我心里直犯嘀咕，用了一个小时的时间从林间穿越居然没有看到什么值得注意的东西，这怎么可能啊？像我这种看不见的人光靠触摸还发现了无数有趣的事物呢。我感觉出了树叶精巧的对称性，欣喜地抚摸光滑细腻的白桦树，或者是粗糙坚硬的松树皮。春天里我沿着树枝触摸，希望能找到春回大地后抽出的第一支新芽，这是大自然从寒冬的睡梦中苏醒的信号。我触摸到柔软的花瓣时有说不出的欣喜，还发现它们一圈圈地卷绕着，真不简单，大自然向我展示了它的奇迹。偶尔，要是我比较走运的话，当我把手轻轻地搭在小树上时会摸到一只欢快歌唱的鸟儿。我还喜欢把手伸到小溪里面，感受溪水从指间流过的那份清凉。对我而言，松树叶堆积成的天然地毯或者一片柔柔的青草地都比豪华的波斯地毯来得更惬意一些。春夏秋冬的轮回是一场激动人心、永不落幕的戏剧，这场戏剧中所有的表演都在我的指尖突现。

有时候我在内心热切地渴望着能把所有的东西看个究竟，我靠触摸就感觉到了如此多的乐趣，能看见的话肯定有很多事物在我面前展现它们的美妙之处吧。但是那些双眼明澈的人却似乎什么都看不见，他们把这个多姿多彩的世界当作是理所当然的。也许，忽视拥有的而追求没有的是人类的一种天性，然而，我们所拥有的视觉天赋若只用来满足生存的便利，而不用来缔造更加丰富充实的生活，那是一件多么令人遗憾的事情啊。

如果我是某大学的校长，我要设一门《怎样使用你的眼睛》的必修课。教授们将教学生如何从审视身边那些平淡无奇的事物当中发现生活的乐趣，唤醒他们沉睡的天赋。

也许，我可以通过想象假如给我三天光明，我将最想看到什么，来对我前面所说的做一个最好的说明。在我展开想象的同时，请你也考虑一下，假如只给你三天光明，你将怎样使用你的眼睛。想想看，当第三天的黑夜来临，往后太阳将再也不会在你面前升起了，如此珍贵的三天你将怎样度过？你最想把目光停留在哪里？

很自然地，我最想看看在我黑暗的岁月里让我感觉亲切的事物。你也是一样的吧，会把目光投向那些最亲切的事物，把他们的形象烙印在记忆中，这样当你浸没在黑暗之中时还能回忆起它们。

若真的出现了奇迹，我得到了三天光明，继而又陷入黑暗，我将把这段时间分成三部分。

第一天

第一天，我要去见那些好心亲切的人，因为他们的友谊我的生活才变得有意义。首先我要好好地看看亲爱的安妮·莎莉文·梅西夫人。在我还是一个懵懂孩童的时候，她来到我身边，向我揭示了外面的世界。我不想仅仅模糊地看到她脸庞的轮廓，而要把她仔细端详，从她的脸上寻找深切的同情和耐心，这两种品性让她在教育我的过程中克服了重重困难。如此，就能把她的面容珍藏到我的记忆里面了。我还要凝视她的眼眸，她的眼里定然蕴藏着面对困难时的坚毅，以及她经常对我流露的对整个人类的同情心。

我不知道透过眼睛这"心灵的窗户"去看一个朋友的心意味着什么。我仅能通过指尖"看见"一张脸庞的轮廓。我能觉察出欢笑、伤悲还有很多其他明显的表情。我是通过触摸朋友的脸了解他们的。当然我可以用其他方式来了解他们的个性，比如通过他们向我表达的思想，通过他们与我交流的动作。我

285

并不认为一定要看见他们才能更深地了解他们，不一定要观察到他们对各种思想和环境的反应才能更深地了解他们，不一定要觉察到他们一闪而过的眼神才能更深地了解他们，不一定要捕捉到他们脸上转瞬即逝的表情才能更深地了解他们。

和我亲近的朋友我都非常了解，因为随着岁月的流逝，他们在我面前展现了立体的自我，我了解他们的每一方面；但是对于一般的泛泛之交我只有一些不完整的印象，比如一次握手留下的印象，还有我用手指从他们的嘴唇上读到的或者他们写在我手心的零星字句。

通过一个微妙的表情、一次肌肉的颤动、一次握手的摇摆就能发现一个人的素质和修养，这对于你——一个能够在一瞬之间把所有这些看在眼里的人是多么容易，多么让人满意的事情！但是你曾经用眼睛去发现一个朋友或者相识者的内心世界吗？你们之中的大部分人仅仅对面容的外在特点匆匆一瞥就停留在这一刹那的印象上了，不是吗？

比如说，你能准确地描述五个好友的容貌吗？其中一些人或许能，但是大部分人是做不到的。作为一项实验，我曾经问那些结婚多年的丈夫们他们妻子的眼睛是什么颜色，他们经常表现得很尴尬，承认自己并不知道。另外顺便提一下，一直以来，作为妻子的一方经常抱怨她们的丈夫注意不到她们的新衣服、新帽子，还有家里面摆设的改变。

对看得见的人来说，他们的眼睛已经对身边的景物和日常事务都习以为常了，他们只能注意到那些让人吃惊的事情和蔚为壮观的景色。但是即使遇上了最轰动的场面他们的眼睛也还是懒散的。法庭记录里面每天都有许许多多不确切的"目击"证词，同一事件会被很多目击者以各种不同的方式"看见"。有人能比其他人看到更多的东西，但是几乎没有人能看见视野范围内的全部事物。

噢，假如给我三天光明，我想看到的事物是何其多啊！

第一天肯定是忙碌的一天。我会把所有亲爱的朋友叫来，长久地凝视他们的脸，要将能反映他们内在的美与善的姿态和表情镌刻在脑海里。当然了，我还会把目光投向婴儿的脸，捕捉人在婴孩时期所具有的热切和纯洁之美，这种美在人们觉察到生活所蕴含的矛盾冲突之前才有。

我还要看我的宠物狗那双忠诚、信任的眼睛。毛色灰黑、活泼可爱的苏格兰狗小黑，还有体格健壮、善解人意的丹麦大狗海尔格，它们热情、驯服，与我玩耍，让我觉得十分欣慰。

在忙碌的第一天里面我还要看看家里面的那些小东西。我想看看脚底下的地毯温暖的颜色，墙上的字画，还有我喜爱的点心糖果。有了它们，一栋房子才会变成一个家。我将用一种虔诚的目光注视我阅读过的那些凸印书籍，不过明眼人阅读的印刷书籍可能会更加吸引我。我热爱书籍，因为在我生命中漫长的黑夜里，是那些我自己阅读过的和别人给我读的书籍为我筑起了一座高耸、明亮的灯塔，为我了解人类生活的千姿百态指明了航道，引领我找到人类宝贵的精神宝藏。

在拥有光明的第一天下午，我要在丛林里远足，让眼睛沉醉于自然之美，尽量用几个小时的时间把自然的胜景尽收眼底。这些奇观在明眼人面前变化无穷，而我就只能看见其中的一面了。从树林远足回家的时候，我要路过附近的一个农场，我应该会看到在田间耐心耕作的马儿（也可能我看到的是一台拖拉机！）和与土地紧密相连的农夫脸上淳朴的笑容。另外，我还祈祷能够一睹彩霞满天的夕阳胜景。

当夜幕降临的时候，我能通过人造光源看世界，这将给我一种双倍的喜悦。人类的天才创造了灯光，在自然宣布黑暗来临时拓展了人的视力。

重见光明的第一天夜里，我将会睡不着觉，脑子里肯定塞满了一天来所看见的各种事物。

第二天

第二天——拥有光明的第二天——我要在拂晓起床，去看白天替代黑夜那激动人心的一幕。我会以一种敬畏的心理去迎接日出，正是朝阳的万丈光芒把大地从睡梦中唤醒。

这一天我要快速地浏览这个世界，了解它的历史和现状。我要看看人类进步的历史画卷，时代的万花筒。这么多东西怎么能压缩到一天之内看完呢？实际上，我是通过博物馆来了解这些东西的。我经常造访纽约自然历史博物馆，用手抚摸过无数展品，但是我非常渴望能用眼睛看一看浓缩了的地球历史和那里展出的地球生物。包括动物和人类，以及他们的生活场景。那里有躯体庞大的恐龙和乳齿象，这些庞然大物在人类出现以前漫不经心地在地球上荡来逛去，在整个动物王国里面称王称霸。人类虽然身材渺小却有着发达的大脑。此外还要看看对动物和人类演化的真实介绍，还有人类为保护自己的家园而制造的适合自身使用的工具，还要了解自然历史的其他方方面面。

　　我不知道读到这篇文章的读者有多少人已经看见过博物馆里面展出的那些图片上的东西。当然，很多人是没有机会的，但是我相信很多人即使有机会也没有抓住，博物馆确实是一个可以让你好好利用眼睛的好地方。明眼的你可以在那里度过几天收获良多的时间，但是在我虚拟的三天光明里，我只能对那里匆匆一瞥就过了。

　　下一站我将到大都会艺术博物馆，自然历史博物馆向我展现的是世界的物质财富，艺术博物馆则向我展现人类的精神财富。纵观人类历史全程，人的艺术表现欲望几乎和获得食物、住所及繁衍后代的欲望一样强烈。在巨大的大都会博物馆里面，我会欣赏到以艺术形式表达的埃及、希腊和罗马精神。我可以用手抚摸到尼罗河流域的祖先雕刻的神像，触摸到帕特农神庙的仿制品，感觉到雅典勇士像的阳刚之美。阿波罗、维纳斯和萨莫色雷斯岛那长着翅膀的胜利女神像都已经和我的手指成为朋友了。我对满脸胡须的荷马备感亲切，因为他也是目盲者。

　　我的手指在古罗马的大理石雕像上抚摸过，也感受过后人的作品。我从米开朗琪罗的石膏作品"英雄摩西像"中感受到一种奋进的精神激励，我还感觉出罗丹的雕塑中蕴藏的力量。我钟爱哥特式木雕并且有一种崇敬的心理。这些能够触摸的艺术品对我是非常有意义的，但是它们原本是要通过视觉而非触觉来欣赏，对那些看不见的美我只能靠猜测了。我能欣赏希腊花瓶简单线条的简约之美，但是它那复杂的图纹就与我无缘了。

　　在拥有光明的第二天，我选择通过艺术来探求人类深层

次的精神世界。以前我通过触摸认识的东西现在可以仔细打量
了。更让人高兴的是绘画艺术的华丽殿堂将向我敞开，从意大
利那带有宗教热情的原始绘画到在视觉上给人震撼的现代作品。
对拉斐尔、达·芬奇、提香、伦勃朗的油画我要仔细品味，还
要用韦罗内塞那色彩艳丽的作品来一饱眼福，还将研究一下埃
尔·格列柯作品里的神秘，另外从科洛特那里看一种全新的自然。
噢，对你，一个视力正常的人，这些古老的作品中包含了多少
美的元素和有意义的东西啊！

　　伟大的艺术世界对你们是开放的，而我在艺术殿堂的这次
短暂的参观中，连一小部分都看不到。艺术家曾告诉我，要想
真正的欣赏到艺术作品的美，眼睛必须是要经过训练的。你必
须通过经验学习衡量线条、构图、形式和颜色的优点。假如我
能使用眼睛，我将是多么乐意去学习这么一种有意义的能力啊！
然而，据我所知，你们很多能够使用眼睛来看的人，艺术的世
界却是漆黑的夜，你们从不去发展这方面的能力，甚至一点不
了解。

　　我肯定会依依不舍地离开大都会博物馆，那里面有通向美
的钥匙，那是一种被忽视的美。不过，双眼明澈的人并不需要
去大都会寻找通向美的钥匙，因为同样的钥匙在小一些的博物
馆，甚至一个小图书馆的书架上都能找到。但是也很自然，我
拥有想象中的视力和时间是那样有限，我只有选择能在最短时
间内打开最多财富的钥匙。

　　拥有光明的第二天晚上我将在剧院或者电影院度过。哪怕
是现在我也经常关注各种戏剧表演，但是表演的动作得靠陪我

的人写到我手里。我是多么希望能够目睹哈姆雷特迷人的英姿，或者是穿着色彩艳丽的伊丽莎白服饰的福斯塔夫！我是多么想追踪哈姆雷特每一个优雅的动作，还有福斯塔夫每一步夸张的步伐！因为只能看一场戏剧，我还会面临难以取舍的困境，有二十几部戏剧我都想看。眼明的你可以想看多少就看多少，但是我想会有几个人在观赏一出戏剧、一场电影或者其他任何壮观场面的时候，意识到正因为有奇迹般的视力你才能够欣赏到斑斓的色彩和优雅的动作,而又有几个人对这一奇迹心怀感激？

除了在我的手所能接触到的范围内，我欣赏不到任何有节奏的动作的美，我只能对芭芙洛娃优雅的舞姿做一番模糊的想象。我知道一些韵律能带来的乐趣，因为我经常能感觉到地板上传来的音乐节拍所引起的震动。有节拍的运动定是世界上最赏心悦目的场景了，当我用手指顺着大理石雕塑移动时我能体验到这种节律之美，静态的美都如此可爱，目睹有节律的动作将会多么激动人心！

约瑟夫·杰弗逊先生允许我在他表演和朗诵他最钟爱的《瑞普·凡·温克尔》的时候抚摸他的脸和手，这是我最亲切的回忆之一，我也因此得以瞥见戏剧艺术的精彩，永远不会忘记那快乐的时光。但是，噢，我错过的何其之多，而你们拥有视力的人能从观看戏剧表演的动作和聆听台词当中获得多少的乐趣啊！要是我能看一场戏剧那多好，我就可以将我读过的和通过手语字母翻译给我的上百部剧本里面的动作想象出来了。

所以，在我拥有光明的第二天夜里，戏剧文学的魅力将会把睡意从我眼里驱除。

第三天

　　接下来的这天早晨，我会再次黎明就起床，热切寻找新的欣喜，我敢肯定对于那些视力正常而且真正用心看世界的人来说，每一天的黎明始终都会是美的再现。

　　根据我想象的奇迹，这是我的第三天也是最后一天拥有光明，我没有工夫浪费在遗憾和期盼上面，世界上的东西太多，我是不可能看完了。第一天我留给了我那些有生命和没生命的朋友们，第二天我去探索了人类和自然的历史，今天我要过一回工作日里的生活，融入那些忙碌于商业活动和生活琐事的人群。还有谁能找到比纽约更为繁忙、更多元化的地方呢？所以，纽约将是我的目的地。

　　我从位于长岛希尔森林的家乡出发，这里是郊区，很宁静。在小巧的房屋周围有如茵的绿草、青翠的树木和盛开的野花，还有妇女和孩子们欢快的身影和幸福的笑声，对在城里奋斗挣扎的人来说，这里是一个安宁的可以歇息的天堂。我驱车从横跨在东河上的钢铁桥上经过，看到人类智慧的神奇力量。繁忙的船只轰隆隆地沿着河流行驶——活泼的快艇，古板的、喘着粗气的拖船。要是往后有更多的日子我还能拥有光明，我会花很多时间来欣赏这河流上一派忙碌的场面。

　　我向前看去，纽约的高楼大厦已经矗立在我面前，它像是一个从神话世界里面搬出来的城市。那么多摩天大楼，巨大的石头河堤，宏伟的钢筋混凝土结构像是天神给自己造出来的！这些景象是成千上万的人每天生活的一部分，但是有多少人会留意它们，哪怕是多看上一眼呢？几乎没有吧，因为他们的眼睛对这些宏伟的景象太熟悉了，所以视而不见。

我很急切地登上高耸的帝国大厦楼顶，在那里，我可以用极短的时间把下面的城市一览无余。我急于把先前的想象和眼下的现实做一番对比，我相信面对眼前展现的景象我是不会失望的，因为对我来说，那将是另一个世界的景象。

现在，我开始在城里面到处看了。首先，我站在一个繁忙的角落，仅仅为了看来往的人潮，从他们的衣着形象、举止行为当中推测他们生活里面的一些情况。当我看到别人脸上洋溢的微笑，我会感到高兴；当我看到严肃而坚决果断的表情，我会觉得自豪；当我看到受苦受难的人，我便心存怜悯。

我沿着第五大道往下走，不再把目光会聚到某一特定事物上面，只是随意地看，让形形色色的人和物涌入眼底。我肯定会对人潮中女人穿的各种衣服的颜色百看不厌。但是若我真的拥有视力，可能就像大多数女人一样，过于关心服装的款式和剪裁，以至于不大注意人群中的壮丽色彩。同时我肯定会是一个十足的橱窗主顾，因为看橱窗里展出的各种各样的漂亮衣服应该会是一种莫大的乐趣。

我从第五大道开始要把这个城市游览一遍——公园大道，然后到贫民窟，到工厂，到孩子玩耍的公园。我要通过拜访异邦人士的居所达成周游世界的梦想，我要睁大眼睛去发现生活中的幸福和痛苦，这样我才能更深刻地理解人们是怎样工作和生活的。我心里充满了对各种人和物的想象，我的眼睛不会放过任何一个细微琐碎的事物，目光停留在哪里都想前去抚摸一下。看到愉快的事物让人感觉很开心，但是也会看见一些让人伤悲的东西，对于后者我并不想闭上眼睛，因为它们也是生活的一部分，对它们闭上眼睛同时也就关闭了心扉，停止了思索。

第三天的光明即将逝去。也许还有很多严肃的东西，我应该为之付出剩下的这几个小时，但是我想在最后一天的晚上我还是会再一次跑到剧院，去看一场滑稽热闹的喜剧，这样或许能欣赏到人类精神中的喜剧色彩。

在午夜，我从目盲中暂时解脱出来的短暂时光就要结束了，永久的黑夜将再一次将我包围。自然，在短短的三天光明里我不能看尽我所希望看到的全部，只有当黑暗再次降临我才会意识到自己来不及看的东西还有很多很多。但是我的头脑中将塞满了光辉的记忆，以至于我没有多少时间去遗憾。此后，我对每一件物品的触觉将会唤起关于它的模样的生动记忆。

或许，你若是知道自己三天后会永远也看不见了，你对这三天光明的使用会与我所做的粗略勾勒并不一致。但是我确信，要是你确实要遭受这样的命运，你也会把目光投向那些你从未见过的事物，为以后漫长的黑暗留下些珍贵的记忆。你会以一种和从前不同的方式来使用眼睛，眼里的一切将会变得格外亲切，你会想把映入眼帘的一切都抚摸一下，拥抱一下，这时，你终于真正看见了东西，一个美丽的新世界将会在你面前展现。

我作为一个目盲之人可以给那些目明者一点建议。对那些想要把视觉天赋充分发挥的人也许是一句警言：使用你的眼睛，好似明天你将完全失明。同样的方法也可以运用到其他感官上。倾听人声的音乐、鸟儿的歌声、管弦乐强有力的旋律，仿佛明天你就会永远失聪；触摸一切你想触摸到的东西，仿佛明天你就会触觉失灵；闻闻花朵散发的清香，每一口食物都津津有味地品尝，仿佛明天你再也没有嗅觉和味觉。让每一种感官都发挥出最大的功能，为世界通过大自然以各种接触的方式给予你的一切欢乐和美的享受而自豪吧。不过在所有的感官当中，我确信视觉是最让人愉快的。

感悟：

　　《假如给我三天光明》是海伦留给世人的一笔丰厚财富，也是海伦最著名的一篇散文，最初发表在美国《大西洋月刊》上，后被翻译成多种文字，印进各国大、中、小学的教材里。

　　这篇文章主要体现了两个方面的思想感情。首先是对世人的规劝，海伦在文章中要告诉我们的是：虽然大多数人有正常的天赋——健全的五官和四肢，但他们并没有意识到这种天赋的可贵，没有感受到大自然的美丽和生活的美好，而是在懒怠中虚度光阴，因此她规劝人们要像明天就会变成瞎子一样充分利用眼睛和其他感官，感受生活的美好，做幸福、充实地活着的人。其次是表白自己的内心世界。海伦虽然身有残疾，但品性、人格却是美好的，虽然面对种种在他人看来难以克服的困难，但以微笑面对厄运，以顽强的毅力克服困难，以杰出的成就显示出一个残疾人的生命价值。同时，我们也可以感觉到，作者身处黑暗中，渴望与人类交流，并得到世人的爱，也想借此文表达对世人的博爱襟怀。从海伦这篇散文的字里行间，我们深切地感受到人类最美好的心灵，最善良的天性。

人生会出现许许多多的挫折，不要怕，更不要迷茫，正是因为挫折的出现才会让我们更加珍惜成功后的感觉。好好珍惜生命中的一切，别让你人生的旅途留下一片空白！

亲爱的读者，读过这篇散文您不妨设想这样一个问题：假如你只有三天光明，你将如何使用你的眼睛？想到三天以后，太阳再也不会从你的眼前升起，你又将如何度过那宝贵的三日？你又会让你的眼睛停留在何处？

附录

海伦·凯勒生平年表

1880 年：6 月 27 日，海伦·凯勒出生于美国亚拉巴马州北部的塔斯喀姆比亚小镇。父亲是南方联军中的一名上尉，母亲是艾弗雷特家族的后裔。同年 10 月，14 岁的安妮·莎莉文在美国波士顿柏金斯盲人学校入学，这所学校建于 1832 年。

1882 年：2 月，年仅 19 个月的海伦·凯勒由于急性脑充血而丧失了视力和听力，且变成了哑巴。

1886 年：夏，6 岁的海伦·凯勒与父亲一道去找巴尔的摩一位极有名望的眼科专家奇泽姆医生治疗眼睛；并在亚历山大·贝尔博士的建议下，向波士顿柏金斯盲人学校校长安那诺斯求助。

1887 年：3 月 3 日，海伦·凯勒一生中最重要的老师安妮·莎莉文来到了海伦·凯勒家。4 月 5 日，海伦·凯勒在水泵机边领悟了语言的概念。6 月，海伦·凯勒学会用触摸认识新事物；安妮·莎莉文给柏金斯盲人学校校长安那诺斯发了一份关于海伦·凯勒教育发展的报告书。

1888 年：5 月 26 日，海伦·凯勒在莎莉文老师的陪同下，前往莎莉文的母校——波士顿柏金斯盲人学校进行正规的学习。安那诺斯出版名为《海伦——第二个萝拉·布里曼》的报告书。

1890 年：春，在霍勒斯学校校长莎拉·富勒小姐的亲自指导下，海伦·凯勒学会了用手指读别人说的话，及动嘴唇来学会说话。

1892年：5月，为帮助盲童幼儿园，海伦·凯勒举行了一个茶会，在朋友的帮助下，为盲童筹得两千多美元。冬，一篇送给安那诺斯校长作生日礼物的短篇故事引发了"霜王"事件，这在海伦·凯勒的生活和教育中产生了巨大影响。

1893年：3月，在克利夫兰总统就职典礼期间到华盛顿旅行，游览尼亚加拉大瀑布。夏，和莎莉文老师、贝尔博士一道参观世界博览会。10月，开始跟宾夕法尼亚州的艾伦先生学习拉丁文，并着手写自己的生活片段。

1894年：夏，参加在纽约召开的美国聋人说话教育促进会举行的会议；安妮·莎莉文发表名为《海伦·凯勒的教育》的论文。10月，在莎莉文老师的陪同下，到纽约市的莱特·赫玛逊聋哑学校学习，为期两年。

1896年：8月19日，父亲凯勒大尉因病去世，这是海伦·凯勒第一次亲身经历死亡。10月，海伦·凯勒进入剑桥青年女子学校学习，为以后到拉德克利夫学院学习接受预备教育。

1897年：6月29日至7月3日，参加报考拉德克利夫学院的预试，共9个小时，考试全部通过，其中德语和英语获得"优"。年底，由于杰里曼先生和莎莉文老师在海伦·凯勒的学习安排上存在分歧，导致海伦·凯勒和妹妹米珠丽从剑桥学校退学。

1898年：2月至7月，住在离波士顿25英里的伦萨姆城，并聘请剑桥学校的默顿·基斯先生做家庭教师。10月，回到波士顿。

1899 年：6 月 29 日和 30 日，参加为进入拉德克利夫学院的最后考试。

　　1900 年：秋，海伦·凯勒终于进入梦寐以求的拉德克利夫学院学习。

　　1902 年：《我的生活》出版，在美国引起了强烈反响，海伦·凯勒也因此赢得了全世界的尊崇。

　　1904 年：海伦·凯勒以优异的成绩从拉德克利夫学院荣誉毕业，成为世界上第一个完成大学教育的盲聋人。

　　1905 年：5 月，安妮·莎莉文与哈佛大学讲师约翰·梅西结婚，在梅西的影响下，海伦·凯勒成为一名斗志高昂的社会主义者及妇女参政运动者。

　　1908 年：出版《我生活的世界》。

　　1913 年：安妮·莎莉文与约翰·梅西分手。

　　1914 年：年轻的汤姆斯小姐来到海伦·凯勒的生活中，后来成了海伦·凯勒的得力助手。

　　1915 年：协助在巴黎建立美国盲文出版社（后并入纽约，成为美国海外盲人基金会，美国盲人基金会的姐妹组织）。

　　1918 年：8 月 18 日，反映海伦·凯勒事迹的电影《解放》上演。

　　1920 年：从 2 月开始在歌舞杂耍舞台演出。

　　1921 年：母亲凯特·亚当斯去世。

　　1924 年：发起海伦·凯勒基金会，后加入美国盲人基金会，作为全国和国际关系顾问开始为刚萌芽的美国盲人基金会募集基金，这项工作成为她生命的重点。

1925 年：6 月 30 日，海伦·凯勒在国际狮子会于美国俄亥俄州 Cedar Point 的年会上发表演说，她要求狮子会成为"失明人的武士，战胜黑暗之军"。

1927 年：出版《我的宗教》，叙说了她皈依斯维登堡教派的过程。

1929 年：出版第二本自传《中流》。

1931 年：2 月，美国费城大学授予海伦·凯勒"荣誉博士"学位，安妮·莎莉文也获得了名誉学位。《好的家务管理》把海伦·凯勒选定为"美国女性当中最伟大的十二人"之一。4 月，参加在纽约召开的第一届世界盲人会议。

1932 年：英国格拉斯哥大学授予海伦·凯勒"荣誉博士"学位。

1933 年：1 月，《假如给我三天光明》在《大西洋月刊》上发表。

1936 年：10 月 20 日，从 1930 年起就完全丧失视力的安妮·莎莉文逝世；之后，海伦·凯勒与汤姆斯小姐迁到美国盲人基金会在康涅狄格州为她们建造的房子里。

1937 年：访问韩国。

1938 年：出版《海伦·凯勒的备忘录》，并搬到康涅狄格州韦斯特波特的新家中。

1946 年：海伦·凯勒成为美国海外盲人基金会的国际关系顾问，与汤姆斯小姐一起以海外盲人财团代表的身份访问欧洲，游遍 35 个国家。

1954 年：获得社会科学研究所授予的金奖、多样性俱乐部授予的人道主义奖。

1955 年：出版《莎莉文老师：她心灵所抚养的孩子对她的颂赞》。6 月，获得哈佛大学的名誉学位；获得母校拉德克利夫学院的功劳奖。亚拉巴马州的塔斯喀姆比亚的绿色屋被指定为国家史籍地。以海伦·凯勒的一生拍成的电影《战胜命运的人》赢得了美国电影艺术与科学学院颁发的奥斯卡最佳纪录片奖。

1957 年：连续剧《奇迹创造者》在美国 CBS 首次播放。

1959 年：威廉·吉布森编写的以海伦·凯勒童年时受教于莎莉文老师的经历为模本的剧本《奇迹创造者》在百老汇首次演出，之后的两年当中上演了 700 多场。

1960 年：《奇迹创造者》获得美国普利策奖。3 月 21 日，汤姆斯小姐逝世。

1961 年：4 月，国际狮子会俱乐部在华盛顿召开大规模的地区会议，海伦·凯勒被邀请接受年度人道主义者奖，这是她最后一次在公开场合出现；之后不久海伦·凯勒罹患中风，但她仍坚强地独自一个人生活。

1962 年：电影《奇迹创造者》中担任安妮·莎莉文角色的安妮·班克罗夫特赢得了 ACADEMY 最佳女主角奖，担任海伦·凯勒角色的派娣·杜克赢得了 ACADEMY 最佳女配角奖。

1968 年：6 月 1 日，88 岁高龄的海伦·凯勒在康涅狄格州的西港逝世，其骨灰坛安放于华盛顿特区的国家大教堂内，与莎莉文和汤姆斯的并列在一起。

1971 年：亚拉巴马州的狮子会兴建了"海伦·凯勒纪念公园"，该公园的焦点是海伦·凯勒的半身雕像，上面刻有她的名言"我为你们开启机会的窗"。

1996 年：《我的生活》被纽约公立图书馆评选为 "20 世纪最重要的 100 本图书" 之一。